"十四五"职业教育国家规划教材

职业院校市场营销专业教学用书

市场营销口才训练
（第5版）

李红梅　罗生芳　主　编

曾思燕　副主编

电子工业出版社

Publishing House of Electronics Industry

北京·BEIJING

内容简介

本书在深入分析成功营销人应具备的职业特征的基础上，重点、扼要地阐述了与营销人员息息相关的社交口才、公关口才、商务谈判口才、推销口才、演讲口才、主持口才、领导口才等内容。

本书融知识性、实用性和趣味性为一体，在简化理论的同时，增加案例、实训和游戏，让你轻松掌握口才技巧，学会"说话的艺术"。

本书可作为职业院校商务类专业学生的教材，也可作为各种层次成人教育、企业培训的教材。

本书还配有电子教学参考资料包，包括教学指南、电子教案、习题答案，请登录华信教育资源网（www. hxedu. com. cn）下载。

图书在版编目（CIP）数据

市场营销口才训练／李红梅，罗生芳主编. —5 版. —北京：电子工业出版社，2019. 11
ISBN 978-7-121-29504-1

Ⅰ. ①市… Ⅱ. ①李… ②罗… Ⅲ. ①市场营销学–口才学 Ⅳ. ①F713. 50

中国版本图书馆 CIP 数据核字（2019）第 256469 号

责任编辑：陈　虹　　文字编辑：康　霞
印　　刷：涿州市京南印刷厂
装　　订：涿州市京南印刷厂
出版发行：电子工业出版社
　　　　　北京市海淀区万寿路 173 信箱　邮编 100036
开　　本：787×1 092　1/16　印张：13. 75　字数：352 千字
版　　次：2007 年 1 月第 1 版
　　　　　2019 年 11 月第 5 版
印　　次：2024 年 12 月第 15 次印刷
定　　价：36. 50 元

凡所购买电子工业出版社图书有缺损问题，请向购买书店调换。若书店售缺，请与本社发行部联系，联系及邮购电话：（010）88254888，88258888。

质量投诉请发邮件至 zlts@ phei. com. cn，盗版侵权举报请发邮件至 dbqq@ phei. com. cn。

本书咨询联系方式：chitty@ phei. com. cn。

前　言

什么是口才？通俗地讲，就是一个人语言表达的才能，即善于用语言准确、贴切、生动地表达自己思想感情的一种能力。与人沟通，语言交流是首选的工具，语言的力量能征服世界上最复杂的东西——人的心灵。古人云："一人之辩，重于九鼎之宝；三寸之舌，强于百万之师。"而在现代，好的口才，让苦于无团队无资金的创业者拿到了天使投资，让没有资历背景的职场新人争取到了展露头角的机会，让拥有才华的人顺利在同类人群中脱颖而出。可见，从古至今，口才在人类的文明发展史上起着举足轻重的作用！

随着社会经济的迅速发展，口才在商务活动中的作用越来越突出。一位销售界的顶尖领袖人物一针见血地指出："发生在金牌销售员身上的奇迹，有80%是由口才创造的！一流的口才技巧是金牌销售员建功立业的宝剑。"

是人才不一定有口才。口才不是人与生俱来的，而是一个人德、识、才、学的试金石，是需要经过后天努力培养的。如果你想步入口才家的行列，想在商务活动中实现你的金色梦想，你就得不断拓展眼界，吸收知识，不断调整思路，活跃思想，不断用知识和经验来滋养自己。

二十大报告中指出"教育是国之大计、党之大计。培养什么人、怎样培养人、为谁培养人是教育的根本问题。"本书是针对今后将从事商务活动的学员所备的口才工具。整本书的框架包括了商务人员在各种场合需要的口才技巧。本书可作为职业院校财经商贸类专业学生的教材，也可用做各种层次成人教育、企业培训的教材。

全书的总体构想、编写大纲和总审由李红梅、罗生芳完成；曾思燕、杨毅玲、凌健珍、高洁、阙勇平等人员参与编写工作。

在编写的过程中，为了实现立体化教材的建设，同时得到了许多企业的大力支持，特别向赛云九洲科技股份有限公司、广西布道天下信息产业有限公司表示感谢！

本书在编写过程中，参考了大量资料，并从公开发表的书籍、报刊和网站上选用了一定的案例和资料，限于篇幅，有的未能一一加注，特此说明，并向有关单位和个人致以衷心的感谢！

由于编者水平有限，编写时间仓促，书中疏漏与不妥之处在所难免，敬请专家和广大读者批评指正。

本书配有电子教学参考资料包，内容包括教学指南、电子教案、习题答案。请有此需要的教师登录华信教育资源网（www.hxedu.com.cn）免费注册后再进行下载，有问题时请在网站留言板留言或与电子工业出版社联系（E-mail：hxedu@phei.com.cn）。

编　者

目　录

第 1 章

成功营销人的职业特征

知识要点

❖成功营销人的职业特征

能力要点

❖热情开朗性格的养成
❖自信善交性格的培养
❖宽容待人品质的培养
❖团结合作精神的培养
❖亲切友善技能的训练
❖社交沟通能力的训练
❖时间管理技巧的训练

导入案例

直播带货"小达人"的成长

作为数字经济新业态，直播带货风头正劲。职业主播、明星、视频博主、农户等纷纷走进直播间，宣传各种产品，越来越多消费者开始青睐这种新的购物方式。直播带货如何才能"火"得长久？怎样实现规范健康发展？

"这是我的事业，我会坚持走下去。""90后"带货主播小刘在接受采访时几次重复这句话。在某公司担任带货主播后，她每天坚持直播不少于6小时，将来自东南亚和国内多个果园的火龙果、榴莲、山竹、龙眼等水果推荐给粉丝，日发货量1万到1.5万单。

小刘为减轻家里负担选择就读职业院校。2017年，她用攒了5年的5万元开了家美甲店，因不懂经营，一直亏损，还欠了十几万元外债。走投无路时，她入职一个果业公司，并对电商直播产生浓厚兴趣。但要成长为一名"带货达人"并不容易。"我以前性格内向、自卑，说话声音特别小，跟陌生人不敢说话，开始拍视频时声音都是抖的。"小刘说，她把重心放到把控品质上。为拍一手视频素材，她只身前往泰国榴莲工厂，差点在山里迷路送命；为保证口感，她每次都会钻到果园里采摘、品尝；给粉丝发的货一定保证斤两，"如果出现疏忽，我都要给粉丝退款"。凭借"品质第一，赚钱第二"的信条，小刘最终在平台粉丝量达到180多万人，自己也变得开朗自信。

营销是直面竞争深层、极具挑战性和诱惑力的职业，是一项需要用健康的心态去调配情绪的职业，是一项需要有良好的性格去追求成功的事业。本章要探讨的问题就是成功营销人员与他们的职业特征。

心理学的研究表明：性格与职业成败有着密切的联系，不同性格的人适合从事不同的职业。例如，性格活泼的人，适合有挑战性的工作；性格内向的人，适合稳定的工作。同时，不同的职业对人也有着不同的性格要求，如会计、文秘、研究者等，这些工作要求从业人员必须具有扎实、细致、诚实、耐心等性格优点。那么，营销人员的性格有哪些特征呢？我国台湾地区的一位营销专家认为：

> 在这个世界上取得成就的人，都努力去寻找他们想要的机会，如果找不到机会，他们便自己创造机会。
>
> ——萧伯纳

"营销人员除具备一般人的品质外，还应该有哲学家的头脑、宗教家的精神、雄辩家的口才、外交家的风度、社会改革家的胸怀、学者的知识，以及运动员的体魄。营销人员名分虽小，但其精神、才智、抱负往往超过常人。"无数成功营销人士的经验告诉我们：要做一个市场营销高手，除具备一定的工作能力以外，还要具备健康、优良的性格品质。

1.1 饱满热情

1. 热情是前行的持续动力

热情，在古希腊语中的含义是内心之神是一个人努力达到自己目标的一种积极力量。爱迪生说过："有史以来，没有任何一件伟大的事业不是因为热情而成功的。"不管是什么样的事业，要想获得成功，首先需要的就是工作热情，营销事业尤其如此。小米科技创始人雷军曾说："因为小米的创办时间比较短，我可能要思考的问题是：什么样的热情让我一醒来就能斗志昂扬地上班。最重要的还是你内心想要什么。"

2. 如何使自己变得有热情

热情的性格并不是与生俱来的，它需要后天的培育，要使自己变得有热情，需要做好以下几点。

第一，多交朋友，多与人沟通，多参加集体活动，享受与朋友在一起的快乐，让快乐带给你热情。

第二，坚持锻炼身体，保持身体健康，保证充沛的精力，让充沛的精力保障你的热情。

第三，深入研究本职工作，认识到本职工作的社会价值，享受工作的乐趣，让乐趣激发你的热情。

第四，做好人生规划，特别是职业规划，提高工作满意感，提高生活满意感，让工作和生活的满足感维持你的热情。

3. 热情应有度

热情待客是商家服务的一个准则。作为一名职业营销人，需要饱满的、丰富的激情，对工作、对生活充满热爱，要善于将工作中碰到的阴暗面及一些阴影的东西转化成阳光的事物。只有这样，你的创造力才能不断地得以提高，你思想的火花才能不断地爆发，你的潜力才能不断地被挖掘出来。但热情也要有度，不要给消费者造成压力，要让消费者在轻松愉悦的环境下进行消费。请听听以下一位消费者和一位超市管理人员对"热情应有度"的理解。

陈小姐说："到美容店做面膜、按摩，本来是想放松一下，却因为工作人员的'热情'推销，无法得到很好的休息，有时候甚至影响到服务质量。她希望，店家应让客人轻松消费，不应强人所难，更不能让顾客花钱买气受。"

一位超市的管理人员说："顾客进店后，如果导购员太热情推荐产品，常常会适得其反。作为店家，当然希望顾客在店里能有较多的消费，自然也会向顾客热情推销，但向顾客进行推销时应该考虑到顾客的感受。强势推销是一锤子买卖，是不能长久的。只有设身处地地为客人着想，尊重客人，让客人惬意消费，才会有更多的回头客。"

1.2 自信善交

1. 自信让你获得更多的成功机会

一份对 100 名杰出青年成长道路的调查报告显示，有 2/3 的人把自信看成取得成功的首要因素。一个人只有具备了自信心，才能正视自己，才会产生自信力，进而激发出极大的勇气和毅力，最终创造出奇迹。正如法国哲学家卢梭所说："自信心对于事业简直是奇迹，有了它，你的才智可以取之不尽，用之不竭。一个没有自信力的人，无论他有多大才能，也不会有成功的机会。"

心理学中有一个"幸运之轮"的观点，说的是人们可能不知不觉间陷入一个凡事都很顺利，好运一个接一个的幸运循环中，也可能落入一个处处遇阻失败的厄运循环中。而决定会进入"幸运之轮"或"厄运之轮"的关键因素就是信心，有了自信，相信自己能成功，做事成功的概率就会提高，反之就会下降，失败后更加没有自信，最终落入恶性循环。

某企业家回母校为新生演讲，他说"今天这个开学典礼不是为了庆祝我们曾经诞生了多少学友，而是，我们希望创造出更多、更好的学友。而这些学友就来自于这里，就坐在下面。因为你信，你才有机会；如果你不信，你一点儿机会都没有。"

2. 如何树立自信的营销形象

首先，要有坚定的营销信念。从内心深处真正认识到营销这个职业的价值。

其次，熟悉并热爱自己所销售的产品和就职的企业。熟悉产品及相关行业的知识，才能让你"手中有粮心不慌"，自信心就会自然而然地表现在脸上。

再次，保持衣着得体，注重礼仪规范。外表和言行的得体，既能得到顾客的认可，又可增加营销人员的自信。

最后，时刻保持营销人员的风度。营销人员在工作过程中要"沉得住气，弯得下腰，抬得起头"，时刻保持自信的形象。

谁都想拥有自信，克服自卑。为什么有的人总那么朝气蓬勃，有的人却总是心灰意冷呢？这里有个行为习惯问题。"强者让行为控制思绪，弱者任思绪控制行为。"要想提升自信心，必须先养成提升自信的行为习惯。以下这些行为可以提升一个人的自信心。

（1）挑前排位子坐。给自己争取更多受人关注的机会。

（2）走路时身姿挺拔，步履轻快。懒散的姿势和缓慢的步伐，易滋长消极思想，改变姿势和速度可以改变心理状态。

（3）正视别人。眼睛是心灵的窗户，正视别人表明自己很诚实，而且是自信的人。

（4）面带微笑。微笑是建立自信心的良药，养成微笑的习惯，可保持良好的心态。

（5）练习当众发言，而且尽量大声说。当众发言，谁都发怵，只是紧张程度不同而已。一有机会就说，是克服自卑、增强自信的突破口。

3. 社交能力的培养

被誉为"20 世纪最伟大的心灵导师"和"成功学大师"的戴尔·卡耐基曾说过："一

个成功的管理者，专业知识所起的作用是 15%，而社交能力却占 85%。社交能力并不是与生俱来的，后天的各种因素的影响非常大，要有信心把自己培养成社交能力强的人。"

上海工商外国语学院的顾同学深有感触道："找工作，有好的成绩、高学历的证书当然重要，但对于本性内向的人，学会交际也很重要。通过大学三年有意识地锻炼，我摆脱了别人对我'内向'的评价，目前做前台文员，天天可以愉快地与客户和同事相处。想想三年前的我，是多么内向，每次面对陌生人甚至老师，还没说上几句话就面红耳赤，支支吾吾说不下去了。我非常羡慕那些性格活泼善于交际的同学。进大学后，锻炼交际能力成为我的重要目标。担任系宣传部部长后，我的人生开始改变。宣传部部长需要接触各种人，形势逼迫我必须开口，大胆交流，得体表达。不知不觉间，我改变了内向的性格。"

如何培养自己的人际交往能力呢？
第一，克服过分的自尊心理或自卑心理，学会与不同的人打交道，懂得与人分享。
第二，克服找茬心理，学会宽容别人，发现别人身上的亮光点并真诚地赞美对方。
第三，克服害羞、胆怯的心理，用知识和技巧包装自我，学会推销自己。
第四，克服单干习惯，要有合作、互惠的意识，避免与人发生冲突。

技巧训练

你认为自己是一位自信的人吗？在三分钟内给大家分享一个你自信或不自信的案例。

1.3 亲切友善

1. 亲切友善让你获得好人缘

与别人和谐相处是成为一个成功市场营销人员的先决条件。如果脾气暴躁，经常生气或情绪失控，就很难和其他人友好相处。营销人员要善于跟各种各样的人打交道，专业的市场营销人员要永远保持冷静、有礼、有耐心。如果你的表现很令人开心，双方就容易交流，顾客的对抗心理也会降至最低。

2. 如何让自己变得亲切友善

（1）多一些赞美。

某推销员去一家服装公司推销计算机，这家服装公司的总经理工作非常忙，要见他很不容易。推销员耐心地等候着，总经理的公关秘书不耐烦地看着他，想赶他走。这时推销员察觉到，女秘书穿的那件灰色的时装典雅大方、舒适得体，跟她们公司的产品风格不相同。
推销员说："请问您身上这件衣服是您设计剪裁的吗？它不像你们公司的设计风格。"
秘书说："你眼光不错，是我自己设计剪裁的。"
推销员说："您这件衣服设计得典雅大方、古朴自然，像您这样有气质、有风度的漂亮女孩特别适合穿这种风格的衣服，衣服要展示个性。"

秘书点点头说："是啊，因为我觉得公司的产品风格不适合我，只好自己做了。"

推销员微笑着点点头说："是啊，衣服要是展示不了个人魅力，那还有什么意思呢?"

正在这时，总经理的门开了，女秘书突然站起来说："我去给你通报一声。"

之后，推销员顺利见到了服装公司的总经理，并且谈判成功。

慷慨地赞扬他人，会拉近人与人之间的距离，给人带来众多的朋友，当然也会给你带来更多的营销机会。

（2）多一些微笑。

微笑被认为是非语言符号中友善、愉悦的表情。美国社会心理学家梅拉宾专门设计了一个信息冲击力的计算公式：信息冲击力 $1=0.07×$言辞$+0.38×$声音$+0.55×$面部表情。他认为，面部表情最具信息冲击力，并远远超过声音和言辞。美国与日本的保险推销界各有一位"价值百万美元笑容"的推销家，他们是威廉·怀拉和原一平。因为拥有一张令客户无法抗拒的笑脸，他们谈判的成功率非常高，人均年收入高达百万美元。被称为日本"推销之神"的原一平总结出了笑容的如下功效。

① 笑容，是传达爱意的捷径。

② 笑，具有传染性。纯真、美丽的笑容能更有力地感染对方。

③ 笑，可以轻易除去两人之间的隔膜，打开双方的心扉。

④ 笑容是建立信赖，成为心灵之友的第一步。

⑤ 没有笑的地方，必无工作成果可言。

⑥ 笑容可除去悲伤、不安，也能打破僵局。

⑦ 将多种笑容拥为己有，就能洞悉对方的心理状态。

⑧ 类似婴儿的笑容最诱人。

⑨ 笑容会消除自己的自卑感，且能补己不足。

⑩ 笑容会增加健康，增进活力。

微笑的力量其实可以放大到所有提供服务的行业，其实微笑就是一个小细节，这个小细节会创造出意想不到的良好的客户感受，这种良好的客户感受也必将为提供微笑服务的品牌和场所加分，形成良好的客户美誉度和忠诚度。

（3）多一些主动沟通。

在营销过程中，沟通无处不在，营销的核心就是沟通，没有沟通，营销就是一句空话。格兰仕集团执行总裁梁昭贤曾说"营销是什么？真正的营销是沟通、沟通、再沟通。"营销工作是一项与客户不断保持沟通的工作，谁与客户之间的沟通更为有效，那么谁就是其中的佼佼者。

（4）善于倾听。

人生下来就有两只耳朵，一张嘴巴。所以我们用于听和说的比例是 2：1。尤其是从事市场一线的销售人员，更要善于倾听：要倾听客户的需求、渴望、抱怨、投诉，要善于听出客户的话外之话，听出客户没有表达出来的意思、没有说出来的需求。销售人员学会倾听不仅能够赢得客户的信赖和好感，而且从倾听中获得的信息对最后的成交也会有很大的帮助。

（5）别挑对方的毛病。

没有人喜欢被人挑剔。同样的道理，不要试图纠正和挑客户的毛病。

一位服装店的老板说："有一次，我面试一个服装营销人员，那位面试者的打扮实在令人不敢恭维，但我从不挑剔任何走进店里来的人的衣着。因为他会这样穿，表示他自己一定很喜欢。如果告诉他我的想法，这无疑是一种侮辱，很可能他就会一走了之。同时，我也不想让自己成为令人讨厌的人。"

（6）不要与对方争辩。

不管何时何地，尽量不要辩论、反诘或争吵。营销人员要切记，一旦开始争辩，就很难说服顾客购买产品，或者完全丢掉生意。在美国有家保险公司，训练销售员的第一条准则就是"不要争辩"。

19世纪，美国有一位青年军官个性好强，总爱与人争辩，经常和同僚发生激烈争执，林肯总统因此处分了这位军官，并说了一段深具哲理的话："凡是成功之人，必不偏执于个人成见，更无法承受其后果；这包括了个性的缺憾与自制力的缺乏。与其为争路而被狗咬，毋宁让路于狗。因为即使将狗杀死，也不能治好被咬的伤口。"

技 巧 训 练

作为营销员，你如何理解"社交的幸福感来自于社交的质量而非数量，来自于沟通的深度而非频率。待人友善是修养，独来独往是性格。"

1.4　真诚守信

1. 诚信是最好的公关

弟子规中曾说"首孝悌，次谨信。"意思是要先孝敬父母，顺从兄长，其次要说话诚实，讲究信用。在现代社会，诚信越来越受到重视，不管是在人际交往中还是在商业往来中，讲究诚信的人或企业，总是受到社会的尊重，社会也给予他们相当丰厚的回报；而那些不讲诚信的人和企业，则越来越难以立足。

让我们一起来看看2009年葛优和舒淇主演的贺岁大片——《非诚勿扰》里的一段对白。

女：我不太关心外表，我看重的是人心，善良、孝敬父母的人，就算我没看上你，你也一定能讨到一个好老婆。

秦奋：你外表时尚内心保守啊，难得！

女：你妈妈那么大年纪了，你要是孝顺的话，应该好好为她选择一块福地，老年人讲究入土为安，作为一个男人，要有责任心，要有孝心，就算赚钱不多，只要老人需要，也在所不惜，这样的男人才可靠，你是这样的人吗？

秦奋：好像是。

女：我觉得你不是，你爸爸在那样一个小格子里，要是你妈妈去世了，难道你让他们两人挤在一个小格子里？清明节扫墓，你连一个烧纸上香的地方都没有，你说你这叫孝顺吗？

秦奋：我给他们买一块墓地不就行了吗，不是花不起钱，我走那会儿，只有烈士才有墓地呢，老百姓都存架子上，这点你放心，你要知道哪儿有给我选一处，只要是风景好的，我马上就办，咱俩要是走一块去，我连你的碑都先刻好了，保证不让你在架子上存着！

女：好啊，我朋友正好就是一家墓地管理公司的，明儿我就去订两块！一块五万，两块可以便宜点，我让他给你打折！

秦奋：啊？……（您不会是来给我推销墓地的吧？）

为了推销墓地，一位墓地推销员通过 QQ 来征婚，给秦奋设计了一个巧妙的圈套。刚开始丝毫不提推销墓地的事，通过与秦奋聊天，谈到孝顺父母的问题，获得了秦奋的极大好感！于是，秦奋非常爽快地答应订两块上好的风水宝地。但大家也可想象这位推销员最终是很难获得成功的。现代的顾客消费行为越来越成熟，这样不诚信的推销，结果只能是竹篮打水一场空。

2. 真诚守信的培养

（1）市场营销人员一定要发自内心真诚地为顾客服务。市场营销人员只有发自内心真诚地为顾客服务，才能赢得顾客的心，进而向其推销产品。

> 失信就是失败。
>
> ——左拉

（2）市场营销人员要经常站在顾客的立场上考虑问题，替顾客着想。

（3）守时才有信用。不管是约会时间、交货时间还是完工时间，一定要守时。下面一个例子就是守时获得成功的最好证明。这虽然是一件微不足道的小事，但正是这小小的信用赢得了顾客对他的信任。

有一位推销员，每次登门推销总是随身带着闹钟，会谈一开始，就说："打扰您 10 分钟。"然后将闹钟调到 10 分钟的时间，时间一到闹钟便自动发出声响，这时他便起身告辞："对不起，10 分钟到了，我该告辞了。"如果双方商谈顺利，对方会建议继续下去，那么，他便说："那好，我再打扰您 10 分钟。"于是闹钟又调了 10 分钟。

技 巧 训 练

回顾一下你曾经购买一件最贵重物品时的心态，是如何决策的？最终是什么因素让你下定决心购买的？

1.5 目标远大

1. 目标远大成就顶尖的成功人士

哈佛大学曾对一群智力、学历、生活环境等客观条件都差不多的年轻人，做过一个长达

25 年的跟踪调查，调查内容为目标对人生的影响，结果发现：

其中 3%有清晰且长远目标的人，25 年来几乎都不曾更改过自己的人生目标，并向实现目标做着不懈的努力，25 年后，他们几乎都成了社会各界顶尖的成功人士；其中 10%有清晰短期目标的人，大都生活在社会的中上层，他们的共同特征是：那些短期目标不断得以实现，生活水平稳步上升，成为各行各业不可或缺的专业人士，如医生、律师、工程师、高级主管等；其中 60%目标模糊的人，几乎都生活在社会的中下层，能安稳地工作与生活，但都没有什么特别的成绩；其中 27%那些没有目标的人，几乎都生活在社会的底层，生活状况很不如意，经常处于失业状态，并且时常抱怨他人和社会。调查者因此得出结论：目标对人生有巨大的导向性作用。这正是美国心理学家洛克"目标设置理论"研究的成果，该理论认为挑战性的目标是激励的来源，因此特定的目标会增进绩效，困难的目标被接受时，会比容易的目标获得更佳的绩效。

再来看一个营销行业的故事：

某医药企业新上任的省区经理利用一年的时间，将湖北市场从公司销售排名第七提升到现在第一的位置。问及市场成功的经验时，省区经理只说了两点，"高目标和高起点"，他解释道："我的目标就是要做到区域市场第一，所以我开发的医院和专家都是最好的，因此，市场销售业绩在短时间内得到快速的提升。"当时，销售较差市场的区域经理和他的收入相差十几倍。

不能说这位省区经理比销售差的区域经理聪明十几倍，而是目标决定了成功的高度，决定了最终的成果，销售之前制定目标是营销员成功的方法之一。因为有了目标就有动力，有了动力就会促使自己对成功产生渴望。美国推销员培训专家伊斯曼曾经说过："设置目标是成功的第一次演习。制定目标很有效，它增加了你的动力，可能使你经常取得成功。一旦确定目标，你的时间价值也就明确了。"他的这番话就是在强调推销员制定目标的重要意义。

2. 制定目标的原则

（1）制定目标应符合实际。太高的目标是没有可行性的，太低又起不到激励的作用。

（2）目标的内容应与工作一致。目标与工作不一致对工作目标的实现毫无帮助。

（3）设定好目标的期限。目标的期限通常分为长期、中期、短期，目标期限可按照自己的具体情况来设定。一般来说长期目标要高远，短期目标要实际。

（4）将制定的目标书面化。目标书面化便于对目标落实的检查、核对与跟踪记录。

（5）将明确的目标视觉化。视觉化的目的是不断地刺激、提醒自己，将制定的目标写在纸上，贴在床头或墙上，方便提醒自己、激励自己。

3. 制定目标的依据

制定目标应该有一定的依据，不是拍脑袋就能确定的。根据推销大师的经验，以下三点可作为营销人员制定目标的依据。

（1）参考专业营销人员的目标。在制定自己的目标时，可参考其他营销人员的目标，从中得到一定的启发，也可以找到差异。

（2）根据自己的实际情况。在制定工作目标的时候要根据自己的时间及能力状况制定切实可行的目标，使自己的目标具有一定的挑战性，通过一定的努力可以达到，而不是可望而不可即的空想。

（3）根据自己的具体需求。营销人员在确立目标前最好明确自己的需求，没有需求就不可能出现具体目标。

技 巧 训 练

用五分钟的时间，谈谈你的人生目标及具体实施计划。

1.6 积极进取

> 让自我的内心藏着一条巨龙，既是一种苦刑，也是一种乐趣。
>
> ——雨果

1. 有进取心成就辉煌人生

一个刚造出来的航海罗盘，在经过磁化之前，指针的方向是混乱的。经磁化后，它就像被一种神秘的力量支配着，总是指向同一个方向。如果用在人的身上，这种神秘的力量就是进取心。它使我们不断地努力，不懈怠，不满足。每当我们走过一段、跨出一步的时候，它就会在下一个目标向我们挥手。

有人曾向美国一位薪水很高的职业经理人询问成功的秘诀，他说："我还没有成功呢！没有人会真正成功，前面还有更高的目标。"的确，辉煌的成就属于那些不断进取的人，他们和时间赛跑、和自己赛跑，攀越一座座高峰，并继续去征服下一座高峰。

天下没有一个老板不喜欢有上进心的下属，他们在时刻观察着员工们的表现，所以，营销人员不要满足于现有的成绩，要不断地对自己提出更高的要求。

2. 进取心的培养

（1）要有忧患意识。现代社会是一个竞争的社会，不进则退，所以要不断地往前发展，对自己提出更高的要求。

（2）保持乐观的工作态度。假如营销中遇到挫折，不要丧失信心，要相信通过一次次的努力肯定能够成功，因为良好的心态是成功营销的第一步。

（3）每天给自己定一个具体的工作目标，如果目标达成，则给自己一个小小的奖励。

技 巧 训 练

到目前为止，你认为自己做得最失败的一件事是什么？事情发生后，你采取了什么补救措施？

1.7 敢于创新

1. 没有创新就没有发展

"要么创新，要么死亡。"这是 20 世纪 90 年代流传于美国的名言。21 世纪后，创新已成为全人类的主题，满足现状就意味着落后。

被誉为"现代管理学之父"的彼得·德鲁克说过："企业有且只有两项基本职能——营销和创新。只有营销和创新才能产生出经济效益，其余一切都是成本。"中国企业营销创新奖正是源于此而产生的。

苹果公司共同创办人史蒂夫·乔布斯认为：创新是无极限的，有限的是想象力。他认为，如果是一个成长型行业，创新就是要让产品更有效率，更容易使用，更容易用来工作。如果是一个萎缩的行业，创新就是要快速地从原有模式退出来，在产品及服务变得过时、不好用之前迅速改变自己。

2. 如何培养创新能力

营销是一个创新的工作，具有极大的挑战性、竞争性，如何吸引顾客的兴趣和注意力，需要营销人员不断地创新开拓。首先，要敏于观察，善于变化。营销人员要随时掌握市场变化、人们的消费动向、顾客心理等，然后才能调整营销的策略。其次，要勇于实践，不怕失败。实践力的强弱与创新的关系同样密切。可以通过以下途径培养创新能力。

（1）培养对事物的好奇心。俗话说，小疑则小进，大疑则大进，无疑则不进。

（2）要熟悉自己的业务工作，不断地学习新的知识，在学习中创新。

（3）要多洞察周围事物的变化，拓展自己的思维观念，树立信心，大胆去尝试新的方法，在总结中创新。

> ### 技 巧 训 练
>
> 如果今年的父亲节正好是你父亲的生日，你将会如何让父亲度过一个难忘的生日？

1.8 扎实勤勉

营销的成功需要扎实勤勉的工作作风，因为营销是一种实实在在又艰苦的工作。营销人员不仅要做到心勤、脑勤，更要做到眼勤、手勤、脚勤。任何一个营销大师的销售业绩都不是待在家里"想"出来的，而是"做"出来、"跑"出来的。

一位世界闻名的推销大师正在介绍他的推销经验，吸引了 500 余名营销界的精英。人们让他介绍推销秘诀，他微笑着让四个大汉抬上一个铁架子，铁架子下面悬挂着一个大铁球。人们莫名其妙，聚精会神地看着。

这位推销大师并不说话，只是用小锤子敲了一下大铁球，大铁球纹丝不动。过了五秒钟，推销大师又敲了一次，铁球依然纹丝不动。就这样每隔五秒钟推销大师就敲一次。人们的耐心被消耗着，逐渐有人离开会场，推销大师却还是不停地用小锤子敲大铁球，会场中的人越来越少了。

大铁球在不断敲击下慢慢动了起来，摇晃的角度越来越大，后来想让它停下来都不行了。最后这位推销大师向会场中为数不多的人说："成功就是重复地做一件简单的事情，这种持续的努力每次会使事情进步一点点，当成功来临的时候，你挡都挡不住。"

这位推销大师用很形象、很简单的方式告诉推销员们：扎实勤勉的工作是成功的基础。

1.9　具有良好的口才

一位成功的销售人员说过："交易的成功，往往是口才的产物。"营销的实质就是说服，能说服对方，使对方改变原来的意图，才是营销人员真正的本事。拥有良好的口才是通向营销成功的必由之路。资深的营销专家都认为：没法说服顾客购买产品的营销人员，就不能算是成功的营销人员。

1.10　具有服务意识

1. 服务是最好的营销

服务意识是指企业全体员工在与一切企业利益相关的人或企业的交往中所体现的为其提供热情、周到、主动服务的欲望和意识，即自觉主动做好服务工作的一种观念和愿望，它发自服务人员的内心。业内人士常说，营销是一种服务，服务是一种营销。优质的服务能创造友好的气氛，容易获得顾客的信任和支持，从而使得营销工作得以顺利开展。

【例1】陈经理在一家普通的酒店用餐，他发现了一个小小的细节：在烟灰缸里，不但有少量的水（大多数酒店都这样，可以防止烟灰），而且衬着一圈餐巾纸，上面画着一张笑脸，笑脸下面有一句手写的话：吸烟有害健康！他第一反应是：感动！星级酒店他也去得不少，但这样的细节还是第一次见到！于是他记住了这家酒店的名字并打算将它介绍给自己的朋友。

【例2】一位女士请父母到"海底捞"吃饭，由于高兴，也因为排了半天的队，确实饿了，于是在菜单上选了很多菜。服务员看到菜单后微笑地说："您点得太多了，不如将所点的都改成半份，这样所有的菜都能尝尝，又不会浪费，如果不够吃，我们再随时为您添加。"减半的菜刚好够，看到菜点得恰到好处，全家都很高兴。

2. 如何做好营销服务

营销人员能够提供给顾客的帮助是多方面的，并不仅仅局限于通常所说的售后服务。可以通过以下几个方面来提高服务质量。

（1）注重礼仪、仪容仪表，规范服务用语，树立专业形象。

（2）加强产品知识学习。特别是新产品推出之前，必须对产品性能、规格等进行深入学习，这样才能更好地向顾客传递商品信息。

（3）主动地与客户联系，给客户以"可信、可靠、可用、有利、有情"的感觉。

（4）提供个性化服务。

在奥地利首都维也纳有专门为50岁以上老人服务的购物场所，其标志为"50+"超市。该超市创意很简单，但又很独到。超市货架之间的距离比普通超市大得多，老人可以慢慢地在货架间选货而不会显得拥挤或憋气；货架间设有靠背座椅；购物推车装有刹车装置，后半截还设置了一个座位，老人如果累了还可以随时坐在上面歇息；货物名称和价格标签比别的超市要大，而且更加醒目；货架上还放着放大镜，以方便老人看清物品上的产地、标准和有效期等；如果老人忘了带老花镜，可以到入口处的服务台去临时借一副老花镜戴上；最重要的是，超市只雇用50岁以上的员工。对此，一家"50+"超市经理布丽吉特·伊布尔说："这些措施受到顾客的欢迎，增加了他们的信任感。"从中获益的不仅仅是顾客，雇用的12名员工又可以重新获得工作，也十分珍惜这份工作，积极性特别高。"50+"超市由于替老人想得特别周到，深受老人欢迎。同时被其他年龄层（如带孩子的年轻母亲）所接受。"50+"超市商品的价格与其他没有特殊为老年人服务的超市一样，营业额却比同等规模的普通超市多了20%。

1.11 具有宽容胸怀

1. 宽容待人是成就大业的基础

宽容是一种修养，也是一种美德。德国哲学家叔本华说："如果有可能的话，不应该对任何人有怨恨的心理。"一个人心胸有多大，事业便有多广。

> 世界上最宽阔的是海洋，比海洋更宽阔的是天空，比天空更宽阔的是人的胸怀。
>
> ——雨果

马尔辛利刚任美国总统时，他指派的税务部长受到许多人的反对，一群国会议员将他团团围住，逼着他说明委任此人的理由。为首的一位议员脾气暴躁，开口就把他大骂一顿。马尔辛利却不吭一声，任凭对方声嘶力竭地骂着，直到这个人精疲力竭而缄口时，他才用温和的语气问道："现在你觉得好些了吗？照理你是没有权力这样责问我的，不过我还是愿意详细地给你解释。"接着他又和颜悦色地说："这倒也不能怪你，因为我想任何不明真相的人都会大怒的。"后来那位议员对同伴说："我已记不清总统的全部解释，但我肯定，总统的选择没有错。"那位议员被马尔辛利豁达的胸襟和宽容大度的品格所折服。

成大事者的经验之谈是：学会宽容和尊重别人，才能更好地与人相处，与人共事。

营销人员在营销工作中要与各类顾客打交道，参加各种社交活动。因此，作为一个优秀的营销人员，与人交往时要坦诚相待，宽容大度，逐步达到"无故加之而不怒"的境界，展现出宽容豁达的人格魅力。如在遭受顾客的拒绝、无礼、嘲笑等委屈时，要能够包容、谅解。记住你的工作目标是要将你的产品销售出去，而不是要战胜顾客。以牙还牙，只会增加工作难度。

2. 学会宽容

（1）对顾客的刁难、埋怨等行为坦然处之。
（2）多虚心听取、接纳顾客的意见或建议，少反驳和辩解。
（3）勇于承认错误，接受批评，做到虚怀若谷。
（4）允许别人犯错误，更要允许别人改正错误，不要吹毛求疵。
（5）不要随意指责别人。
（6）不要无故猜疑。

技巧训练

如果顾客三岁的孩子不小心弄坏了你朋友从英国给你带回来的一个手提袋，你会如何处理这件事？

1.12　具有团队精神

1. 团结合作成就伟大业绩

什么是团队，仔细研究"团队"这两个字就觉得很有意思：有口才的人对着一群有耳朵的人说话！团队精神是指团队的成员为了实现团队的利益和目标而互相协作、尽心尽力的意愿和作风。俗话说得好，"一根筷子轻轻被折断，十双筷子牢牢抱成团"，这是对团队精神一个最简单的诠释。看看下面这个有趣的故事：

一次，联想队和惠普队开展攀岩比赛。惠普队强调的是齐心协力，注意安全，共同完成任务。联想队聚在一起，认真地在商量着什么。比赛开始了，惠普队在比赛中几处碰到险情，尽管大家齐心协力，排除困难，完成了任务，但因时间过长最后输给了联想队。那么联想队在比赛前商量着什么呢？原来他们把队员个人的优势和劣势进行了精心的组合：动作机灵的小个子队员排第一个，一位高个子队员排第二，女士和身体庞大的队员放在中间，殿后的是最具有独立攀岩实力的队员。于是，他们几乎没有险情地迅速地完成了任务。

这个故事说明：团队成员一定要在才能上是互补的。共同完成目标任务的保证就在于发挥每个人的特长，并注重流程，使之产生协同效应。人们在智力上的先天差距已经随着知识的提高而日益缩小。非智力因素在一个人的成功因素中所占比重越来越大，而成功率也是与其协作精神成正比。在相同的专业技术水平竞争中，谁更具备与不同的人合作的能力，谁就更容易成功。

> 读史使人明智，读诗使人灵秀，数学使人周密，科学使人深刻，伦理学使人庄重，逻辑修辞之学使人善变。
>
> ——培根

2. 学会与人合作

（1）守信。守信，会使人对你产生敬意，愿意与你公平地合作。

（2）学会共处。学会共处就是要学会用和平、协商、非暴力的方法处理矛盾，解决冲突。参与目标一致的社会活动，学会在各种"磨合"之中找到新的认同，达成共识，从而友好合作。

（3）勇于合作。不仅要与我们喜欢的人合作，也要与我们不喜欢的人合作。那么，该如何和自己不喜欢的人打交道呢？

一是"忍让"，宁可自己受些委屈或吃点亏，小小的让步可以赢得他人的敬重。

二是主动接近对方。可以先伸出友好之手，主动和对方打招呼，对方原来对你的敌意就可能化解，双方的关系就会有所改善。

三是换位思考。站在对方的角度考虑问题，体会对方的想法，从而修正自己的一些不正确的做法。

四是接受他人的独特个性。改变别人是困难的，强迫别人接受你的观念也不容易，你能做的就是改变自己对他人的态度。

五是多想想对方的优点。盯着缺点只会让你更加排斥对方，还不如多挖掘对方身上的闪光点。

技 巧 训 练

如果销售团队的负责人是与你有过矛盾的同事，你会主动要求主管将你调换到另外一个团队吗？

1.13 善于终身学习

1. 终身学习终身受益

一家闻名全球的会计师事务所在北京大学招聘员工，他们的招聘条件并不是会计专业出身或有会计实务经验的，而是要求具有出色的英语能力和计算机能力。招聘人员解释说："英语和计算机能力出众意味着你已经具备了学习的能力。只要具备学习的能力，我们就可以培训你的会计专业技能。因此这两项技能成为测量学习能力的标准。"

这个案例说明，学习能力很重要。营销工作需要具有积极的学习态度，因为营销的大环境日新月异，营销实践不断演变，营销理论不断发展。落后就要挨打，而改变落后局面的唯一方法就是要学习。营销人员在工作中一定要将学习养成一种习惯，随时随地向书本、经销商、消费者、同事、领导、下属学习。

当代武侠小说著名作家金庸曾坦言，他一生的快乐泉源是来自"终身学习"这4个字。他说："有时间我会对学生讲，要对人文科学注重一点。就算你一生都是专门去研究理工科目，你也要对人文科学有所了解，知一点、懂一点。这样，人的生活才会更有趣味，眼光才会更远一些、大一些，才能够高瞻远瞩，不是只会钻牛角尖，走不出来。"

2. 如何学习

（1）具有开放的心态，广泛学习。开放的心态表现为善于接受新鲜事物，善于学习别人的长处，不断地解放思想、更新观念，在工作中积极探索，勇于进取，开拓创新。

（2）具有虚心的态度向同行学习。营销界有很多成功人士，可以通过见面直接请教，或观看他们的演讲，阅读他们的自传等方式学习他们的成功经验。

（3）具有研究的精神钻研行业知识。当你向顾客介绍产品时，如能掌握更多行业的专业知识，将能增强你的说服力，顾客对你更信任。

技 巧 训 练

你认为自己是一个善于学习的人吗？是否尝试过给自己布置"读书任务"？

1.14 善于管理时间

1. 重视时间管理

有人说："一天的时间就像一只大旅行箱，如果你懂得装箱的技巧，一只箱子足可以装下两箱的东西。"也就是说，时间是有限的，但如何安排和支配它却大有文章可做。营销这个职业在时间上相对比较自由，多数时候不用坐班，因此，学会管理自己的时间就显得非常重要。

2. 有效率地管理时间

时间管理就是自我管理，时间管理的能力决定了竞争力和生活品质。营销人员面对时间管理，要用正确而积极的态度处理。

第一，制定时间管理计划，养成快速的工作节奏感，当天可以办完的事，不拖到第二天。

第二，善于利用琐碎的时间，如利用出差途中，等候客户和下班时间与客户沟通。

第三，妥善地规划行程，减少路线重复，早出晚归避开交通高峰，随身携带交通地图和火车大巴时刻表。

第四，养成写备忘录的习惯。随身携带记录本记录，避免随手记小纸条。

第五，充分利用电话与客户和你的主管沟通，电话交谈，简单扼要，主动要求停止。

第六，直接向决策人或对买方有重大影响力的人进行沟通，可以提高工作效率。

第七，建立业务文档系统，及时整理客户资料，定期整理文档，删除无用文件。

技 巧 训 练

回忆上周自己是如何度过的，然后评价是否安排合理。

本章小结

性格决定着一个人的事业前程与生活质量。优秀的营销人员无不具有令人钦佩的性格特征和良好的品质，所以营销人员要努力从性格、品质、形象等方面培养锻炼自己，积极进取，努力奋斗，为成功营销创造良好的综合素质。

● 热情是一种积极的人生状态，能激励和鼓舞一个人的行动，具有很强的感染力，运用热情的态度与顾客真诚沟通，能使自己的工作变得顺心。

● 与其他职业相比，营销人员更需要有足够的自信心。认识自己的优点和长处，是培养自信的良好方法。

● 营销人员在与顾客交往中，不挑对方的毛病，不与对方争辩，多些赞美和微笑，能给顾客留下亲切友善的印象。

● 诚信即真诚守信，是商业活动的核心准则，只有树立"以人为本""服务社会"的营销信条，才能做到诚实、守信，才不会因眼前的蝇头小利而做出欺骗消费者利益的行为，损坏自身的商业信誉。

● 成功者，总会给自己树立一个远大的目标，而且脚踏实地一步一个脚印地去实现一个又一个目标，制定目标要符合实际，最好能书面化、可视化、阶段化。

● 营销工作是一项充满挑战的工作，需要有较大的创新，营销人员要敏于观察、善于变化、敢于实践，培养创新思维。

● 与顾客打交道，学会宽容，将为你赢得朋友和树立友善的形象。

● 扎实勤奋、善于合作、不断进取、树立较强的时间观念、拥有良好的口才等，都是优秀营销人员所必须具备的素质。

口才训练营

实训 1

自由训练：善于用眼

实训目的：掌握不同情景下的眼神运用，发挥"眼神"的魅力。

地　　点：在寝室或你认为方便的地方，对着镜子或旁边有人指点。

训练内容：（1）在倾听顾客倾诉时的眼神。

（2）向顾客介绍商品时的眼神。

（3）当顾客讲到一件有趣的事儿时的眼神。

（4）下列动作的眼神：微笑地注视着、好奇地看着、欣赏的目光。

课堂训练：学会友好热情地欢迎顾客

实训目的：让学生掌握欢迎顾客时正确的动作和恰当的表情，看谁做得自然亲切和热情大方。

地　　点：教室。

训练课时：1课时。

训练内容：让部分学生扮演商场的服务员，部分学生扮演顾客。练习从顾客进入商场那一刻开始到选购商品再到顾客离开时的每个环节，要求表示出热情友好、自然大方。建议分组进行训练。

游戏 1

形式：七人一组。

时间：15分钟。

道具：每人一张抽签纸。

场地：教室。

目的：

（1）通过本游戏，让学生更好地了解成功市场营销人士的优良性格和品质，明白不利于营销工作的一些言行、品质。

（2）进一步挖掘成功人士的各方面素质，补充课本上没有提到的一些品质。

（3）活跃课堂气氛，激发学生思考。

（4）锻炼学生的合作精神。

程序：

（1）每一个小组围成一圈。每一组指定一人负责抽签和记录，负责人不参与抽签发言。

（2）第一轮抽签：六个顺序号，抽到"1"则第一个发言，抽到"6"则第六个发言……。

（3）第二轮抽签：共有两种签，分别写着"优秀品质"和"不良品质"，每一个人都要抽，抽到什么签，就至少列举五个这方面的品质特征，负责人做好记录。下一个发言者列举的内容不能与前面发言者类同，有重复时，记录员要给予提醒。

（4）每一组记录好时间，15分钟结束游戏。

（5）游戏结束，教师收集各组的记录，看哪一组的记录最多，给予表扬。

分享：由各组负责人上台做一个发言，将本组同学所列举的"优秀品质"和"不良品质"告诉大家，看看哪些品质是平常容易忽视的。

总结：

（1）通过此游戏，学生会认识到成功人士的很多优秀品质，而不良的性格品质不利于营销事业发展，从而让学生懂得从何处去培养锻炼自己。

（2）学生在列举品质时，最好能举出实例。

口才加油站

阅读材料 1

个性与职业

心理学研究表明：不同个性的人，其适合从事的工作是有区别的，大致有如下一些类型。

（1）现实型个性：此种类型的人喜爱实用型的职业或环境，避免社会型的职业或环境；用具体实际的能力解决工作及其他方面的问题，较缺乏人际关系方面的能力；重视具体的事物，如金钱、权力、地位等。这类个性的人适合从事包括商业操作、技术性的工作和一些服务型的职业。典型职业：一般工人、农民、土木工程师。

（2）研究型个性：此种类型的人喜爱研究型的职业或环境，避免企业型的职业或环境；用分析的能力解决工作及其他方面的问题，自觉、好学、自信、重视科学，但缺乏领导方面的才能。这类个性的人适合从事科学研究和一些技术类的工作。典型职业：数学、生物方面的工程师、科研人员。

（3）艺术型个性：此种类型的人喜爱艺术型的职业或环境，避免传统型的职业或环境；富有表达能力、独立、有创意、不顺从、无次序等特征，具有艺术与音乐方面的能力（包括表演、写作、语言）并重视审美的领域。这类个性的人适合从事艺术、音乐和文化类的职业。典型职业：诗人、艺术家。

（4）社会型个性：此种类型的人喜爱社会型的职业或环境，避免实用型的职业或环境；并以社会交往方面的能力解决工作及其他方面的问题，但缺乏机械能力与科学能力；喜欢帮助别人、了解别人，有教导别人的能力，且重视社会与伦理的活动与问题。这类个性的人适合从事社会和服务类的职业。典型职业：教师、牧师、辅导人员。

（5）企业型个性：此种类型的人喜欢企业型的职业或环境，避免研究型的职业或环境，会以企业方面的能力解决工作或其他方面的问题；有领导与语言表达能力，缺乏科学能力，但重视政治与经济上的成就。这类个性的人适合从事管理和销售类的职业。典型职业：营销人员、政治家、企业经理。

（6）常规型个性：此种类型的人喜欢传统型的职业与环境，避免艺术型的职业或环境，会以传统的能力来解决工作或其他方面的问题；喜欢顺从、规律，有文书与数学能力，并重视商业与经济上的成就。这类个性的人适合从事办公室类和数据类的职业。典型职业：出纳、会计、秘书。

阅读材料 2

世界上最伟大的推销员——乔·吉拉德

世界著名推销大师乔·吉拉德，他在15年中共销售了13 001辆（每次只卖一辆）汽车。这项记录被《吉尼斯世界纪录大全》收入并被誉为"世界上最伟大的推销员"。乔·吉拉德49岁时便退休了。那时，他连续12年荣登"世界吉尼斯纪录大全世界销售第一"的宝座，他所保持的世界汽车销售纪录：连续12年平均每天销售6辆车，至今无人突破。

35岁以前，乔·吉拉德是个全盘的失败者，他患有相当严重的口吃，换过40个工作仍一事无成，甚至曾经当过小偷，开过赌场；然而，谁能想象得到，像这样一个谁都不看好，而且是背了一身债务几乎走投无路的人，竟然能够在短短3年内做到世界第一，并被吉尼斯世界纪录称为"世界上最伟大的推销员"。他是怎样做到的呢？虚心学习、努力执着、注重服务与真诚分享是乔·吉拉德四个最重要的成功关键。

"有人问我，怎么能卖出这么多辆汽车？有人会说是秘密。我最讨厌的就是有人装模作样说什么秘密，这世上没有秘密。我用我的方式成功。"乔·吉拉德说。

乔·吉拉德一再强调"没有秘密"，他把他卖车的诀窍分享了出来。他建立了所有客户的档案系统。他每月要发出1.6万张卡片，并且，无论是否买他的车，只要有过接触，他都会让人们知道乔·吉拉德记得他们。他认为这些卡片与垃圾邮件不同，它们充满爱。而他自己每天都在发出爱的信息。他创造的这套客户服务系统，被世界500强中的许多公司采用。

"如果你给别人名片时想，这是很愚蠢、很尴尬的事，那怎么能给出去呢？"他说，恰恰那些举动显得很愚蠢的人，正是那些成功和有钱的人。他到处用名片，到处留下他的味道、他的痕迹。每次付账时，他都不会忘记在账单里放上两张名片。去餐厅吃饭，他给的小费每次都比别人多，同时放上两张名片。出于好奇，人家要看看这个人是做什么的。人们在谈论他、想认识他，根据名片来买他的东西，经年累月，生

意便源源不断。他甚至不放过看体育比赛的机会来推广自己：购买最好的座位票，携带 1 万张名片，趁人们欢呼的时候将名片撒出去！于是，大家注意到了乔·吉拉德——已经没有人注意那个体育明星了。

刚做汽车销售时，他只是公司的 42 名销售员之一，那里的销售人员他有一半不认识。有一次，他不到 20 分钟就卖了一辆车给一个人。最后，对方告诉他：其实我就在这里工作。他说来买车是为了向乔·吉拉德学习。

他特别强调，一次只做一件事。以树为例，从种下去、精心呵护，到它慢慢长大，就会给你回报。你在那里待得越久，树就会越大，回报也就相应越多。

友情推荐 1

1. 《马云的经营哲学》（孙世阳. 北京联合出版公司. 2016.）
2. 《任正非的谜：华为的那套办法》（闫岩. 中国财富出版社. 2016.）

第 2 章
口才概述

知识要点

❖ 口才的重要性
❖ 口才运用的基本原则

能力要点

❖ 语言表达训练
❖ 知识积累训练
❖ 记忆能力训练
❖ 心理素质训练

导入案例

雷军：我要苦练口才

2013 中国经济年度人物颁奖现场，小米董事长雷军与格力董事长董明珠的精彩表现让人津津乐道。事后雷军表示，和董明珠比口才就"真跪了"，颁奖时完全"插不上话"。他"吐槽"说："从辩论技巧看，董明珠非常出色。我是工程师出身，无论如何比不过这位营销出身的大牛，论口才和控场能力，简直是弱爆了。"所以，雷军表示："知耻后勇吧，我下了决心，明年开始，做产品之余，苦练口才！"

2.1 口才的重要性

口才具有怎样的重要性？西方世界已把"舌头、金钱、原子弹"列为三大武器。卡耐基在《语言的突破》一书中进行了精彩的比喻：许多人在战场上如同一头猛狮，在搏击场上是一位强手，但到了交际场合，温顺得像一只猫，一言不发，原因在于他们笨拙的口才。如果他们有挥洒自如的口才，就会成为交际场上的高手，轻松自如地与人交往。口才是一个人智慧的反映，是影响一个人事业成功、人际和睦、生活幸福、精神愉快的重要因素之一。

```
1. 增强你的个人魅力。
2. 增强你的人脉。
3. 增加你的收入。
4. 增加你成功的机遇。
```

2.1.1 增强你的个人魅力

一个口才极好的人，能让他自己充满自信，由内而外的自信使他散发着独特的个人魅力，这种魅力像磁场一样吸引着众人。因为口才代表着一个人的学识和修养。

在中国企业家群落中，最有个人魅力的是教父式企业家，华为技术有限公司主要创始人、总裁任正非正是其中的代表人物。他深谙国情，善做哲学总结，极具煽动力。他的商业辞典中几乎都是战争术语，任正非对内的训话中，常常可以找到这样的词句："不要把客户关系当成买卖关系。要做诚实的商人，要把优惠和好处让给客户，要关心客户最关心的问题，真正赢得人心——得人心者得天下！"字里行间充斥着激情、鼓舞、煽动、号令和诱惑，任正非卓越的口才和煽情是全球 15 万多名华为员工愿意用全部青春和热情与对手贴身肉搏的奥秘之一。

2.1.2 增强你的人脉

口才是一门语言的艺术，是用口语表达思想感情的一种巧妙的形式，懂得语言艺术的人，懂得相处之道的人，不会勉强别人与自己有相同的观点，而是巧妙地引导他人到自己的思想上来，那些善于用口语准确、贴切、生动地表达自己思想感情的人，办事往往圆满；反之，不懂得语言艺术的人，最后自己也会陷入困境。西方有位哲人说过："世间有一种成就可以使人很快完成伟业，并获得世人的认识，那就是讲话令人喜悦的能力。"

拥有良好的口头表达能力的人，能正确表达自己的观点和见解，将话说到对方的心坎里，引起对方的共鸣，从而拉近感情上的距离，创造一种和谐的气氛，有利于处理好人际关系。

2.1.3 增加你的收入

口才可以代表一个人的力量，可以显示一个人的价值。商场的商品有物价，明星出场有身价，著名的政治家、科学家、企业家、文学家还有"口价"。英国前首相撒切尔夫人参加商界小型座谈会八次，共获得报酬 100 万美金，几乎与她任首相 11 年的总收入相等。美国前总统里根离任之后，许多演讲公司争相聘用他赴全国各地巡回演讲，每小时"口价"最低也有 6 万美元，相当于每分钟 1000 美元。把这形象地比喻为"出口成金""口到财来"并非文学夸张。

2.1.4 增加你成功的机遇

有了才干没有口才，也许也能获得成功，但既有才干又有口才的人成功的概率一定会高出许多。因为许多机遇的把握都需要通过口才来赢得。

中央电视台主持人撒贝宁的成功，是从小"说"出来的。他从小就特别喜欢演讲，曾荣获武汉市小学生演讲比赛一等奖和中学生演讲大赛一等奖。中学毕业时，被学校保送北京大学读书。在北大期间，又因为他的口才，被教师推荐主持北大百年校庆的文艺晚会，后来又推荐到中央电视台《今日说法》栏目担任主持人，不久又获得了全国主持人大赛特等奖。

曾经有一档"绝对挑战"节目，部分企业老总公开选拔部门经理，他们首先观察的就是应聘者现场演讲应变的口才。所以，若你虽有满肚子学问而不善言谈，则可能无法进入下一比赛环节，获得理想就职岗位的机会就小。

2.2 口才运用的基本原则

1. 消除自卑，树立自信。
2. 通俗易懂，朴素自然。
3. 准确通顺，言简意赅。
4. 朗朗上口，声情并茂。
5. 语随境变，恰到好处。
6. 扣人心弦，耐人寻味。

2.2.1 消除自卑，树立自信

谦虚谨慎是中国人的传统美德之一，但自谦不等于自卑。自谦是有自知之明，在充分认识自身优点、长处与潜力的前提下，不否认还存在的缺点、短处，虚心向别人学习，并有信心迎头赶上；自卑却是甘拜下风，甘居下游，自认为天生愚笨，永远不可能成为某个方面的人才。想在口才方面有所建树，就要消除自卑和胆怯，树立自信心。

自信心是对自己认识活动的结果抱有成功把握的一种预测反应，是一种推断性的心理过程，具有明显的理性思维色彩。自信心的强弱可以在某一具体认识或实践过程中反映出来，一个人如果在许多事情上都保持自信，就会强化自信心理，成为一个自信心较强的人；反之，如果一个人长期缺乏自信，优柔寡断，或者其自信心经常受到打击，久而久之就会导致为人处世缺乏自信，成为一个胆小怕事、谨小慎微、举棋不定的人。

自信心在口才运用中表现得十分明显。自信心强的人通常表现为对自己充满自信，面对别人镇定自若；缺乏自信则表现为畏畏缩缩，显得自卑胆怯、顾虑重重，甚至惊慌失措、语无伦次，不敢在人前讲话。

技巧训练

请面对老师同学（或同事），大声说出你三个以上的优点。

2.2.2 通俗易懂，朴素自然

说话的第一原则是使听众听懂，如果听众无法明白你在说什么，那么说得再动听也没用。真正会说话的人，不管是碰到如何深奥的话语，都能说成浅显易懂的话语，将意思毫无遗漏地传递给对方。可惜有不少人无视这个基本的原则，说话时总是喜欢使用深奥的字眼，并以此感到骄傲，更有甚者认为不使用深奥难懂的字眼，将会被认为"没文化"。

爱因斯坦自从发明了相对论学说以后，经常有记者和一些非专业人士向他请教一些有关相对论的问题。但这个问题比较高深，不是一两句可以解释清楚的。有一次，一位美国女记者采访爱因斯坦，问道："依你看，时间和永恒有什么区别呢？"爱因斯坦答道："亲爱的女士，如果我有时间给您解释它们之间的区别的话，那么，当您明白的时候，永恒就消失了！"

这个答案虽然不是一个科学严谨的定义，但从像这位女记者一样的普通人的专业知识基础出发，这却是她们非常容易接受的一个形象、生动、诙谐的解释。

黄渤主演的喜剧片连续创造票房神话，让他博得了"25亿先生"和新一代"贺岁帝"的美名。当记者问他："你和葛优饰演的喜剧片相比，他带给你的思考是什么？"黄渤谦虚地说："葛老师包括他的团队及合作伙伴，经过多年磨炼之后一步一步赢得了电影市场和观众的口碑，其实他们也是积累，一开始是碟子换成碗，碗换成盆，盆换成缸，缸现在换成了游泳池，再之后就是大海了，他会一直用每一个片子，积累不同人群的观众，而原来的观众没有流失，慢慢、慢慢就形成了他的品牌，形成了他现在的号召力跟票房，这些都是我们应该学习的。"

黄渤通过"碟子"等生活实例突出葛优及其团队积累的历程，通俗易懂但又让人耳目一新。他分析葛优喜剧"品牌""票房""观众"的积累过程，不仅折射出他锐利的眼光和独特的市场分析力，还自然流露出对葛优老师的敬意。

2.2.3 准确通顺，言简意赅

说话应该言简意赅，准确地表达说话人的意思，尽量避免啰唆。说话冗长有时是因为说话者想表达很多意思，而又没有条理；有时又因为开场白太长，渐渐脱离了本意；有时是潜意识里总想把自己的经验强卖给对方，无形中话就变得冗长不堪。

要使说话精炼，主要是语言的净化和纯化。离题万里的废话、无的放矢的空话、言不由衷的假话、重复啰唆的多余话都不要，同时要保持语言的含蓄，做到"言有尽而意无穷"。

艾森豪威尔在哥伦比亚大学担任校长时，经常应邀出席各种宴会。在一次宴会上，几位名人做了长篇发言，可主持人最后还是请他致辞。此时听众已有厌烦感，只见艾森豪威尔站起来说道："每一篇致辞不管它写成书面的或其他形式，都应有标点符号。今晚，我就是标点符号中的句号。"他用最短的演说赢得了满堂彩。

2.2.4 朗朗上口，声情并茂

1. 有声的语言

所有使用有声语言的场合，都离不开语气。若想成为一个说话富有感染力的人，就一定要熟练掌握驾驭语气的能力，要善于运用合适的语气和节奏来表达复杂的内容和不同的思想感情。

人们在说话、朗读和演讲中，速度的快与慢、情绪的张与弛、语调的轻与重、音量的小与大等变化，就形成了节奏。节奏在口语中起着重要作用。节奏主要表现人的心理变化，不同的口语节奏具有不同的形象内涵和不同的感情色彩。适当的节奏，有助于表情达意，使口语富于韵律的美感，加强刺激的强度。

语言的节奏类型一般分为六种（见表2-1）。

表 2-1 语言的节奏类型

类型	特点	适用范围
高亢型	声音偏高，语气昂扬，语势上行，给人以雄壮威武的感觉	用于鼓动性强的演说和使人激动的场合
低沉型	声音偏低偏慢，语气压抑，语势多下行，给人以庄重、沉闷的感觉	用于悼念及具有悲剧色彩的事件的叙述
紧张型	语速较快，句中停顿较短，但声音不一定高	用于须加以澄清的事实申辩和紧急情况的汇报等

类　型	特　点	适 用 范 围
舒缓型	说话从容舒畅，起伏不大，声音适中，是一种稳重、自然的表达方式	用于学术探讨和阐释性、说明性的叙述
轻快型	明快清晰，多扬少抑，听来不费力，让人感到活泼、流畅	日常对话中经常运用此类型，一般性辩论也常采用此类型
凝重型	既不高亢，也不低沉，清晰沉稳，不缓不促，节奏庄重、严肃，听来一字千钧，发人深省	用于某些语重心长的说服教育和发表议论、抒发情感等

语气能够影响听话者的情绪和精神状态。如喜悦的语气带给对方喜悦之情，愤怒的语气则会引发对方的愤怒之气；埋怨的语气会使对方牢骚满腹，生硬的语气会使对方有不悦之感，等等。同时语速要适宜，说得太快使听众不易接受，而且自己也容易疲倦；说得太慢不仅浪费时间，而且会使听众感到厌烦。总之，缺乏节奏感的语言是平淡呆板的；而节奏感强的语言抑扬顿挫、富有表现力，容易吸引听者。

2. 无声的语言

人们在口语交际中，常常辅之以各种动作、表情，来帮助表达自己的思想感情，这种表达思想感情的身姿、手势、表情就叫态势语。态势语是口语交际活动中传递信息的重要手段，是"无声的语言"，具有不可忽视的作用。传播学上有这么一个说法：用语言能表达出来的含义，只占你表达的38%，剩下62%叫副语言系统，就是表情、神态、手势等所带的信息场。所以当你看一个人说话时，如果觉得他的感染力很强，一定不全部是他的语言，而是他调动了整个"场效应"。所以，在口语交际时要善于利用好无声的语言。

技巧训练

第一步：假如你是一个乐团指挥，由于你十分严肃和呆板，手臂正慢慢、一前一后地晃动，同时，你的脸上露出十分疲倦的样子。请同学或朋友观看，并记下他们心里的感受。

第二步：请你用力鼓掌，然后脸上充满高兴的笑容，大喊一声"我是最棒的"。再请同学或朋友说说他们心里的感受，并比较前后的区别。

2.2.5　语随境变，恰到好处

俗话说，"看碟下菜，量体裁衣"，"见什么人说什么话"，这并非就是要虚情假意地"曲意逢迎""逢场作戏"。"说话一定要看场合和对象"是为了遵循交际规律，在真诚待人、平等互利的基础上看准对象再说话，以科学的态度掌握人际交流的艺术。在现实生活中，有些人说起话来，头头是道，游刃有余，为什么呢？其实，最根本的原因就在于他们懂得灵活变通，所谓变则通，在这个世界上，变是永恒的法则，所以只有掌握了变则通的说话技巧，才能把话说得恰到好处。

1. 看对方的基本情况

（1）年龄。

说话要看对象的年龄。对小孩，说话要活泼、亲切；对同龄人，说话要坦诚、平和；对老年人或自己的师长，说话则要尊重，让人感觉到你这个晚辈懂礼貌、有教养。

一位小学教师跟学生讲什么是品牌，讲了一大堆，问学生懂不懂，学生仍是摇头。后来教师举了一些例子，如麦当劳、肯德基、耐克等，学生一下子就明白了，几岁的孩子对于品牌的理解是非常具体的，要举他们熟悉的例子。

一位教师在课堂上解释产业问题，是这样说的："何谓第一产业？喂牛，养羊。何谓第二产业？杀牛，宰羊。何谓第三产业？吃牛肉，喝羊汤。"这个比喻看似调侃，但不得不佩服这个教师的语言功力。

（2）性别。

交谈时还应注意对方的性别。对不同性别的人讲话，应当选择不同的方式。

同学聚会的时候，老同学互相打趣，可以对着发胖男同学说"你可是越来越发福了，像蒸熟的馒头！"逗得大家一阵欢乐。但是，如果这话对着发胖的女同学说，效果会截然相反，甚至会惹出麻烦。另外，对于"老"字，男性一般觉得没多大关系；但若说某位女性"老"，她会非常不悦。

（3）文化程度。

说话看对象，文化程度也是很重要的一项。

一个村子进行选举，台上的主持人介绍候选人某某"刚正不阿"，某某"鞠躬尽瘁"，下面的村民听得云里雾里，不知道说的是什么意思。

有这样一个故事：有一个秀才去买柴，他对卖柴的人说："荷薪者过来！"卖柴的人听不懂"荷薪者"（担柴的人）三个字，但是听得懂"过来"两个字，于是把柴担到秀才前面。秀才问他："其价如何？"卖柴的人听不太懂这句话，但是听得懂"价"这个字，于是就告诉秀才价钱。秀才接着说："外实而内虚，烟多而焰少，请损之。（你的木材外表是干的，里头却是湿的，燃烧起来，会浓烟多而火焰小，请减些价钱吧。）"卖柴的人因为听不懂秀才的话，于是担着柴就走了。

（4）身份、职务。

身份职务不同并不妨碍人际交流。但下级对上级、晚辈对长辈、学生对教师等，在言谈举止上不要过于随便，必要时应当表现得更加尊重一些。

【例1】有一个班的大学生举行联欢活动，请了系领导来参加，主持人在活动开始前请领导致辞，说了一句很随便的话"来说两句嘛，不要紧张"。可想而知，这句话非常不合适，如果是请一个普通同学来说两句，这样说或许无妨，但作为前来参加学生活动的领导又怎能这样开玩笑？

【例2】朱元璋当上了皇帝。一天，他曾经的一位朋友来见他，说："我主万岁！当年微臣随驾扫荡庐州府，打破罐州城，汤元帅在逃，拿住豆将军，红孩儿当关，多亏菜将军。"他说的话很好听，朱元璋心里很高兴。回想起来，也隐约记得他的说话里像是包含了一些从前的事情，所以，立刻就封他为官。另外一个朋友得知了这个消息，他心想："同是那时一块儿玩的人，他去了既然有官做，我去当然也不会太差的吧？"他也就去了。一见朱元璋的面儿，他就直通通地说："我主万岁！还记得吗？从前，我们两个都替人家看牛，有一天，我们在芦花荡里，把偷来的豆子放在瓦罐里煮着。还没等煮熟，大家就抢着吃，罐子都被打破了，撒下一地的豆子，汤都泼在泥地里。你只顾从地下满把地抓豆子吃，不小心把红草叶子也一口吃进嘴里了，叶子哽在喉咙口，苦得你哭笑不得。还是我出的主意，叫你用青菜叶子放在手上一并吞下去，这样红草的叶子才一起下肚了……"他没说完，朱元璋就连声大叫："推出去斩了！推出去斩了！"

一般来说，在不太严肃隆重的场合，身份较高的人对身份较低的人说话越随和、越风趣，越好；反之则不宜太过随便，尤其在公众场合，说话要恰如其分，把握好自己与听者的身份差别。除此之外，还必须考虑对方的语言习惯。我国幅员辽阔、民族众多、方言习俗各异，这就要注意各地的语言习惯，否则就易碰钉子，或破坏气氛。

2. 看对方的性格和心理状态

性格外向的人易于和人交谈，性格内向的人多半沉默寡言，不善于主动与人交谈。同性格开朗的人谈话，你可以侃侃而谈；同性格内向的人谈话，就应注意分寸，循循善诱。不同的人在不同的情况下有不同的心态，有时候甚至不会从外表上明显地表露出来，这时，作为表达者就应当洞察对方的心理，以便进行有效的交流。

人际交流中还经常会有"言者无意，听者有心"的情况，说话不注意洞察对方的心理状态，往往会产生意外的问题。

某单位工人小张的父亲长期患病，母亲不慎摔伤起不了床，现在工作上又出了些问题，前几天骑摩托车还撞了人，赔了2000多元，真是祸不单行！如此内外交困，愁得他抬不起头来。一家人都愁眉不展，唉声叹气，气氛异常低沉。这时小高兴冲冲地跑来，叫他去看摇滚歌舞，说特别刺激！小张说没有心思去，小高轻狂地说："瞧你蔫头耷脑的样儿，这么一点事就给压趴了？走走，管他呢，天王老子死了，也挡不住咱哥们儿乐呵！"人家在油锅上，他在凉水盆儿里，说这话人家能不烦吗？再加上小张是个孝子，哪能任他这样诅咒自己的亲人，于是他火冒三丈，吼道："你给我出去！滚出去！"就这样把小高轰出了门。

其实，小高本意是想激励小张不要垂头丧气，但是他的表达方式出现了问题，适得其反。

技巧训练

如果你是小高，应该如何正确地激励小张，以达到不仅不会被轰出门，反而得到"知心朋友"的效果？

3. 看当时的环境和各方的关系

交流的环境往往是个开放的环境，不仅要注意到交流双方的关系有什么特点，而且还要考虑双方与第三者、第四者的关系。说话一定要经过考虑，以避免招惹不必要的麻烦。

【例1】几位参加会议的同行几天内就成为无话不说的好姐妹。这天，她们又在一起聊天，其中一位韦女士说道："那些大龄未婚的老女人基本上都是性格古怪的人。"话刚讲完，就看到有人离席而去，又听到有人很不满："我就没结婚，可我很正常啊！"这位韦女士尴尬得无地自容。

【例2】有个人请客吃饭，眼看时间过了，还有一大半的客人没来。他心里很焦急，便说："怎么回事，该来的客人还不来？"一些敏感的客人听到了，心想："该来的没来，那我们是不该来的喽？"于是悄悄地走了。主人一看又走掉好几位客人，就更加着急了，便说："怎么这些不该走的客人，反倒走了呢？"剩下的客人一听，又想："走了的是不该走的，那我们这些没走的倒是该走的了！"于是又都走了。最后只剩下一个跟主人较亲近的朋友，见了这种尴尬的场面，就劝他说："你说话前应该先斟酌一下，否则说错了，就不容易收回来了。"主人大喊冤枉，急忙解释说："我并不是叫他们走哇！"朋友听了大为恼火，说："不是叫他们走，那就是叫我走了。"说完，头也不回地离开了。

2.2.6 扣人心弦，耐人寻味

人人都有好奇心，当听众的好奇心被调动起来的时候，就从平铺直叙进入"剧情"跌宕起伏的阶段。戏剧、电影十分重视悬念，来达到扣人心弦、调动听众情绪的目的。

很多人都看过中央电视台的《艺术人生》节目，主持人常常把嘉宾感动得流泪，正是他运用语言的魅力说到嘉宾的心坎里去了，引起了强烈的共鸣，大家在不知不觉间说出了很多心里话，每次节目结束的时候，主持人都会用一些耐人寻味的话来达到"语尽而意不尽"的境界。例如，主持人在一次节目结束时说的"得意时淡然，失意时坦然"就会让许多观众回味无穷。

悬念的产生得益于一些事实存在的不合理性。突然将一些莫名其妙、迷惑不解的事情推到人们的眼前，悬念随即产生。悬念的设置应注意：新奇，产生出人意料的效果；形象，处在听众情理之中；到位，表达圆满自然。

在美国巴尔的摩市曾举行过一次演讲比赛，一位演讲者以《广播的奇妙》为题参赛，一开头便以悬念抓住了听众："各位可知道，一只苍蝇在纽约的一块玻璃上行走的微小声音，可以用无线电传播到中非，而且还能使它扩大成像尼亚加拉大瀑布般惊人的声响。"

"广播"是人们司空见惯的事实，但其威力之大并不被人理会，这一耸人听闻的开头，将千万个听众的意念都"悬"了起来。

29

2.3　口才的基本功训练

> 说话是人与生俱来的能力，但良好的谈吐需要依靠后天的练习。
>
> ——罗曼·杰克布森

好口才是练出来的。口才训练是一种综合能力的训练，既包括表达能力的训练，也包括心理素质的训练，还包括知识积累的训练和记忆能力的训练。

古今中外历史上所有口若悬河、能言善辩的演讲家、雄辩家，无一不是靠刻苦训练而获得成功的。

我国早期无产阶级革命家、演讲家萧楚女，靠平时的艰苦训练，练就了非凡的口才。萧楚女在重庆国立第二女子师范教书时，除了认真备课，每天天刚亮就跑到学校后面的山上，找一处僻静的地方，把一面镜子挂在树枝上，对着镜子开始练演讲，从镜子中观察自己的表情和动作。经过这样的训练后，掌握了高超的演讲艺术，教学水平也很快提高了。

我国著名的数学家华罗庚，也是一位不可多得的"辩才"。他从小就注意培养自己的口才，学习普通话，背了唐诗四五百首，以此来锻炼自己的"口舌"。

美国前总统林肯为了练口才，徒步30英里，到一个法院去听律师们的辩护词，看他们如何论辩，如何做手势，他一边倾听，一边模仿。他注意那些云游八方的福音传教士挥舞手臂、声震长空的布道，回来后也学他们的样子。他曾对着树桩、玉米练习口才。

这些名人与伟人为训练口才树立了榜样，普通人要想练就过硬的口才，就必须像他们那样，一丝不苟，刻苦训练，正如华罗庚先生在总结练"口才"的体会时说："勤能补拙是良训，一分辛苦一分才。"

2.3.1　语言表达训练

何为表达能力？简单说就是"善于说话"。好的语言表达能力可以达到"让人想听下去（言之有形）、让人想学东西（言之有物）、让人愿意接受（言之有理）、让人产生尊敬（言之有情）"的效果。

1. 朗诵

提高语言表达能力的训练最好从朗诵开始，朗读要以普通话为标准音。朗诵是富于表现力的艺术语言，要求字正腔圆、语句熟练、表情达意。朗诵的锻炼是由生活语言过渡到艺术语言的桥梁。经常朗诵的人，吐字发音会更加准确有力，声音会更加响亮优美，语调会更加富有感情，口语能力一定会明显提高。有的人说话声音不好、口齿不清、语调平淡，只要经过朗诵训练，这些毛病就能逐渐得到改正。

林肯的口才举世公认。他把拜伦的诗集，一本放在家里，一本放在办公室，一有空就拿出来诵读，用低低的声音读得津津有味，甚至到了痴迷的地步。夜里醒来睡不着，他常随手把诗集翻开读，遇到佳句，他会兴奋地跳下床，穿着睡衣朗读起来。参加妹妹婚礼的时候，他拿出自己写的诗读给大家听，作为最好的祝贺。长期的诵读，训练了他的语音，丰富了他的词汇，形成了他良好的语感，对他声情并茂的演说风格产生了很大的影响。

2. 绕口令

"绕口令"的最大特点是"拗口"。它是学习语言艺术（如相声、快板等）的必修课。可以锻炼"舌""唇""齿"之间相互配合的技巧，被形象地称为"口腔体操"。

荧屏上的白岩松似乎无所不通。这位央视"名嘴"究竟是怎样炼成的呢？当他1993年从《中国广播报》社借调到中央电视台的时候，他还是一个普通话说得很不标准的人。当时，台里规定主持人念错一个字罚50元，他每个月不多的工资都要被扣去一笔钱，这让白岩松承受着巨大的压力。为了练就一口流利的普通话，白岩松每天都像小学生一样，翻看字典，一页一页，从字典里把一些生僻的字和多音字挑出来，注上拼音，贴在墙上，然后反复拼读。不仅如此，他还找来《绕口令集锦》，并模仿古代一位演说家的做法，在嘴里含一颗石头，练习绕口令……经过一段时间的苦练，白岩松终于过了"嘴巴"这一关，练就了标准的普通话。

2.3.2　知识积累训练

"厚积薄发，一鸣惊人"，这是对很多雄辩大师的评价。其实，口才不仅仅反映人的口才技巧，更反映一个人的道德修养、学识水平、思辨能力。对于个人来说，之所以可以走在社会、时代的前列与自己的知识积累是分不开的。我们积累足够的知识、经历和人生经验，想要进一步前行时，会凭借已打好的坚实基础去做，这就是厚积与薄发的关系。今天所走的每一步，都为你日后的一鸣惊人在做铺垫。要想使自己的语言具有艺术魅力，光靠技巧是不够的，一味地追求技巧而忽略自身的素质培养只能是舍本逐末。因此，在学习语言技巧的同时，还应全面提高自身的学识修养。

好的口才，在于平时的积累和锻炼。因为言语是以生活为内容的，有生活、有实践经验，才有谈话的内容；有丰富的生活、有丰富的实践经验，谈话的内容才能丰富起来。因此，对于家事、国事，都要经常关注，吸取对我们有用的东西。对于所见所闻，要加以思考，尽量去了解其发生的过程、意义，从中悟出一些道理。这些都是学习和积累知识的机会。

1. 多阅读

华罗庚说过："人做了书的奴隶，便把活人带死了；把书作为人的工具，则书本上的知识便活了，有了生命力。"

人的大脑就像一台超级计算机，控制着一个人的所有感觉和思想。只有不断学习最新知识，掌握最新资讯，才能很好地促进这台"机器"运转，保持大脑活力，才能思维清晰，条理分明，提高语言表达能力。

白岩松坚持每天最少保证2~3个小时的阅读时间。他说："阅读是敏锐思维和雄辩口才的来源。要做好一个真正有口才的主持人，'谁要是不读书不看报就是找死'。"他把阅读分为两种：一种是专题性阅读，就是为了准备节目而进行的阅读，每天要看上百万字的资料；一种是积累性阅读，就是每天大量的报纸和刊物资讯，只要是报摊上有的，他都要阅览。正是如此广泛地读书看报，拼命地"练脑"，使得白岩松在一次次直播中施展出了思维缜密、出口成章的高超技艺。

2. 积累格言

从广义上说，名人名言、民间谚语、成语警句、诗词对联等，都可以构成格言。把这些格言积累记录下来，久而久之，你谈话的题材、资料就会越来越多，口才就会越来越好，最终达到出口成章的境界。

3. 背诵

背诵要求准确无误地记忆文章，准确地表达作品的思想感情。常用的背诵方法是：第一步，选一篇自己喜欢的演讲辞、散文、诗歌；第二步，对选定的材料进行分析、理解，体会作者的思想感情；第三步，对所选的演讲辞、散文、诗歌等进行一些艺术处理，如找出重音、划分停顿等，这些都有利于准确表达内容；第四步，在以上几步工作的基础上进行背诵。在背诵的过程中，也可分步进行。首先，进行"背"的训练，也就是先将文章背下来。在这个阶段不要求声情并茂。只要能达到熟练记忆就行。并在背的过程中，自己进一步领会作品的格调、节奏，为准确把握作品打下坚实的基础。其次，是在背熟文章的基础上进行大声朗诵。将你背熟的演讲辞、散文、诗歌等大声地背诵出来，并随时注意发声的正确与否，而且要带有一定的感情色彩。最后，用饱满的情感，准确的语言、语调进行背诵。

2.3.3 记忆能力训练

诺贝尔经济学奖获得者美国的西蒙教授曾提出了这样一个见解："对于一个有一定基础的人来说，他只要肯下功夫，在6个月内就可以掌握任何一门学问。"西蒙所依据的心理实验研究成果表明：一个人1~1.5分钟可以记忆一条信息，心理学将这样一条信息称为"块"，估计每一门学问所包含的信息量大约是5万块，如果1分钟能记忆一"块"，那么5万块大约需要1000小时，以每星期学习40小时计，要掌握一门学问大约需要6个月。学习的诀窍在于坚持，就像烧一壶开水，如果断断续续地烧，1万斤柴也烧不开；如果连续烧，10斤柴就够用了。

记忆是学习的重要环节，是巩固知识的重要手段。科学记忆，有利于提高学习效率，有利于加速知识积累。因此，要提高学习效率，加速知识积累，就要学会科学地记忆。以下为常用的记忆法。

（1）重复记忆法。重复是学习之母，尤其像字词、术语、外语单词、历史年代、事件等枯燥乏味的东西，更需要循环往复的记忆。

（2）早晚记忆法。根据心理学原理，早晚的记忆分别只受"倒摄抑制"和"前摄抑制"的单项干扰，因而记忆效果较好。前摄抑制是指先学习的材料对识记和回忆后学习的材料的干扰作用；倒摄抑制是指后学习的材料对保持和回忆先学习的材料的干扰作用。

（3）读写记忆法。边说边记，多种分析器的协同合作也是提高记忆成效的重要方法。这种方法特别适合于记字词、诗词、外文单词等。

（4）间隔记忆法。读一本书，学一篇文章，最好分段交替进行记忆，记忆时间不宜过分集中。

（5）概要记忆法，在一般不可能把所有的内容和细节都记下来的场合，如听报告、故事，看电影、小说，可把其中心、梗概、主题记住；或先记一个粗略的框架，然后再设法回忆补充。

（6）选择记忆法。古人云："少则得，多则惑。"读书学习都要抓住其中的重点、难点和关键。记忆的内容有所选择，不要"眉毛胡子一把抓"，更不要"捡了芝麻，丢了西瓜"。

（7）联想记忆法。这是通过事物之间的相互关系，由此事物联想到彼事物的记忆方法。

当然，记忆力的培养，最根本的方法就是勤奋学习。学习的知识越多，人的记忆力也就越强。孔子早就说过："多见而多识之"，"多学而多识之"，识就是记忆。

2.3.4 心理素质训练

心理素质在口才养成中非常重要，优良的心理素质是口才的保证。有些人心里有些想法，但是当站起来发言的时候却说不出，这就是心理素质阻碍了一个人的发挥，故如果没有良好的心理素质，是不会有好的口才的。

良好的心理素质主要包括：

- 自信——相信自己的话肯定有道理，有意义；
- 相信听众——相信听众会听懂你的想法，会认可你的想法；
- 喜欢自己的声音——努力让别人听见自己的声音；
- 坚信自己的思路，不要被别人的消极态度干扰；
- 把自己认为有感染力的表达手段都用出来（包括表情、手势、姿态等）。

1. 挫折训练

心理学家研究指出：当人们遇到挫折时，高达九成以上的人会选择5种反应：攻击、退化、压抑、固执与退却，而正面思考者的比率低于10%。大多数人在遇到挫折时，很容易陷入负面情绪，总是将失败的想法归咎到负面的事物上，习惯对自己一味地责备和否定，不懂得如何去调整负面情绪。著名心理学家马斯洛说："挫折未必总是坏的，关键在于对待挫折的态度"。一个能笑看一切的人的抗打击能力必定会比一般人的强。

2. 韧性心理的培养

韧性是指个体面对生活逆境、创伤，以及其他生活压力下的良好适应。对于一个口才家来说，其韧性表现为不怕失败，不怕打击和挫折，敢于和善于从口语交际失败中一次次地崛起，从挫折中一次次地挺直腰杆走上讲台，有意识地在顺境、逆境、胜利、失败等各种环境中经受锻炼和考验，以此来培养自己坚强的韧性。

3. 自控力的培养

自控力的获得，既不能靠父母的遗传，也不是短期速成的，而需要长期的磨炼和涵养。

（1）头脑冷静。在遇到听众不愿听或提出责备的情况下，要对恐慌情绪加以抑制，通过冷静的分析，找到真正的原因。脑子不冷静，就发现不了问题，场面就会失控。所以，口语交际中不论出现什么情况，首先需要的是沉稳、冷静。只有冷静，才会有适当的自控。

（2）意志坚定。在口语活动中常常会由于主客观因素的影响而产生情绪波动，这时就应该立即调整自己，集中自己的注意力，坚定自己的意志，排除不良情绪的干扰，以保持良好的心境。

（3）把握规律。培养和训练自控力的关键是要掌握口才与演讲的规律，丰富演讲实践，深谙演讲技巧，提高演讲水平。卡耐基说过："演讲绝不是上帝给予少数人的特殊才能。"只要坚持不懈地实践，掌握口才与演讲的规律，就一定能提高自己的自控力，从而在各种错综复杂的口语交际场合应对自如，达到"游刃有余"的境界。

本章小结

口才是在人际交往中，运用准确、得体、恰当、有力、生动、巧妙、有效的口语表达策略，达到特定的交际目的，取得圆满交际效果的艺术和技巧。今天有很多人之所以受到压抑，事业遇到障碍，是因为他们的表达不够流畅，不能将自己内在的美和真实的知识完全地展现出来，所以口语表达在每个人的人生道路上，将起到很重要的作用。

● 良好的口头表达能力会增强你的个人魅力、增强你的人际关系、增加你的收入、增加你成功的机遇。

● 现实生活中，口头表达必须遵循消除自卑树立自信、通俗易懂朴素自然、准确通顺言简意赅、朗朗上口声情并茂、语随境变恰到好处、扣人心弦耐人寻味等基本原则。

● 通过语言表达训练、知识积累训练、记忆能力训练和心理素质训练增强口头表达能力。

口才训练营

实训 2

课堂训练：串词成句

实训目的：训练学生的语言表达能力。

地　　点：教室。

训练内容：教师将 100 个左右的词逐个做成小卡片，装进一个大信封或小盒子里搅乱。此时请学生从中抽出三张，要求学生拿到卡片后，不超过 10 秒钟即用一句或几句话来包含这三个词。当学生们都能顺利完成后，可增加训练的难度，可以将卡片的抽取数量从三张增加到五张，或者由两位同学来同时抽取卡片，要求各自组成的句子能够形成合乎逻辑的对话。

课堂训练：成语接龙

实训目的：训练学生的语言表达能力，丰富学生的语汇。

地　　点：教室。

训练内容：教师将学生分为对抗的两个小组进行比赛，请甲组第一位学生先说一个成语，如："大庭广众"，第二位紧接"众望所归"，第三位接"归心似箭"，第四位接"箭无虚发"，依此类推，要求头一个成语的"尾"和下一个成语的"头"相接。比赛规定输的小组将表演节目。

课堂训练：朗诵

实训目的：锻炼学生口齿伶俐，语音准确，吐字清晰。

地　　点：教室。

训练内容：由教师选择文章，要求学生朗读的时候速度较慢，逐次加快，一次比一次读得快，最后达到所能达到的最快速度。读的过程中不要有停顿，发音要准确，吐字要清晰，要尽量将每个字音都完整地发出来。可以把学生的速读录下来，然后让学生从中找出不足，进行改进。

课堂训练：绕口令

实训目的：训练学生的语言表达能力。

地　　点：教室。

训练内容：

1. 大花碗里扣个大花活蛤蟆。

2. 四是四，十是十，十四是十四，四十是四十，谁能分得清，请来试一试。

3. 黑化肥发灰，灰化肥发黑。黑化肥发黑不发灰，灰化肥发灰不发黑。

4. 扁担长，板凳宽，板凳没有扁担长，扁担没有板凳宽。扁担要绑在板凳上，板凳偏不让扁担绑在板凳上。

5. 营房里出来两个排，直奔正北菜园来，一排浇菠菜，二排砍白菜。剩下八百八十八棵大白菜没有掰。一排浇完了菠菜，又把八百八十八棵大白菜掰下来；二排砍完白菜，把一排掰下来的八百八十八棵大白菜背回来。

6. 天上七颗星，地上七块冰，树上七只鹰，梁上七根钉，台上七盏灯。呼噜呼噜扇灭七盏灯，嗳唷嗳唷拔掉七根钉，呀嘘呀嘘赶走七只鹰，抬起一脚踢碎七块冰，飞来乌云盖没七颗星。一连念七遍就聪明。

课堂训练：记忆训练

实训目的：锻炼学生记忆能力。

地　　点：教室。

训练内容：

1. 记忆数字训练。由教师展示写满数字的挂图，10秒钟后收起挂图。让学生回忆数字。

2. 记忆故事。一位学生或教师讲一件事，请其他学生再复述给大家听。

3. 记忆事件。请几位学生一个接一个地说出自己的出生年月、出生地点和个人爱好，然后请受训者复述。

4. 传话训练。快速传话时第一人对第二人用耳语讲一件趣事，然后一个接一个地用耳语传下去，最后一人宣布所听到的内容，请第一人评议。

课堂训练：挫折训练

实训目的：锻炼抗挫折能力。

地　　点：教室。

训练内容：

随意对受训者进行抽签，抽中者为"接受批判者"。其他教师、同学对其缺点进行严厉指出。观察"接受批判者"的表现。

游戏 2

目的： 考验观察记忆能力。

程序：

（1）10人左右全部排好坐在椅子上，选出两个观察者，用一分钟时间记下排列顺序。

（2）观察者走出室外，其中留在室内的队列中的队员趁机交换位置。

（3）观察者进来后要说出谁和谁曾经换过位置，先猜中的观察者获胜。

（4）由输者表演节目。

口才加油站

阅读材料 3

巴赫在北京冬奥会开幕式上的致辞

欢迎参加北京 2022 年冬奥会！祝中国朋友们新年快乐、新春快乐、虎年大吉！今年是虎年，也是奥运年，虎年和奥运年都代表着雄心、勇气和力量。

如今，正是凭借着这份雄心，中国已成为一个冬季运动之国。在中国，有超过 3 亿人在约 2000 座滑雪场和溜冰场上参与冬季体育运动。中国在冬季运动方面取得的非凡成就，开启了全球冬季运动的新时代，将使全球冬季运动参与度登上新台阶，让中国人民和全球各地的冬季运动爱好者从中受益。

今天，我们之所以能够书写体育运动史的这一全新篇章，要归功于我们热情的东道主，也就是全体中国人民。我衷心地感谢中国人民的热情款待。谢谢你们，中国朋友！我们要特别感谢全体志愿者。从我们抵达的第一刻起，你们就给了我们宾至如归的感受。你们眼中的微笑温暖着我们的心。谢谢你们，志愿者！

遗憾的是，目前全球性的新冠肺炎疫情仍然是我们要面对的现实，因此，我们要感谢北京冬奥组委、中国政府部门和全体中国人民，感谢你们让本届冬奥会能够举办，感谢你们让所有的人都能够安全地参与本届冬奥会。

我们之所以能够在这里相聚，得益于中国及世界各地无数的医护人员、科研人员以及所有人员的主动奉献。谢谢你们的辛勤付出与团结协作。基于同样的精神，我们也心系所有因疫情而无法实现奥运梦想的运动员们。

奥林匹克运动员们，奥运舞台已经为你们搭好，你们克服了重重困难，经历了诸多不确定因素，最终来到了这里。现在，你们即将迎来自己的时刻，这是你们一直长久期待的时刻，也是我们都长久期待的时刻。现在，你们将在中国数亿新冬季运动爱好者的支持下，在恢弘的运动场馆内，实现你们的奥运梦想。

作为奥林匹克运动员，你们将向世人展示：如果我们遵守同一规则，并且彼此尊重，世界将会是怎样的一番景象。在未来的两周时间里，你们将为最高荣誉展开激烈角逐，与此同时，也将在奥运村的同一个屋檐下和谐共处。在奥运村里，不会有任何理由的歧视存在。我们所在的这个世界是脆弱的，分裂、冲突和猜疑正在日益升级。我们要向世界证明，是的，竞争激烈的对手也能够和平共处、彼此尊重。这就是奥林匹克运动会的使命，让人们在和平竞争当中团结一心。

奥运会总是搭建沟通的桥梁，绝不会筑起一道道高墙。奥运会让我们保留多样性的同时，把我们团结在一起。这一崇高使命，得到了联合国大会的强力支持。联合国大会以 173 个会员国全体协商一致通过了《奥林匹克休战决议》。决议当中明确提到了奥林匹克运动员，感谢你们借助奥林匹克理想，促进世界和平与人类的相互理解。本着奥林匹克和平精神，我呼吁全球各国政府，遵守你们对奥林匹克休战的承诺，给和平一个机会。

亲爱的运动员们，我们与你们站在一起，我们都在支持着你们，我们都在为你们加油喝彩！愿这样的支持能够鼓励你们团结一致，共同实现更快、更高、更强。如此一来，你们将在这个奥运年，以虎年的雄心、勇气和力量来鼓舞全世界的人们。

阅读材料 4

孟晚舟回母校演讲

2022 年 9 月 2 日，华为副董事长、轮值董事长、CFO 孟晚舟在贵州都匀市发表演讲，她鼓励母校都匀一中和都匀三小的师生："人生处处是课堂，人人皆可为吾师，人生处处是考场"。以下是部分演讲内容。

今天，我分享的主题是：读书万卷，咖啡千杯。

2019 年，一位博士生毕业后加入华为。他的研究方向是"类脑智能"，这是一门新兴的交叉学科。2020 年起，他经常在茶思屋和高校老师、学生喝咖啡、聊技术，也和不同部门的专家探讨学术、联合攻关，甚至还把市场人员、潜在客户也拉进来，进行前沿技术的推广和联创。

一年多的时间，他在茶思屋喝了 1000 多杯咖啡。他的团队与产品线联合完成了 20 多项技术创新和成果转化，发表了 10 多篇论文。面对累累硕果时，他感叹道："茶思屋的咖啡，都是汗水和火花调制出来的。"

读书万卷，能帮助我们充实理论知识；咖啡千杯，能帮助我们吸收思想能量、激发创新火花。二者的共同之处，都是要求我们拥有开放的心态、保持对未知的好奇、付出奋斗的汗水。

……

科学是无尽的前沿，从基础理论到商业应用是一个漫长而艰辛的过程，中间需要数十年甚至是上百年的转换与推动。颠覆性创新，失败是必然的，成功是偶然的。唯有打开思维边界、打开组织边界、打开人才边界，汇聚无数的大脑相互交流、碰撞、启发，才有可能站在巨人的肩膀上，取得理论或应用的突破，才有可能像灯塔一样照亮整个人类社会的发展。

我们认为，无论是过去、现在，还是未来，生存和发展的基础是"一切皆人才，开放是根本"。今天的华为，作为行业发展的出题者，我们要用世界级难题来吸引和成就世界级的人才。

友情推荐 2

1. 《练好口才的第一本书》（殷亚敏. 民主与建设出版社. 2015.）
2. 《完美口才是练出来的》（陈维文. 中国商业出版社. 2016.）

第 3 章
社交口才

导入案例

2013 年 3 月 18 日，华西村原党委书记吴仁宝永远地离开了我们。吴仁宝，这位"天下第一村"的领头人走了，他留给我们的，除了深深的哀思，还有那一段段朴素而满含智慧的话语。

说起华西村成功的经验，吴仁宝说道："我们华西村搞的是'一村两制'，即村民可以搞集体，也可以搞个体。但干部不能搞'一家两制'，更不允许'一人两制'。否则，丈夫在企业当厂长，妻子开饭馆，丈夫把厂里经济交往的客户都引到这个饭馆吃饭，吃一百，付一千，甚至不吃也付钱，集体的'肥水'就不声不响地流进个人的'田'里；父亲在厂里搞供销，儿子却搞个体加工，父亲联系到好的业务，很可能给儿子做，结果是'富了和尚穷了庙'。华西既不是纯粹的'公'，也不是纯粹的'私'，公也有，私也有。我认为，不怕公有、私有，就怕公也没有，私也没有。"

> 把你最难以表达的话，采用最巧妙的艺术形式展现出来，你就会觉得再没有什么困难可以阻碍你的成功了。

社交口才是培养社交能力的重要一环，是最为神奇的公关密码。拥有它，你可以使自己说话更具有风度，增强自己说话的魅力，使自己具有很大的吸引力。口才的作用已渗透到当代生活的各个领域。练就好的口才，必将会使你在社会交往中如虎添翼，大显身手。营销人员身在职场，将会身临各种社交场合，随时会遇上各种难题，所以，必须学好社交口才以应对各种语境。

3.1 社交口才的原则

《伊索寓言》里有则故事，说的是伊索做奴仆的时候，一天，主人要宴请当时的一些哲学家，吩咐伊索做最好的菜招待贵宾。伊索收集来各种各样动物的舌头，准备了一席舌头宴。开席时，主人宾客都大惑不解，伊索说："舌头能言善辩，对尊贵的哲学家来说，这难道不是最好的菜肴吗？"客人们都笑着点头称是。主人又吩咐他："我明天要再办一次宴会，菜要最坏的。"到了第二天，宴席上的菜仍是舌头。主人大发雷霆，伊索却幽默地说："难道不是祸从口出吗？舌头是最好的东西，也是最坏的东西啊！"

从这则小故事中，可以悟出：营销人员在社交场合要管好自己的口，使言语得体、谈吐有度，从而获得更多的友谊和信任；反之，也许会"祸从口出"。

社交中受人欢迎、具有魅力的营销人员，一定是掌握社交口才技巧的营销人员。一个掌握了社交口才技巧的营销人员定能在社交场合如鱼得水、游刃有余。一般来说，营销人员的社交口才应遵循适人、适位、适时、适量、适度、有礼、有识七个原则。

3.1.1　适人

　　所谓适人，就是根据不同的谈话对象，采用不同的谈话方式。根据对方的性别、年龄、性格、民族、阅历、职业、地位而选择适当的话题。如果完全不考虑这些因素，交谈就难以引起对方的共鸣，

甚至出现对立的情况。在交谈中遇到彼此有不同的兴趣爱好、有不同的关注话题等情况时，营销人员应本着求同存异的原则，选择大家都感兴趣的话题作为谈话内容，使各方在交谈过程中均能热情参与。

　　我国台湾著名的学者林道安说："一个人不会说话，那是因为他不知道对方需要听什么样的话；假如你能像一个侦察兵一样看透对方的心理活动，你就知道说话的力量有多么巨大了！"对性格直爽者，不妨开门见山；对脾气倔强者，要迂回曲折；对平辈或晚辈，要真诚坦率；对文化较低者，要谈得通俗；对心有烦恼者，要体贴谅解，问得亲切。总之，要想掌握好适人的原则，就要像侦察兵一样，具有敏锐的洞察力。

3.1.2　适位

　　适位是指说话人要根据自己的身份，确定自己站在哪个角度，说些什么，怎么说。有一些营销人员，总将自己放在主要的位置上，自始至终一个人唱主角，喋喋不休地推销自己。曾有人说过，漫无边际地喋喋不休无疑是在打自己付费的长途电话。这样不但不能表达自己的口才，反而令人反感。营销人员在社交活动中，一定要摆正自己的位置。

　　例如，你与上级领导外出洽谈或参加社交活动时，一定要低调行事，要将话语权交给上级领导，而且还要注意聆听领导的讲话，必要时做一定的补充和附和。如果今天的主角不是你，切不可喧宾夺主。

3.1.3　适时

　　说在该说时，止在该止处，这才叫适时。有的营销人员在社交场上该说时不说，见面时不及时问候，分手时不及时告别，失礼时不及时道歉，对请教不及时解答，对求助不及时答复……在热闹喜庆的气氛中唠唠叨叨诉说自己的不幸；在别人悲伤忧愁时嘻嘻哈哈开玩笑；在主人心绪不安时滔滔不绝发表宏论；在长辈家里乐不可支地详谈"马路新闻"。可以设想一下，假如你在社交中遇见了上面这种人，你会对他产生什么样的印象呢？

3.1.4　适量

　　适量既指说话的多少适当，也包括说话的适宜。适量并不是少说为佳，更不是指语调无变化的"老和尚念经"。适量与否应以是否达到说话目的为衡量标准。捷克讽刺作家哈谢克的名著《好兵帅克》里有一个克劳斯上校，此人以说话啰唆闻名，他有一段对军官的"精彩"讲话：

　　"诸位，我刚才提到那里有一个窗户。你们知道窗户是个什么东西，对吗？一条夹在两道沟之间的路叫公路。对了，诸位，那么你们知道什么叫沟吗？沟就是一批工人所挖的一种

凹而长的坑，对，那就叫沟。沟就是用铁锹挖成的。你知道铁锹是什么吗？铁做的工具，诸位，不错吧，你们都知道吗？"

克劳斯上校的这番话，虽然是作家加工过的，但生活中、社交场上说话啰唆的也不乏其人。因此说话适量也是社交口才的基本原则之一。

3.1.5 适度

社交口才的适度，主要是指根据不同对象把握言谈的深浅度，根据不同场合把握言谈的得体度，根据自己的身份把握言谈的分寸度。其次，体态语也要恰到好处，否则将有可能失去许多客户。

在一些综艺节目中，我们会发现有"毒舌点评"或"离席门"，这些现象的出现其实在一定程度上说明了我们在社交活动中一定要注意适度而言，否则就会惹来意想不到的麻烦。

3.1.6 有礼

营销人员在社交场合，要恰当地使用表示尊重的敬语："您好""请教""请问""请指点"等，要恰当使用表示谦恭的谦语："多谢您提醒""您的话使我茅塞顿开""给您添麻烦了"等。在对方答话离题太远时，还要用委婉语控制话题："请允许我打断一下……""这些事你说得很有意思，今后我还想请教，不过我仍希望再谈谈开头提的问题……"自然地将话题引过来。交谈时不要板起面孔，笑容是你的财产，微笑着交谈，会使人乐于与你交流，使你看上去是一位素质较高的营销人员。

3.1.7 有识

营销人员所选择的交谈内容，往往被视为个人品位、志趣、教养和阅历的集中体现，应当自觉地选择高尚、文明、优雅的谈话内容，而不宜谈论庸俗低级的内容。交谈的话题应当是自己或者对方所熟知，甚至擅长的。选择自己所擅长的话题，就会在交谈中驾轻就熟、得心应手，令对方感到自己谈吐不俗，对自己刮目相看。选择对方所擅长的话题，则既可以给对方发挥长处的机会，调动其交谈的积极性，也可以借机向对方表达自己的谦恭之意。应当注意的是，无论选择自己擅长的话题，还是选择对方擅长的话题，都不应当涉及另一方一无所知的内容，否则便会使对方感到尴尬难堪。

中国香港九龙有一家美容院，生意兴隆为当地之冠。有人去问店主人发达的理由，他介绍经验说："这完全是因为我的美容师在工作时善于和顾客攀谈。"怎样使工作人员善于说话呢？店主人说："我每月将各种报纸杂志都买回来，规定每个职员在每天早上开始工作前一定要阅读，并当成日常功课，他们自然会获得最新鲜的说话资料，从而博得顾客的欢心。"

儒商是中国本土特有的一个名词，相信每一位中国企业家都愿意被大家称为儒商，而不愿意让大家将自己看成只知道赚钱却毫无内涵的暴发户。作为销售人员，我们同样希望客户能将自己当成值得信赖、为他们解决实际问题的专家顾问，而不仅仅是推销者。要达到这个目的，就要努力充实自己的知识，提升内在的魅力。知识魅力可以分为专业知识和业外知识两个范畴。专业知识是指销售人员所从事行业的专业知识、所销售产品的专业知识。专业知识，是每个销售人员都需要掌握的基本知识。业外知识，是在销售人员熟练掌握了专业内的知识后，锦上添花的其他知识。

　　小黄是一家平面设计公司的负责人，她拥有丰富的市场营销知识和平面设计知识。几乎每一个客户都将她视为专家顾问，不仅在平面设计上十分重视她的建议，而且还就企业的发展、市场的开拓等各方面的问题请教她。她说，每次接到一家客户咨询后，她首先会先看客户的网站，详细地了解公司的产品、规模、在行业上的位置。然后，会到行业网站，或者Google查询一下客户所属行业的现状及竞争对手。根据这些情况，她从一个企业的生命周期、市场定位、消费者特性等方面，逐条分析。当她与客户交谈时，客户会佩服她思考问题的周密，并会很快认可她的才识，进而认可其设计公司的实力。

3.2　社交口才的语言技巧

3.2.1　幽默的语言技巧

　　著名的爱尔兰剧作家萧伯纳在评价幽默的作用时，曾高度赞扬道："没有幽默感的语言是篇公文，没有幽默感的人是尊雕像，没有幽默感的家庭是间旅店，而没有幽默感的社会是不可想象的。"美国329家大公司的行政主管人员曾参加过一项幽默意见调查，结果表明：97%的企业主管相信，幽默在企业界具有相当的价值；60%的企业主管相信，幽默感决定着人的事业成功的程度。调查证实，参加过幽默训练的中层主管，在九个月内生产量提高了15%，且病假次数减少了一半。通过测验证明沉闷乏味的人和具有幽默感的人，在以下几个方面存在着差异。

　　（1）经多次心理测验证实，幽默感测试成绩较高的人，往往智商测验成绩也较高，而缺少幽默感的人的测试成绩平平，有的甚至明显缺乏应变能力。

　　（2）具有幽默感的人，在日常生活中都有比较好的人缘，可在短期内缩短人际交往的距离，赢得对方的好感和信赖。而缺乏幽默感的人，会在一定程度上影响交往，也会使自己在别人心目中的形象大打折扣。

　　（3）在工作中善于运用幽默技巧的人，总能保持一个良好的心态。据统计，那些在工作中取得成就的人，并非都是最勤奋的人，而是善于理解他人和颇有幽默感的人。

　　（4）幽默能使人在困难面前表现得更为乐观、豁达。所以，拥有幽默感的人即使面对困难也会轻松自如，利用幽默可以消除工作上带来的紧张和焦虑；而缺乏幽默感的人，只能默默承受痛苦，甚至难以解脱，这无疑增加了心理负担。

　　（5）幽默的另一个奇特之处，便是毫不留情地反驳他人的攻击，捍卫自己的尊严。

　　有一次，著名作家冯骥才随团去法国访问，几天的行程下来，大家都惊叹于法国风景之优美，社会人情之和谐、友善。可是，就在一次欢迎宴会上，外国记者们接二连三地向他提问。其中有一位记者问道："尊敬的冯先生，贵国改革开放，学习西方资本主义的东西，你们就不担心变成资本主义吗？"冯骥才面带微笑，十分自信并迅速地回答道："不！人吃了猪肉不会变成猪，吃了牛肉不会变成牛，吃了羊肉不会变成羊……"他举起右手连连挥动，示意否定，幽默机智的回答，博得了在场所有人的一致喝彩，就连提问的那位记者也羞愧地躲到一边去了。

钱钟书先生曾说过："一个真正幽默的人必定别有慧心，既能欣然独笑，又能傲然微笑，替沉闷的人生透了一口气。"由此可见，幽默对于现代人是很重要的。具体来说，幽默可以营造氛围、摆脱困境、激发潜能。

● 营造氛围。

幽默的语言可以创造融洽的气氛，使我们内心的紧张和重压得以缓解，化为轻松的一笑。幽默让人发笑，给人以舒适轻松之感，但是在笑声中常包含一个人的机智和高超的语言技巧。

各高校毕业典礼上，校长们的致辞别样而精彩。苏州大学的熊思东校长就风趣解读了毕业生的大数据分析："同学们过得'都挺好'，因为你们的体重平均增长了0.9公斤，你们是历届毕业生中最有'分量'的一届。""辛苦的你们惊奇地发现，头发在键盘上、在书本上、在衣服上，就是不在自己的头上。""学习再苦再累，你们仍然坚持每天挤出0.75小时谈恋爱，其实这个时间并不短，因为约有三分之二的同学被平均了，看来脱发容易脱单难。"

● 摆脱困境。

一个人或一个组织，要面临各种社交场合，与各类人员打交道，幽默的语言，能使严肃紧张的气氛顿时变得轻松活泼，能使表达者的思想观点易于被对方接受，还能使人从容地摆脱困境和尴尬。

【例1】中国现代文学大师钱钟书是个自甘寂寞的人，闭门谢客，最怕被人宣传，尤其不愿在报刊、电视中扬名露面。他的《围城》再版以后，又拍成了电视剧，在国内外引起轰动。不少新闻机构的记者想约见采访他，均被钱老执意谢绝了。一天，一位英国女士好不容易打通了钱老家的电话，他妙语惊人地对英国女士说："假如你看了《围城》，像吃了一个鸡蛋，觉得不错，何必要认识那个下蛋的母鸡呢？"

【例2】萧伯纳的幽默向来都是以尖刻著称的。有一次，萧伯纳派人给丘吉尔送去两张戏票，并附上短笺说：亲爱的温斯顿爵士，奉上两张戏票，希望阁下能带一位朋友来观看拙作《卖花女》的首场演出——假如阁下还能有一位朋友的话。但同样的，丘吉尔不甘示弱，马上写了一封短笺予以还击：亲爱的萧伯纳先生，蒙赐戏票两张，谢谢！我和我的朋友因有约在先，不便分身前来观赏《卖花女》的首场演出，但是我们一定会前去观赏第二场演出——假如你的戏还会演第二场的话。

【例3】某明星在酒店门口被记者包围，记者问："证实一下，请问你是怀孕了吗？"明星微笑着说："请问你们记者扛的是B超机吗？"

● 激发潜能。

心智开放、为人豁达、心情愉快，是具有幽默感的人所具有的共同特征，在这种心理状

43

态下，能激发出自己的创造力。成功的学者在发言或者讲课时，常常夹杂一些幽默的俏皮话。幽默感反映了一个人的内在自由，没有这种自由，不可能进行创造，潜能也就得不到充分激发。所以，一个有幽默感的人，一定是一个能够充分发挥自己潜能的人。

【例1】明代文士陈全，误入禁宫，被宦官拿住。陈全恳求："公公饶恕！"这位宦官平素就听说过陈全的大名，便说："听说你能写会说，很有才学，如果你能说出一个字来把我逗笑，我就放你。"于是陈全脱口而出："屁！"宦官板着脸道："这算什么？"陈全说："放也由公公，不放也由公公。"宦官听了笑得前仰后合，于是释放了陈全。陈全在危急时刻用幽默挽救了自己。

【例2】首次登上月球的是阿姆斯特朗和奥尔德林两个人，可是是阿姆斯特朗最先踏出第一步，说出"一个人的一小步，整个人类的一大步"的。当他们返回地球后，在媒体见面会上，有记者问奥尔德林："由阿姆斯特朗第一个踏上月球，你会不会觉得很遗憾？"奥尔德林轻松一笑，答道："你们要知道，当我们回到地球时，第一个爬出太空舱的可是我啊！我是由别的星球过来，踏上地球的第一个人啊！"全场的记者都笑了，并对其报以雷鸣般的掌声。

我们可以通过以下的方法掌握幽默的基本技巧。

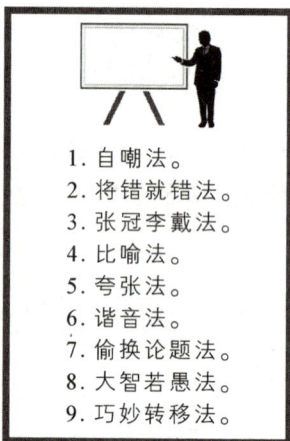

1. 自嘲法。
2. 将错就错法。
3. 张冠李戴法。
4. 比喻法。
5. 夸张法。
6. 谐音法。
7. 偷换论题法。
8. 大智若愚法。
9. 巧妙转移法。

1. 自嘲法

幽默一直被称为只有聪明人才能驾驭的语言艺术，而自嘲又被称为幽默的最高境界。能自嘲者是智者中的智者、高手中的高手，因为是要拿自身的失误、不足甚至生理缺陷来"开涮"，对丑处、羞处不予遮掩、躲避，反而将它放大、夸张、剖析，然后巧妙地引申发挥、自圆其说，博得一笑。没有豁达、乐观、调侃的心态和胸怀，是无法做到的。可想而知，自以为是、斤斤计较、尖酸刻薄的人只能望其项背。自嘲谁也不伤害，最为安全。你可用它来活跃谈话气氛，消除紧张；在尴尬中自找台阶，保住面子；在公共场合获得人情味；在特别情形下含沙射影，刺一刺无理取闹的小人。当然，自嘲不是自我辱骂，不是出自己的丑，自嘲要把握分寸，力求个性化、形象化。适时适度地自嘲，是一种良好修养、充满魅力的交际技巧的表现。

【例1】2007年，被誉为"宝岛十大才子"之一的中国台湾著名作家林清玄应邀到某大学做演讲。会场上座无虚席，连过道上都挤满了人，大家都想一睹林清玄先生的"风采"。所以，当身材矮小又略带秃顶的林清玄一出现，全场一片哗然。有一个女生不无失望地说："林清玄怎么长这样啊！"林清玄毫不介意，仍然微笑着走上了讲台。讲台是多媒体台式讲桌，林清玄坐下后，顿时便"无影无踪"了。正在大家惊诧之际，林清玄站了起来，不无自嘲地说道："这桌子有点高喔！"全场观众不禁哈哈大笑起来。林清玄接着说："为了让大家近距离看清我'英俊帅气'的容貌，我就站到讲台下，接受同学们雪亮目光的'洗礼'吧！"说罢，林清玄真的走下讲台，来到了同学跟前。全场观众都被他幽默的话语与举动逗乐了。林清玄直言不讳地说："刚才我听到一女生说'林清玄怎么长这样啊。'对了，我就是这副模样，如假包换。我要告诉你们，如果一个人从17岁就开始从事文学创作，到现在已经写了将近40年的话，那他长得便是这副模样。"全场又爆发出一阵笑声。

【例2】中国台湾的电视节目主持人凌峰，为什么会成为人们喜爱的"丑星"？因为他多次登台亮相，都要显露出自己的光头。他曾取笑自己的长相"写着中华民族五千年沧桑史""多灾多难""使人忍无可忍"。他还说："我总发觉，男人们在我面前都显得很自信。我很高兴自己起到了衬托的作用……虽然如此，我还是讨人喜欢。我到草原上去，草原上的人喜欢我，因为我们共同拥有一对单眼皮儿。不光在草原上，有一次我去西藏，发现藏族人也很喜欢我。当时，我感到奇怪，后来我才发现很多藏民都剃着光头。"他摘掉帽子，露出光头说："你们看，我再披上一件袈裟，像不像一个喇嘛……"凌峰如此幽默、诙谐的语言，博得观众的哄堂大笑和阵阵掌声。

2. 将错就错法

一般来说，在社交场合说错了话或做错了事，应当老实承认并认真改正。但是，在某些特定的场合，也照此办理又会使自己陷入极为难堪的境地或者造成无法弥补的重大损失时，则不妨考虑将错就错、出奇制胜，从而摆脱窘境。

有一次，张作霖出席名流雅宴。席间，有几个日本人突然声称，久闻张大帅文武双全，请即席赏幅字画。张作霖明知这是故意刁难，但在大庭广众之下，盛情难却，就满口应允，吩咐笔墨伺候。只见他潇洒地踱到桌前，在铺好的宣纸上大笔一挥写了个"虎"字，然后得意地落款："张作霖手黑"。盖上朱印后踌躇满志地掷笔而起。那几个日本人看不明白，面面相觑。机敏的随侍秘书一眼发现了纰漏：亲手书写的文字叫"手墨"，怎么成了"手黑"？他连忙贴近张作霖耳边低语："您写的'墨'下面少了个'土'，'手墨'变成了'手黑'。"他一瞧，不由得一愣，怎么把"墨"写成"黑"啦？如果当众更正，岂不大煞风景！他眉梢一动，计上心来，故意训斥秘书道："我还不晓得这'墨'字下边有个'土'，因为这是日本人要的东西，这叫寸土不让。"话音刚落，满座喝彩，那几个日本人这才醒悟过来，越想越没趣，只好悻悻退场了。

3. 张冠李戴法

一个学校进行考试，教师在监考时对学生说："今天的考试，要求同学们'包产到户'，不要走'共同富裕'的道路。"

这位教师的话引起了同学们的会心一笑，知道教师说的是不允许相互提供方便，要自己答自己的卷子。但教师的话妙就妙在没有直言考场纪律，而是用两个农村改革中的专业词语："包产到户"代替"自己答自己的卷子"，"共同富裕"代替"相互帮助"。由于"包产到户"和"共同富裕"的巧妙借喻与考场上紧张严肃的气氛格格不入，形成强烈的反差，所以产生了幽默感。这种不直接表述某种事物，或不直说某事某人的名称，而用其他相关的词语、名称来取代的幽默方法，称之为"张冠李戴"法。

使用张冠李戴的幽默技巧，关键的问题是要因时因地地选择恰当的"冠"，让这顶"冠"戴在"姓李的"头上后既能说明一定道理，又不会显得不适称、不协调。选择恰当的"冠"，主要有两个渠道。一是从现成的专业术语、行业术语、政治术语中去选择，像前边提到的"包产到户"等都属此类，相对来讲，这样的选择比较容易。二是在交际过程中选择适当的词语来完成换名，这种选择和应用相对要难一些，但只要替代得好，更有现场效果和急智的幽默感。借用交际语必须有一个前提，就是双方都是当事人，都明白那个借体（用来代替的事物）是怎么回事。如果你将一个地方的交际语拿到在另一个交际场合去张冠李戴，由于对方不明真相，你的幽默力量便不会传递给对方，那么你的幽默也就失败了。

4. 比喻法

比喻是幽默艺术中常用的修辞法之一，幽默所采用的比喻手法和一般修辞意义上的比喻，在审美要求方面是截然不同的。一般的比喻以贴切、神似、协调为原则，但幽默则反其道而行，刻意追求由反差过大或因对比荒谬所造成的不协调。

【例1】语言学家林语堂很风趣，他说："女士们、先生们——我觉得，绅士们的演讲，应该像女人的裙子，越短越好……"（笑声）

【例2】一位演讲家在一次演讲中打了一个比喻，说："男人，像大拇指；女人，像小拇指。"话音刚落，全场哗然，女听众们强烈反对演讲家的这一比喻，认为这是贬低了女性。演讲家立即补充道："女士们，人们的大拇指，粗壮有力，而小拇指却纤细、灵巧而且可爱，不知诸位女士，哪一位愿意颠倒过来？"这句话就好像一颗灵丹妙药一般，立即平息了女听众的愤怒，让她们相视而笑。

【例3】有一次，前中国人民银行行长周小川到一所大学做经济学讲座。结束后，一个女生问了他一个有趣的问题："在你们经济学家眼中，什么东西都是商品、消费品，那爱情是一种什么样的消费品？"周小川笑答："在经济学家眼中，爱情是一种具有互补效用的非耐用消费品，是实现人们幸福感的众多消费品之一。所谓互补效用，是说某一产品单独存在，价值不会太高。当另一产品出现时，彼此的价值会同时提升。以笔为例，如果只有笔而没有纸，没有人会用笔。有了纸后，笔和纸的价值都提升了。这就是爱情的魅力和价值，我们不要轻易放弃它！"周小川的话音刚落，教室里立即爆发了一阵热烈的掌声和快乐的笑声。

5. 夸张法

有人说，要想幽默，最常用的手法就是夸张手法。夸大其词的语言修饰手法常被人称为语言华丽的"添加剂"，常常使人忍俊不禁。

在某年央视春晚中,赵本山与宋丹丹、崔永元合作表演小品《说事儿》,其中有这么一段。

白云(宋丹丹):"你说就他吧,还给人唱歌,你说就这嗓子能唱吗?那天呢,就上俺们那儿敬老院给人唱歌,总共底下坐着7个老头,他啊地一嗓子喊出来,昏了6个。"

小崔:"那不还有一个嘛。"

白云:"还有一个是院长,拉着我的手就不松开,那家伙使劲地摇啊:'大姐啊,大哥这一嗓子太突然了,受不了哇,快让大哥回家吧,人家唱歌要钱,他唱歌要命啊!'"

6. 谐音法

中国的文字非常有意思,特别是同音不同字的互换,往往会产生很强的幽默效果。

余光中是诗人,但他却没时间读诗,什么原因呢?他说:"到目前忙着写诗、译诗、编诗、教诗、论诗,五马分尸之余,几乎毫无时间读诗,甚至无时间读书了。"

"尸"和"诗"谐音,表明诗人的时间全被诗"瓜分"了。看似漫不经心的戏言,实则巧夺天工,诗人的幽默得益于其深厚的语言功底。

其实,在我们生活当中,随时随地可听到这样的幽默:有人把整天关在家里坐着上网的人称为"作家";有人想逃避喝酒,不到两杯就大喊"我已婚(昏),不要逼我"……只要你注意收集,你会发现谐音的幽默随时可遇。

幽默利用方言与普通话发音上存在的矛盾造成不协调,构成歧义理解也可以达到幽默效果。

一批大学新生正在进行军训。这天,指导员操着方言说:"今天,一班杀鸡,二班偷蛋,我来给你们做稀饭!"同学们听了面面相觑,搞不清这算什么训练内容。后来一个同学看了指导员的动作,才明白过来:"他说的是,一班射击,二班投弹,我来给你们做示范!"

7. 偷换论题法

谌容是当代著名的女作家,她在一次访美演讲时,台下的一位美国朋友问道:"听说您至今还不是中国共产党员,请问您对中国共产党的私人感情如何?"谌容从容地说:"你的情报很准确,我确实不是中国共产党党员。但是,我的丈夫是个老共产党员,而我们共同生活了几十年,尚未有离婚迹象,由此可知我同中国共产党的感情有多么深!"

谌容用偷换论题的方式巧妙地回答"对中国共产党的私人感情"问题,不仅机智得体,而且圆满缜密,使对方无可挑剔,由此可见冷幽默的奥妙之处。

8. 大智若愚法

大智若愚的幽默方式,看上去天真憨傻,实则蕴含了大智慧。通常只有才思敏捷、能言善辩、对生活具有深刻的体验和对事物有较强的观察力,还要有一定的文化素质和语言表达能力的人,才能达到"假憨真聪明"的幽默境界。

一位企业家在香港开会，记者问："现在，你们公司资金这么少，如果竞争对手起来了，怎么才能保证你们公司活下去？你对'一山难容二虎'怎么看？"企业家说："主要看性别。"记者茫然。他接着说："我从来不认为'一山难容二虎'正确。如果一座山上有一只公老虎和一只母老虎，那样，就是和谐的。"

9. 巧妙转移法

巧妙转移是幽默的常用形式。如果你遇到了难以回答的问题或者想带给别人一种"言有尽而意无穷"的愉快感受，那就试着让巧妙转移的幽默来帮忙吧。

有一天，著名诗人海涅正在创作新诗，听到有人敲门，海涅不得不停下笔去开门。原来是邮递员送来一件邮包，寄件人是海涅的朋友梅厄先生。本来，因紧张写作而感到疲倦的海涅，被人打断写作思路时很不高兴。但当他不耐烦地打开邮包之后，疲倦却马上消失了。邮包里面包着层层纸张，海涅撕了一层又一层，终于拿出一张小小的纸条。小纸条上就写了短短的几句话："亲爱的海涅，我健康而又快活！衷心地致以问候。你的梅厄。"海涅没有感到不耐烦，反而还被这个玩笑逗得十分快乐。调整一下情绪后，他决定给朋友也开一个玩笑。

几天后，梅厄先生也收到了海涅的一个邮包。那邮包非常重，梅厄先生一个人无法把它拿回家去。他只得雇了一个脚夫帮他把邮包扛回家去。回到家里以后，梅厄打开了这个奇怪的邮包。结果他惊奇地发现，邮包里面什么也没有，只有一块大石头。石头上有一张便条，上面写着："亲爱的梅厄，看了你的信，知道你又健康又快活，我心上的这块石头落地了。我把它寄给你，以永远纪念我对你的爱。"

海涅的回复，既表达了问候，又报复了梅厄先生的恶作剧，可谓是幽默的经典。在使用"巧妙转移"法时应该注意双重意思的含蓄表达。切记不要单纯地追求含蓄或风趣，一定要注意所在场合和所要相对的人的情况。

10. 改变词性法

就是用改变词语的词性造成歧义理解而构成的幽默。

问：你说咱们头为啥叫总裁？
答：因为咱们公司总是裁人！
问：那为啥有的人叫他老板呢？
答：因为他老板着一张脸！

这里本来问话人所说的"总裁"和"老板"是名词，答话人却故意把他们做动词解释，造成歧义理解，有一种调侃的味道，产生淡淡的幽默情趣。

社交中如果运用幽默开玩笑一定要适当，要注意以下几点。

一是内容要健康。开玩笑，既要有趣能引人发笑，又能使人在笑声中得到启迪、受到教育、增长见识、促进朋友之间的关系；如果开玩笑，运用幽默技巧时情趣不高，甚至拿一些庸俗无聊的话引人发笑，就很难使人发出会心的笑。

二是开玩笑要想后果。有的朋友之间开玩笑不计后果，开玩笑闹出事故来，教训非常惨痛。

三是要看对象。幽默应看对象，态度应谨慎和善，不伤害对方。幽默且不失分寸，才能促使人际关系和谐融洽。

四是要看场合。朋友在悲伤时不能开玩笑，正在发怒时不能开，正在聚精会神想问题时不能开，与朋友同在严肃场合时更不能开。如果不该幽默时你幽默了，那不但会影响别人，还会引起人家的反感，招来没趣。

技巧训练

请为老师和同学们讲 1~2 个幽默段子。

3.2.2 赞美的语言技巧

美国心理学家威廉·詹姆士说过："人类本质里最深远的驱动力是——希望具有重要性。人类本质中最殷切的需求是——渴望得到他人的肯定。"正是这种需求使人区别于其他动物，也正是这种需求，产生了丰富的人类文化。赞美正是抓住了人性深处的这一"渴望重要"的软肋。马克·吐温曾说："我可以靠别人对我说的一句好话快活上两个月。"

恭维可分三六九等。上等品被称为"赞美""赞扬""赞许""称颂"，下等品则被贬为"讨好""阿谀奉承""溜须拍马""献媚邀宠"。赞美是恭维中的上等品。赞美是增加人际亲和力的极好方法，通过赞美使顾客感到自己很重要，是对顾客的存在及其价值的肯定。赞美是把双刃剑，营销人员不仅要懂得珍惜它，更要恰到好处地运用它。能揣测对方心理，把赞美的话说到别人的心里去，是成功交往的关键因素。在这方面，《红楼梦》中的王熙凤可称典范。

王熙凤初见黛玉，笑道："天下真有这样标致的人物，我今儿才算见了！况且这通身的气派，竟不像老祖宗的外孙女儿，竟是个嫡亲的孙女，怨不得老祖宗天天口头心头一时不忘。只可怜我这妹妹这样命苦，怎么姑妈偏就去世了！"

王熙凤是贾府中炙手可热的人物，她的权势多半来源于贾母的宠信，所以王熙凤行事说话时时刻刻都依据贾母的爱憎好恶，揣测其心理。为什么她对黛玉如此夸奖呢？我们知道，贾母一再授意要把自己唯一的女儿的孩子黛玉接进贾府，承受失女之痛的贾母自然会把对女儿的感情转移到外孙女的身上。听到有人这么夸奖外孙女，贾母定是欢喜，尽管这话恭维得有些过分，但又有谁能拒绝呢！接着，王熙凤又说黛玉不是贾母的外孙女而是孙女，这显然违背事实。有时候，假话比真话更让人爱听。由外孙女到孙女，其潜台词是想告诉贾母，黛玉就像是她自己调教出来的孙女一样。此话如扑面清风，贾母怎不受用！对于寄人篱下的黛玉来说，置身于人地两疏的贾府听到别人的夸奖，并且说自己是贾府的最高统治者贾母的嫡亲孙女，除了高兴，说不定还有感激呢！不仅如此，王熙凤始终没有忘记，或者说更清楚黛玉进贾府的原因是姑妈去世。失去女儿给贾母以精神上的打击，而失去母亲的黛玉感情上更是不必说。所以王熙凤又向二人表达了自己的悲伤与心痛——"怎么姑妈偏就去世了"。王熙凤真是一个八面玲珑的人物！

在运用赞美语言技巧时注意以下几点。

1. 诚心。
2. 有针对性。
3. 具体。
4. 找亮点。
5. 及时赞美。
6. 背面赞美。

1. 诚心

言词会反映一个人的心理，因而有口无心或是轻率的说话态度，很容易被对方识破而产生不快的感觉。非洲有句格言：宁愿听痛苦的实话，不听甜蜜的谎言！英国专门研究社会关系的卡斯利博士曾说过，大多数人选择朋友都是以对方是否出于真诚而决定的，赞美他人也是如此。如果你的赞美不是出于真心，对方就不会接受这种赞美，甚至怀疑你的意图。虽然每个人都喜欢听赞美的话，但并非任何赞美都能使对方高兴。

王小是一位推销员，有一次推销保健品，去见一位40岁左右的女顾客，一心想说好话的他，一见面就夸这位女顾客非常漂亮。爱美之心人皆有之，顾客非常欢喜，王小更是眉飞色舞："凭您的眼光老公一定不是大款就是当官的，您可真有福气呀！"这时女顾客突然一愣，但没有说什么，只是淡淡一笑。王小接着说："看您这身材，简直太美了，就像没生过孩子一样！"女顾客却说了一句："对不起，我还没有朋友呢！"弄得王小无地自容。

2. 有针对性

人的素质有高低之分，年龄有长幼之别，因人而异，突出个性，有特点的赞美比一般化的赞美能收到更好的效果。老年人总希望别人不忘记他"想当年"的业绩与雄风，同他们交谈时，可多称赞他们引以为豪的过去；对年轻人不妨语气稍微夸张地赞扬他的创造才能和开拓精神，并举出几点实例证明他的确能够前程似锦；对于经商的人，可称赞他头脑灵活，生财有道；对于有地位的干部，可称赞他为国为民，清正廉洁；对于知识分子，可称赞他知识渊博、淡泊宁静……当然这一切要依据事实，切不可虚夸。

美国著名教育家巴士卡里雅曾宣称："把最差的学生给我，只要不是白痴，我都能把他们培养成优等生"。他到底有何妙方呢？他的妙方就是运用赞扬激励。他首先了解学生的情况，针对学生的程度出考试题，让学生通过思考都能获得好成绩，有了进步后，再加大难度，使每个学生只要努力都能做出来，这样每一次的好成绩就是对每一个学生的最好的激励。学习的兴趣越来越高，干劲越来越大，可想而知，学习成绩自然越来越好。

3. 具体

罗总和自己的夫人带着一位翻译同一位外商洽谈生意。
外商见到罗总的夫人后，便夸赞道："你的夫人真是太漂亮了！"

罗总客气地说道："哪里，哪里。"

翻译心想："怎么翻译'哪里哪里'呢？"最后，他翻译成："Where，Where？"

外商一听，心想："说你夫人漂亮就是漂亮呗，还非要问具体漂亮在哪里？"于是，笑着回答："你的夫人眼睛漂亮，身材好，气质好……"

说完，大家哈哈大笑起来，商业洽谈在愉快的氛围中开始了。

这虽然是一则笑谈，但是却给我们以启发：当你赞美别人时，一定要在心里问自己一个"Where"（漂亮在哪里，好在哪里，我佩服他哪里……），然后回答这个"Where"，你的赞美一定会因具体化而触动对方，甚至产生神奇的效果。具体化赞美能满足对方的期许，要知道，当你夸一个人"真棒""真漂亮"时，他内心深处立刻会有一种心理期待，想听听下文，以求证实。所以，具体化的赞美能够深入人心，与对方内心深处的期望相吻合，能够促进你和对方的良好交流。有时泛泛地赞美引来的不是感激而是别人的不满。

一位先生听说外国人非常喜欢他人赞美，特别是外国女人，最爱听别人夸她们漂亮。后来他出国了，就试着去赞美别人。一天他去超市，迎面走来一位很胖的女士，他习惯地说："哦，女士，你真漂亮！"不料那位女士白了他一眼，不满地说："先生，你是不是离家太久了？"

4. 找亮点

营销人员和顾客接触时，要善于在最短的时间内发现对方身上或身边一切可以赞美的事物。这样可打破见面的尴尬局面，缩短与顾客的距离。例如：

- "嗨，你换手机了？好漂亮，这款手机我也超爱！"
- "刘总，你的办公室是我见过的最富有文化气息的，这么多的字画，都是您的杰作吗？太有才了！"
- "王小姐，你的包包很特别，在哪买的？好像我在本地没有见过？"
- "张先生，你的车太炫了，不知迷倒多少人！"

赞美也要善于挖掘别人一些不为人知的优点。巴尔扎克说，第一个形容女人为花者是聪明人，第二个再这样形容的就一般了，第三个纯粹就是笨蛋。爱因斯坦就这样说过，别人赞美他思维能力强，有创新精神，他一点都不激动，作为大科学家，他也听腻了这样的话，但如果赞美他的小提琴拉得不错，他一定会兴高采烈。

5. 及时赞美

赞美之所以对人的行为能产生深刻影响，是因为它满足了人的自尊心的需要。及时的赞美更能发挥这种作用，同时也表现出你是一个心胸广阔的人，让你身边的人体会到你的善意和涵养，慢慢的你的"好人缘"就会发生作用，不久你会尝到朋友遍天下的成就感。

玫琳·凯化妆品公司新跳槽过来的业务员屡遭失败后，对自己丧失了信心，老总及时找到他说道："听你前任老板说，你是一个很有闯劲的小伙子，他那次电话里还说不想放你走呢！"事后奇迹出现了，小伙子冷静分析市场，拿出了解决方案，终于大获成功。

6. 背面赞美

这就是所谓的"辗转相传"赞美，从第三者转述而来的赞美，最令人感动。转述的赞美虽是间接式的，却是双倍的赞美，比当面直接的赞美效果更大。因为当面赞美，很可能是客套话，而背面的赞美常是真心话。真正懂得赞美的人，深知转述赞美的威力，所以较少当面赞美别人，而是较多在背后赞美别人。

德国宰相俾斯麦，为了拉拢一个敌视他的部属，便有计划地对别人赞扬这个部属，他知道那些人听了以后，一定会把他说的话传给那个部属。事实证明，结果正如其所愿。

张天和黄想在同一家公司工作，两人平时关系较好。后来因为一件小事产生了误会，很长时间都不说话，彼此感觉都非常尴尬。但因自尊心作祟，谁也不愿意先开口讲和。一天，张天看到一篇关于在背后说人好话的文章，于是灵机一动。她在与办公室其他同事闲聊的时候，趁黄想不在，就对别的同事说："其实黄想这人挺不错的。为人正直、热情，有好几次她都对我伸出援手。如果没有她，我现在的工作也不会这么顺心，我在内心还是很感激她的。"这几句话很快就传到黄想的耳朵里。听到这些话，黄想心里不由得生出一丝愧疚，于是找了个合适的机会，主动和张天握手言和了。

技巧训练

请与你的同桌或临桌互相赞美对方。

3.2.3 批评的语言技巧

心理学家说，凡人都爱听褒奖的话。这就决定了批评的话不容易为人接受。有人根据个体受到批评时不同的反应将人分为敏感型、迟钝型、理智型与强个性型。反应敏感的人，受到批评可能会闷闷不乐，甚至会一蹶不振；反应迟钝的人即使受到批评也不太在乎；理智的人在接受批评时心理会产生较大触动，会从中总结教训；具有较强个性的人，自我保护意识较强，明知有错也死要面子，受不了别人当面批评。所以，要想运用好批评这个武器，必须在口才上改进，练就过硬的功夫，学会高明的技巧。真正高明的批评，更多的是交流、引导和印证，是建立在对方利益基础上的一种善意提醒。

> 语言切勿刺入骨髓，戏谑切勿中人心病。
> ——陆陇其

批评的要领是要抓住问题的实质。但必须注意根据批评对象的不同特点，采用不同的批评方式。因为不同的人由于年龄、阅历、文化程度、性格特征等方面的不同，接受批评的态度和方式也迥然不同。对于性格内向、善于思考的人，可采用提问诱导的批评方式，让被批评者通过回答问题来反思、认识自身的缺点错误；对于脾气暴躁、否定性心理表现明显的人，可采取商量探讨的批评方式，使被批评者置身于一种平等的氛围中，在心平气和的条件下虚心地接受批评意见，避免一下子谈崩；对于心理承受能力特别强的人，可采取单刀直入的批评方式，一针见血地促其警醒。

1. 先褒后贬法。
2. 假设句法。
3. 先己后人法。
4. 委婉相告法。
5. 私下谈心法。

1. 先褒后贬法

先赞美别人的某些优点，然后话锋一转，再告诉别人某些方面做得不够好或存在着哪些不足。这种先赞扬后批评的方法往往比直接批评效果更好。

一位销售经理对他的秘书说："你着装很得体，总能把自己打扮得恰到好处。"那位女秘书脸上顿时涌现出一层鲜艳的红晕。经理接着说："如果你能把办公室收拾得像你一样干净利索，我想你会得到更多人的欣赏。"

这位经理真是位赞美高手，对这样的批评，谁会不接受呢？

2. 假设句法

使用假设句也能达到委婉相告的效果。假设句是具有假设和结果关系的句子。一般来说，假设句前面一部分是表示假设情况，后面一部分是表示在这一假定情况出现时所会产生的一些结果。巧妙使用假设句进行批评，常常会使批评具有可进可退、可左可右的弹性空间，能够取得委婉含蓄的批评效果。

青年画家对著名画家诉苦说："真奇怪，为什么我画一幅画只用一天，而要把这幅画卖出去，却要用一年甚至几年的时间呢？"老画家笑着回答道："小伙子，你倒过来试试看吧，如果你愿意花一年的时间去画一幅画，那么你就一定能够用一天的工夫把这幅画卖掉！"

著名画家用假设句，把对青年画家画画粗制滥造的批评，巧妙地隐藏在建设性的假定话语之中。利用青年画家画画与卖画的时间差距，不带刺地批评了对方，含蓄道出：只有肯花时间、肯下苦功认认真真画画，才能获得成功。含蓄的批评，能使受批评者在细细品味中诚心接受批评意见，改正错误。

3. 先己后人法

金无足赤，人无完人。人生在世，孰能无过？如果我们在批评别人时先谦虚地承认自己也不是十全十美的、无可指责的，然后再指出他人的错误，就比较容易让人接受了。如果用几句卑微自己而称赞对方的话，还可以把盛怒中傲慢的"敌人"，变成一个非常热诚的朋友。所以，要改变一个人的意志又不激起他的反感的方法是：在批评对方之前，不妨先谈谈自己的错误。

王朔在《我看金庸》一书中对金庸的第一篇小说进行猛烈攻击，但金庸对此既没有拍案而起，也没有竭力争辩，他只是心平气和地说："王朔先生的批评，或许要求得太多了些，是我能力所做不到的，限于才力，那是无可奈何的了。""'四大俗'之称，闻之深感惭愧。中国香港歌星四大天王、成龙先生、琼瑶女士，我都认识，不意居然与之并列。不称之为'四大寇'或'四大毒'，王朔先生已是笔下留情了。我与王朔先生从未见过面，将来如到北京待一段时间，希望能通过朋友介绍和他相识。"

金庸不指责对方的言过其实，反承认自己才力有限；不责怪对方用语刻薄，反称赞对方"笔下留情"，且向对方伸出热情之手，希望与对方交朋友。在这里，金庸不仅做到了以诚待人，也做到了以礼待人，更做到了以心暖人。王朔闻听此言大受感动，坦言："比起金庸来，确让我惭愧。"

4. 委婉相告法

批评的出发点在于帮助和解决问题，如果经过批评给对方留下了心里阴影或与之结下仇怨，显然与批评的初衷背道而驰。为避免上述情况的出现，就需要批评者多用些委婉的话语，采取些曲折的方式，才能够消除潜在的碰撞与矛盾，完成批评的真正使命。

上课时一位教师发现有两个学生趴在桌上打瞌睡，她先将这两个学生叫醒，转而为大家讲了一则小故事：听说有一只小企鹅，在跟它的师傅学垒巢时，总是爱把头和脖子贴到地面上待一会儿。师傅问："你这是什么意思？"小企鹅回答："我这是对师傅的礼貌。"由此我深受启发。有的同学上课不注意听讲，总是喜欢把头贴在桌子上，可能这也是对教师的礼貌吧？教师说完，全班同学哄堂大笑，两位瞌睡的同学满脸羞愧，从此上课再也不打瞌睡了。

5. 私下谈心法

俗话说得好，"有理不在声高"。在情在理的评论，声不必高，只要点到要害，虽只言片语，却如丽日和风，令人心悦诚服。被批评可不是什么光彩的事，没有人希望在自己受到批评的时候召开一个"新闻发布会"。所以，为了被批评者的"面子"，在批评的时候，要尽可能地避免第三者在场。不要把门大开着，不要高声地叫嚷，似乎要全世界的人都知道似的。在这种时候，你的语气越"温柔"越容易让人接受。

【例1】小王代表公司进行一桩谈判，在谈判桌上双方剑拔弩张，互不让步。小王于紧张之中不慎说漏了嘴，把公司关于产品价格的低价漏了出来，使公司谈判处于被动地位。事后，小王后悔不已，痛苦不堪，最后他打算以辞职谢罪。公司领导把他叫到办公室说："我理解你此时的心情，你确实使公司损失了一大笔钱，但没关系，我们毕竟还是赚钱的。你以前为公司所做的一切大家都是明白的。"听完领导这番话以后，小王感动不已，在以后的工作中，他更加勤勤恳恳、兢兢业业，为公司屡创业绩。

【例2】美国玛琳·凯化妆品公司董事长玛琳·凯在批评人时，绝不坐在老板台后面与对方谈话。她认为办公桌是一个有形的障碍，办公桌代表权威，给人以居高临下之感，不利于交流和沟通。她总是邀对方坐在沙发上，在比较轻松的环境中进行讨论。玛琳·凯要批评一个人时，总是单独与被批评者面谈，而绝不在第三者面前指责。她认为，在第三者面前责备某个人，不仅打击士气，同时也显示批评者的极端冷酷。她说："一个管理人员在第三者面前责备某个员工的行为，是绝对不可原谅的。"

技 巧 训 练

你的一位朋友业务很棒，出门时打扮得非常得体，但屋里总是垃圾成堆，你该如何批评他的这种行为？

3.2.4 拒绝的语言技巧

拒绝，就是不接受。在语言方面，拒绝既可能是不接受他人的建议、意见或批评，也可能是不接受他人的恩惠或赠予的礼品等。从本质上讲，拒绝是对他人意愿或行为间接性的否定。在社会交往中，经常会遇到许多社会组织、群体或个人有求于你的时候，这些请求多数情况下又不能全部满足。遇到这种情况，该怎么办呢？一概承诺？不可能，也办不到。支支吾吾，不置可否？对方会以为你不负责任，缺乏能力。

营销人员在社交活动中，如果要拒绝时，应遵循以下原则：

- 拒绝者态度和蔼。不要在他人开口要求时断然拒绝，对他人的请求迅速采取反驳的态度，或流露出不快的神色，或藐视对方，坚持完全不妥协的态度等，都是不妥当的，应该以和蔼可亲的态度诚恳应对。
- 不要伤害对方的自尊心。特别是对你有恩的人，来拜访求你做事，的确是非常难以拒绝的。不过，只要你能表示尊重对方的意愿，率直地讲出自己的难处，相信对方会谅解的。

从语言技巧上说，拒绝可以采用以下几种方法。

1. 直接法。
2. 迂回法。
3. 沉默法。
4. 回避法。
5. 补偿法。
6. 故意拖延法。
7. 巧用名句法。

1. 直接法

直接法就是将拒绝之意当场明讲。采取此法时，应当避免态度生硬、说话难听。在一般情况下，直接拒绝别人，需要将拒绝的原因讲明白。

例如，若是在商务交往中对方给你送礼金，按规定不能接受。你可以按以下说法来说明。

- "李先生，非常感谢您的美意，但我公司规定，在商务活动中不能接受他人赠送的礼金。对不起，您的钱我不能收。"
- 一位科长要给其下属介绍对象，下属直截了当地拒绝了他："谢谢您总想着我。实在抱歉，这件事让您失望了。我现在还不具备结婚的条件，等我事业稳固以后，有了一定的经济基础再谈婚事，我想随着年龄的增长，择偶的标准也会随之改变，您说是不是？"

导游员在导游过程中，绝对不能直接对游客说"不"。如需直接拒绝时可以这样做：首先要说明对游客的要求表示理解，接着说明困难，然后加以拒绝，最后表达歉意。

某旅行团正按预定的日程和线路观光游览，有位客人因为去过其中的某个景点，途中要求导游员改变旅行线路，按照规定，旅行线路事先已经定好，中途是不能随意改变的。面对这位游客的要求，导游员小张采用的就是直接拒绝法。他说："您去过这个景点，想换个新景点游览的心情我非常理解，可旅游线路是事先规定好的，我也无权更改，您的这个愿望我这次无法帮您实现，真的很抱歉！"

这位导游员在直接拒绝游客时，没有使用一个"不"字，可拒绝的意思表达得十分清楚，道理也在拒绝中表明了，加上导游员在拒绝时始终微笑，且语调柔和亲切，游客也就不再提改变线路的事了。

2. 迂回法

迂回法就是用温和曲折的语言，表达拒绝之意。与直接拒绝相比，更容易被接受。因为在更大程度上，顾全了被拒绝者的尊严。

【例1】一位先生想追求一位小姐便买了一件内衣送给这位小姐。小姐婉言相拒，说："它很漂亮，是送给你女朋友的吧。这种式样的我男朋友也给我买过一件，相信你的女朋友一定会喜欢的。"这么说，既暗示了自己已经"名花有主"，又提醒对方注意分寸。

【例2】意大利著名科学家伽利略，青年时对哲学产生了浓厚的兴趣，立志学习哲学，可是他父亲却不同意。一次，伽利略又为这事去找父亲。"爸爸，有件事我一直不明白，那就是你为什么要和妈妈结婚？"伽利略问。"因为我喜欢她。"父亲答道。"那你没娶过别的女人？"伽利略又问。父亲赶紧加以纠正："孩子，绝对没有这种事，我敢对天发誓，我只喜欢你母亲一人，我痴痴地追求着她，要知道你母亲从前是一位非常美丽的姑娘……"听完父亲的话，伽利略趁机说："我相信你说的这些话。要知道，现在我也面临同样的处境。哲学是我唯一的需要，除了哲学，我不可能选别的职业，我对它的爱犹如你对母亲的爱一样。"父亲终于同意了他的要求。

3. 沉默法

沉默法就是在面对难以回答的问题时，暂时中止"发言"，一言不发，运用摆手、摇头、耸肩、皱眉、转身等身体语言和否定的表情来表示自己拒绝的态度。或者对于一些难以说清的或不需要多解释的问题可以笑代答。当他人的问题很棘手甚至具有挑衅、侮辱的意味时，不妨以静制动，一言不发，静观其变。这种不说"不"字的拒绝，所表达的无可奉告之意，常常会产生极强的心理上的威慑力，令对方不得不在这一问题上放弃纠缠。

4. 回避法

回避法就是避实就虚，向对方不说"是"，也不说"否"。

张飞在辅佐刘备前，曾卖过肉。有一次，他的一位好朋友向他打听他从东北进猪肉的价格。张飞神秘地向四周看了看，压低声音问道："你能保密吗?""当然能。""那么"，张飞微笑地看着他，"我也能。"

张飞采用的就是委婉含蓄的回避拒绝法，其语言具有轻松幽默的情趣，表现了他高超的语言艺术，在朋友面前既坚持了不能泄露的原则立场，又没有使朋友陷入难堪，取得了极好的语言交际效果。相反，如果张飞表情严肃、义正辞严地加以拒绝，其结果必然是两人之间的友情出现裂痕甚至危机。

如果别人在征求你的意见，你又不方便表态，可以效仿以下方式回避。

- "我没看清楚。"
- "我没注意。"
- "这个问题我还没有考虑清楚。"
- "他这个人我不太了解。"

5. 补偿法

习惯于中庸之道的中国人，在拒绝别人时很容易发生一些心理障碍，这是传统观念的影响。为了减轻自责心理，为了不让对方难堪，我们也可以采用先拒绝再补偿的方式。例如：

- "真对不起，这件事我实在爱莫能助，不过，我可以帮你解决资料收集的问题!"
- "这件事对于我来讲真是心有余而力不足，不过，我知道有一个人能帮助你解决这个问题。"
- "这方面不是我的强项，如果以后在广告策划方面需要帮助尽管找我。"

6. 故意拖延法

不马上给对方答复，而是找理由承诺对方今后再考虑，其结果就是随着谈话的结束，此问题也就不了了之了。因为这种答复一般来说时间概念比较模糊，没有给对方明确的答复时间。例如：

- "今晚有事，以后再说吧。"
- "此事要和某某商量，现在恐怕难以决定。"
- "此事还须进一步调查，等最后结果出来后我们再讨论怎样处理，如何?"

●"你提的建议很有建设性，我们将加以研究，如果今后条件成熟，一定会采纳。"

7. 巧用名句法

汉光武帝刘秀的姐姐——湖阳公主丈夫死去后，看中了朝中品貌兼优的宋弘。一次，刘秀招来宋弘，以言相探："俗话说，人地位高了，就改换自己结交的朋友；人富贵了，就更换自己的妻子，这是人之常情吗？"宋弘回答说："我听说'患难之交不可忘，糟糠之妻不下堂'。"

宋弘自然深知刘秀问话之意，但他进退两难。如果答应，有悖自己的人品，也对不起贫贱相扶的妻子；如果含糊其词，则会招来麻烦；如果直言相告，既不得体，又有冒犯龙颜之患，所以他引用古语来"表态"，委婉而又明确地表明了自己的态度。

在拒绝别人的时候，引用名人名言、俗语或谚语等来作答，表明自己的意思，或佐证自己的观点。这种方式的好处是很明显的，既增加了说话的权威性与可信度，又省去了许多解释和说明，还能增添口语的生动性与感染力。

技巧训练

（1）你的一位客户如果经常让你陪她去逛街，可你又非常讨厌逛街，你将如何拒绝她的请求？

（2）你的一位朋友打电话跟你说他心情不好，想让你陪他去K歌，你累了一天想休息，你将如何拒绝对方？

3.2.5 道歉的语言技巧

在人际交往中，倘若自己的言行有失礼之处，或是打扰、麻烦、妨碍了别人，最聪明的方法，就是要及时向对方道歉。对一些人而言，道歉的话语难以说出口。但是在职场上，人与人之间的交往，常常都会出现摩擦，所以学会道歉是很必要的。道歉不是一件丢脸的事情，反而更能体现一个人良好的品德与修养。"负荆请罪"之所以能够流传千古，因为它不仅反映了蔺相如有博大的胸怀，也表现了廉颇有过则改的勇气和真诚。在社会交往中，需要掌握的道歉的技巧有多种。

1. 文明道歉。
2. 及时道歉。
3. 诚心道歉。
4. 大方道歉。
5. 幽默道歉。
6. 赞美道歉。
7. 新意道歉。

1. 文明道歉

有愧对他人之处，应说"深感歉疚"或"非常惭愧"；渴望见谅，需说"多多包涵"或"请您原谅"；一般场合，则可以讲"对不起""很抱歉""失礼了"。

2. 及时道歉

知道自己错了，马上就要说"对不起"；否则，拖得越久越会使人误解。道歉及时，还有助于当事人"退一步海阔天空"，避免因小失大。

通常情况下，道歉时的第一句话最难以说出口。可以试着用这样的句式："刚才的事情是我的态度不好，让你受委屈了，我真诚地向你道歉。"在道歉的言语中，要包含有几个元素：第一，勇于承认自己的过失，不找借口；第二，认同对方的情绪，因为认同感会起到缓解"疼痛"的作用；第三，真诚的道歉后，试着给出补救办法。

3. 诚心道歉

在别人面前低头认错其实是体现一个人的大智慧，一个有智慧的人会勇敢地承认自己的错误，只有这样，才会不断地让自己少犯错误，别人也会觉得你是一个可以交的朋友。承认错误，诚恳地向对方道歉，大部分情况下都会获得别人的谅解。诚恳的道歉不仅能消除彼此的误会，还会提升自身的人格魅力。

4. 大方道歉

道歉绝非耻辱，故而应当大大方方。不要遮遮掩掩，过分贬低自己，这可能让人看不起，也有可能让人得寸进尺。

5. 幽默道歉

有时为了让道歉的气氛更轻松一点，我们不妨充分利用幽默的力量。

一位学者在一个宴会上与一位女士相遇，攀谈起来。谈话过程中，心不在焉的学者不小心问了一个不恰当的问题："女士今年多大了？"对方马上有些不高兴，反问他："你为什么对这个问题感兴趣？"学者马上醒悟到自己的失礼，可是又不便马上道歉，微笑着说："噢，我只是想知道，女人最光彩夺目的时候是什么年龄。"这句话一说，那位女士转怒为喜。

6. 赞美道歉

在道歉的同时，不要忘记夸奖对方的包容和大度。可以说"我做事真是太粗心了，如果不是你的及时提醒，我可能犯下不可弥补的错误。你真是一个观察力极强，做事极细心的人，我得好好向你学习。"或"对不起，这都是我的问题造成了今天这个局面，感谢大家的包容，你们都是有责任感的人。"

7. 新意道歉

有些道歉的话当面难以启齿，可以通过传统信件、网络邮件、手机短信、寄送礼物、第三者转达等方式来达到道歉的目的。这种不见面的交谈既可以达到道歉的目的，又可免去一些难堪的场面。

所有的技巧都有一个根本，那就是用心。真诚加上合适的方法和技巧，不管是对待自己的朋友、同事还是亲人都需要。

技 巧 训 练

你从图书馆借的一本书不见了，你在宿舍里大发雷霆，怀疑是有人拿了你的书，可不久后你突然想起是另一位好友借阅了。这时，你该如何向舍友道歉？

本章小结

语言是思想的外化，是必不可少的交际工具。我们在这个世界上生活、工作和发展，就离不开语言。营销人员更是如此，必须坚定不移地要求自己学好社交口才，为寻找客户和签下订单做好充分准备。

● 社交口才要遵循适人、适位、适时、适量、适度、有礼、有识七个原则。

● 幽默的语言技巧能助你事业更上一层楼，你可采用自嘲法、将错就错法、张冠李戴法、比喻法、夸张法、谐音法、偷换论题法、大智若愚法、巧妙转移法等来达到幽默的效果。

● 要养成赞美别人的习惯，赞美别人时要注意诚心、有针对性、具体、找亮点、及时赞美、背面赞美等的原则和方法。

● 批评别人时要注意技巧，如先褒后贬法、假设句法、先己后人法、委婉相告法、私下谈心法等。

● 拒绝别人时，可采用直接法、迂回法、沉默法、回避法、补偿法、故意拖延法、巧用名句法等。

● 在商务交往中，需要掌握的道歉技巧有文明道歉、及时道歉、诚心道歉、大方道歉、幽默道歉、赞美道歉、新意道歉等。

口才训练营

实训3

自由训练：主动去说

实训目的：锻炼最大胆地发言，锻炼最大声地说话。

地　　点：教室、寝室或室外。

训练内容：

（1）自我暗示。每天清晨默念 10 遍"我一定要最大胆地发言，我一定要最大声地说话，我一定要最流畅地演讲。我一定行！今天一定是幸福快乐的一天！"

（2）每天至少与五个人有意识地交流思想。

（3）每天大声朗诵或大声演讲至少五分钟。

（4）每天给同学或朋友至少讲一个故事或完整叙述一件事情。

课堂训练：学会赞美

实训目的：让学生学会赞美技巧，养成赞美别人的习惯。

地　　点：教室。

训练内容：

（1）找出本班的优点。

（2）找出同桌的优点。

（3）找出班主任的优点。

（4）找出本学期各位任课教师的优点。

（5）说出父母最值得赞赏的地方。

（6）给大家讲讲自己最敬重的人。

课堂训练：学会幽默、学会赞美、学习批评

实训目的：让学生掌握一定的幽默、赞美、批评技巧。

地　　点：教室。

训练课时：两个课时。

训练内容：

（1）每人给大家讲一个笑话。

（2）要求 2~3 位同学给该同学做评价。

课堂训练：学会道歉

实训目的：让学生学会道歉的语言技巧。

地　　点：教室。

训练内容：

请班长（或宿舍长、小组长、团队负责人等）到讲台上，面对全班同学进行自我批评。

游戏 3

形式：六人一组。

时间：15 分钟。

道具：每人一张印象卡。

场地：室内。

目的：

（1）通过本游戏，使学生更好地了解他人对自己的看法，从另一个角度认识自己。

（2）活跃现场气氛。

程序：

（1）每个小组围成一圈。

（2）教师发给每个人一张印象卡。

（3）每个学生将自己的姓名写在印象卡上，并画出自我印象的代表图画。

（4）将印象卡交给坐在自己右边的一位同学，这样，每人拿着的就是另一个学生的卡。

（5）拿到别人的印象卡后，请在四个方格内任选一格，填上自己对留名人的最深印象。

（6）将填完的卡交给另一个人，依此类推。

（7）将填完的卡交回教师。

（8）教师收齐所有的印象卡后，再发回留名人本人，给大家两分钟时间看印象卡，然后展开讨论。

分享：

（1）请每位学生说出别人对自己的印象及自己对自己的最深印象，看看之间有什么差别。

（2）当看到别人对自己的印象时，你是否感到诧异？

总结：

（1）学生在填印象卡时，不要与其他学生讨论，以免你对他人的最深印象失真。

（2）通过此游戏学生会惊讶于从另一个角度认识自己，从而既能活跃气氛又能让学生懂得从何处去完善自己。

口才加油站

阅读材料 5

面谈恐惧症

季风今年毕业，忙着找工作。她是个很有实力的研究生，英语八级，日语一级，可是最近却接连错失了三次求职机会。

第一次是一个500强公司，她获得了面试机会。可是学校临时通知有事，于是她给负责招聘的李小姐发了迟到半小时的短信。面试当天，当她匆匆赶到，考官们已经等得不耐烦早散了，结果可想而知。后来才知道，李小姐的手机丢了，根本没有收到她请假的短信。

第二次是一家日资企业，打电话来的王主任很客气地告知了面试的时间和地点，可是由于紧张，没有听清楚具体地址。她又不敢打电话去细问，而是上网搜。可是，面试那天赶到公司一看，才发现搞错了，她到了总部，面试在办事处，两个地方差了半个城区。

第三次是一家大型国企，面试的时候季风非常紧张，问一句答一句，虽然还算应对无误，但是主考官却很不满意，认为她太傲了，不愿意搭理人，看不起国企。

由以上面试过程判断，季风可能患上了轻微的"面谈恐惧症"。这类人往往不善于也不乐于和人进行面对面的交谈，总是希望躲开一切可能的直接沟通。越是不想和人面谈，面谈的能力就越差，面谈的能力越差就越是怕和人说话，由此形成恶性循环。技巧永远不是最大的问题，态度才是最重要的。其实，百试百灵的交际技巧是根本不存在的，所谓熟能生巧。只要你有了真诚的交际态度，积极尝试，慢慢地就能发展出因人而异的沟通本领，这时候成功就离你不远了。

（资料来源：《交际与口才》2007 年第 7 期　徐默凡）

友情推荐 3

1. 中国口才网
2. 《中国式应酬：应酬是门技术活》（武敬敏. 北京联合出版公司. 2014.）

第4章

公关口才

知识要点

❖公关口才的基本原则

❖公关口才的语言技巧

能力要点

❖公关口才中灵活运用委婉公关艺术

❖公关口才中灵活运用模糊公关艺术

❖如何与领导沟通

❖如何与下属沟通

❖如何与同事沟通

❖如何与异性沟通

❖如何与陌生人沟通

❖如何与媒体沟通

导入案例

冬奥冠军苏翊鸣

2022 年北京冬奥会后，18 岁的苏翊鸣成为了全民偶像。电影《智取威虎山》中的"小栓子"现在是中国冬季项目最年轻的奥运冠军。与其说成为偶像，是因为他创造历史的夺金表现，倒不如说是源于他展现出的新一代中国青年人的气质——为梦想坚持不懈，充满个性，在追求极致的过程中享受快乐。苏翊鸣夺冠后在接受专访时曾这样描述日本教练佐藤："是他改变了我的人生，改变了我对单板滑雪更深层的理解，在我刚开始决定成为职业滑手的时候就能认识他，是特别幸运的一件事。"佐藤听到这段话后非常感动："我很感谢他的评价，其实金牌是他努力的结果，他在讲述自己的成功时带上了我，足以证明他优秀的品格。"

霍顿赢了比赛却输了人品。他的口不择言使他金牌得主的光芒锐减，并遭到了来自各方的怒骂和耻笑。

> 微笑是公关成功的第一步。

4.1 公关口才的基本原则

公共关系口才是以语言学、公共关系学、心理学、沟通理论作为理论工具，能够体现公关精神、遵循公关原则、取得良好公关效果的口语表达才能。公关口才的基本原则，就是为了公关主体圆满完成公关口才任务、帮助实现特定的公关目标而制定的运用语言的根本准则。具体来说，要把握真诚、得体、适境、有情、有效五项基本原则。

1. 真诚

公关口才的真诚原则，是指公共关系的主体在开展公共关系时必须真实、诚恳、真心，也就是所谓的以诚相待，诚心诚意地反映出真实的内容，使公众对组织感到可亲、可信、可靠、可托，而绝不能欺、哄、瞒、骗。真实是公共关系口才的生命，任何一个人或组织的良好公众形象都是靠诚实和信誉树立起来的。作为社会组织和公众之间得以交流沟通的公关口才，必须遵循真诚的原则。

某市一位副市长曾在该市旅游形象推广市场调研座谈会上讲话："大家上午好！很高兴今天能和大家一起探讨我市旅游业的发展。各位都是旅游界的专家，我们希望借助在座各位的智慧为我市的旅游营销提供理论参考和指导。"副市长短短的开场白却已明确表达了他对各位专家的欢迎和尊敬。真诚之感自然而然地溢于言表。

2. 得体

公关口才的得体原则，是指在公关活动中公关主体的语言必须要符合自己的身份和地位，不能信口开河、得意忘形。

【例1】一位刚毕业的大学生小王来单位报到，接待她的是公司的一位处长——40来岁的人却年轻得像20来岁的小伙子。小王仍恭恭敬敬地叫："刘处长，您好！"处长听了，很随和地说："别那么认真，叫我小刘，或者叫我的名字好了。"

【例2】一位销售人员到销售经理办公室汇报工作，看见领导满面幸福地通电话，偶尔会发出甜蜜的笑声。他等对方打完电话，笑着说道："和情人聊天啊，这么开心！"销售经理脸色顿时晴转阴，冷冷地说："有事吗？我等会要外出办事。"这样的语言，无论从职务、年龄、辈分讲，都是不得体的。况且，这样的话还牵涉到个人隐私和道德品质。

技巧训练

小王以后见到刘处长，应该如何称呼？

3. 适境

公关口才的适境原则，是指在公关活动中在运用语言上必须与当时所处的环境相适应，并根据特定的语言环境的变化而随机应变，灵活应对。公关口才要适应特定的社会、文化背景，适应公关活动的特定时间、地点和场合，适应公关对象的特点。

《三国演义》第25回写到张辽追击关羽于绝地。关羽说："我今天虽然身处绝地，但视死如归。"张辽说："兄弟今天要是死了，有三桩罪过：当初刘使君与您结义之时，发誓同生共死，现在刘使君刚刚打了败仗，而您就将战死，倘使他复出，想求您相助可是您已经战死，岂不辜负了当年的盟誓吗？这是第一桩罪过；刘使君把家眷托付给您，您今天却战死了，二位夫人失去依靠，这是第二桩罪过；您武艺超群，满腹经纶，不去与刘使君一道匡扶汉室，却白白地赴汤蹈火，逞匹夫之勇，怎么能叫大义？这是第三桩罪过。"张辽这番话让关羽陷入了沉思，最后终于决定听从张辽的建议，暂时归降，再从长计议。

4. 有情

营销人员在工作中要与来自不同阶层、不同职业、不同消费观念的人打交道，在公共关系工作中，情感因素具有很大的作用。人们需要生活在一个充满亲情、友情和温情的环境中，所以，在公关口才中，要晓之以理，动之以情，用真情去和谈话对象进行心灵的沟通和感情的交流。

某鞋厂的林厂长，在接待来厂工作的一批失足青年时这样说："我欢迎你们到厂里来工作。你们用不着把过去的情况对我讲，我也不会问你们过去的事，我也不准别人说你们过去的事。只要你们好好工作，好好学习，我一律平等对待！"林厂长针对失足青年最忌讳过去的心理，设身处地地提出了"三不"，达到了与其有效沟通的目的。

5. 有效

公关口才的有效原则，是指为了实现公关目标最大限度地增大有效沟通的信息总量，减少和消除在沟通过程中产生的多余信息。为了达到有效的沟通必须把握完整的沟通过程，准确、简明、扼要地向对方传递自己所要表达的信息。历史上有名的"刘墉跳河遇屈原"的故事就是最好的例子。

刘墉说了一句"君叫臣死，臣不得不死"，乾隆无意中说那你就去死吧，和珅更想借机置刘墉于死地。君无戏言，那是圣旨，乾隆也不想让刘墉死，可无法收回自己的话，就看刘墉怎么办了，如果刘墉真的死了，太傻，也不值得，可如果刘墉认为自己无错不该死就冒了抗旨不遵之罪，还是死。刘墉去后堂洗了个澡，全身湿淋淋地回来告诉乾隆："我本来想投湖自尽的，可遇到了屈原，他说自己遇昏君才投江而死，你怎么也来了，我一想我不能死，我保的是明君啊！"乾隆听得心花怒放，找个台阶就下来了，刘墉不必死了。

另一个关于刚获诺贝尔奖的莫言的案例也非常经典：

莫言获诺贝尔奖后，其老家所在辖区高密市胶河疏港物流园区计划投资6.7亿元，弘扬红高粱文化，包括莫言旧居周围的莫言文化体验区。该区管委会主任为劝说莫言的父亲同意修缮莫言旧居，说道："儿子已经不是你的儿子，屋子也不是你的屋子了。莫言成为了社会公共资源，你不同意不一定管用"。这个管委会主任的话真有力量啊！

4.2 公关口才的语言技巧训练

有人讲，口才是智慧、是知识、是才干、是力量、是财富。在公共关系交往中，每个人都应该具有较强的语言表达能力，那就让我们一起去探索公关口才的语言技巧吧！

4.2.1 委婉语言的训练

委婉作为一种语言的表达方式，使人听了轻松自在、愉快舒畅，而直言不讳则容易伤害对方的自尊，造成许多矛盾。因此，在公共关系过程中，恰当地运用委婉，委婉地表明立场、感情和态度，可使对方乐于接受。委婉作为一种"软化艺术"可具体采用以下两种方法。

1. 幽默风趣法

公关人员在日常活动中肯定会遇上许多尴尬或不可控制的局面，这时便要学会审时度势、随机应变，以幽默或诙谐的语言化解一些不愉快的场面。

这种诙谐的言语，以非常理性的方式含蓄地讥讽、批评了不合理的排序原则。梅法官以诙谐、幽默的语言阐明中方的严正立场，获得了以正常方式得不到的成功效果。

清代大学士纪晓岚，幽默风趣，以出奇制胜的机智见长。传说有一次他夏日乘凉，脱了个赤膊。不料乾隆皇帝突然到来，他来不及迎候便躲了起来。过了好久，他以为皇帝已经走了，便私下低声问书童："老头子走了没有？"事实上乾隆皇帝正在一旁，还没有走，听到纪晓岚的话后便要求他解释"老头子"是什么意思。纪晓岚思忖片刻，从容答道："万岁为'老'，人首为'头'，子乃圣贤之尊称。"乾隆皇帝听了后笑了笑，便不再追究了。

本来用"老头子"来称呼皇帝是大为不敬的，但纪晓岚能急中生智，以故意曲解的办法使自己得以解脱。

2. 迂回延时法

在公关活动过程中，经常会出现话不投机的尴尬局面，甚至引起双方情绪激动，在这种情况之下，使用迂回延时委婉法能够达到控制情绪，缓和气氛，使事态朝好的方向转化的效果。

一日，一个老鞋匠正和几位老人闲聊，一个穿戴入时的妇女走过来，手里拿着一只皮鞋，她问老鞋匠："师傅，你看这鞋能修吗？"老鞋匠看了一眼，说道："您看我有活正忙着呢，您如果着急，里面还有几个修鞋的。"妇女不愿等，就朝里走去了。有人不解地问："为什么有活来了，你却给支走了呢？"老鞋匠笑着说："你看那只鞋，做工精细，皮质又好，少说得上千元，如果修不好咱可赔不起。不过不是我夸口，我不敢接的活，别人也绝对不敢接，她一准儿回来。"果然，那妇女不大一会儿工夫又回来了，说："师傅，他们说只有您能接这活，麻烦您了。"老鞋匠把鞋拿到手里，左瞧右看了好大一会儿，才说："您这鞋得认真仔细地修，很费时间的，如果您愿意，明天来取吧。"妇女虽然不太情愿，但也只好应允。

如果老鞋匠刚开始就接受了这个妇女的修鞋要求，那么他就会处于被动状态，在时间或价格上要与该位妇女讨价还价一番才行。但是采用现在这种迂回策略，就让自己完全处于主动。老鞋匠虽然没学语言的艺术但却很好地掌握了迂回的委婉语言表达艺术。

技巧训练

教师津津有味地讲课，已超时15分钟，你将如何委婉地告诉教师应该结束授课呢？
一位同宿舍的同学拿着你的手机打电话聊天已快一个小时，你将如何委婉告诉他该将手机还给你呢？

3. 排比反问法

在公关活动中，会遇到令人愤怒的事，如果采用排比反问法，能达到以排山倒海般的气势使语言具有说服力、震撼力和冲击力。

我们可以从以下文字中感受到排比反问句的力量。

你看那在风雪中傲然挺立、怒放着的梅花，难道你就丝毫没有感受到她的美吗？难道在漫无边际的白雪中，你突然看到前方有一株挺立着的梅花，你就不被她那种不畏寒霜，坚强不屈的精神所感染吗？难道你不曾想到，她与红军战士们坚强不屈的精神多少有些相似吗？难道你就没有想到，这傲雪临霜的雪梅，真真切切地象征了我们的革命战士们，象征了他们那种顽强不屈，勇于拼搏，渴望着暴风雪来临的那种精神，那种意志品质吗？

4.2.2 模糊语言的训练

模糊语言就是指在能够把话说得更确切的情况下，故意放弃这种可能，采取模糊表达，以求达到确切语言所达不到的说话效果。作为客观世界符号表现的语言是模糊的，巧妙地利用语言的模糊性，能使公关语言发挥神奇的效用，是现代每一个公关人员所要掌握的公关技巧之一。

1. "打哈哈"法

模糊性是语言的重要属性，在公关交际中的许多场合都可用模糊语言来达到某些特定的效果。鲁迅先生曾经讲过这样一个故事：

一家生了一个男孩，全家都很高兴，满月的时候抱出来给客人看。有的说"这孩子将来要发财的。"说的人得到一番感谢；有的说"这孩子将来要做官的。"说的人得到了几句恭维；有的说"这孩子将来要死的。"说的人得到一顿痛打。说要死的是必然，说富贵的实际是说谎，但说谎的得好报，说必然的遭打。那么既不愿说谎，也不愿遭打，就只能说："啊呀！这孩子呵，您瞧！多么……啊呀！哈哈！"

鲁迅先生讲的这个故事就是由于情势所迫，无法说真话，就只能"打哈哈"。"打哈哈"其实就是利用了语言的模糊性。

2. 广义法

在各种公关交际场合中，巧用模糊语言，不仅能使自己有一定的灵活性，而且能使自己由被动变主动。例如，对本来已经清楚的事实和想法，出于某种策略的考虑，故意使用含义广泛的模糊语言来表达。

在一个广播电台的直播节目中，一位小姐误将听众点给别人的歌认为是点给自己的歌，在直播节目中向播音员询问，这时播音员明知不是点给这位小姐的，但又不好明白地指出来。如果说出来，不仅扫了这位小姐的兴，也使广大听众感到不愉快。播音员说："可能是点给你的吧？其实呀，人间是一个温暖的大家庭，人人都应以友相处。只要以诚相待，以友善之心待人，我们的朋友遍天下，又何必非要计较是哪一位朋友呢？"

播音员随机应变，巧舌如簧，从小姐询问点播节目一事引申出一番处世哲学。播音员使用了模糊语言，使节目的内容深化了。

3. "化险为夷"法

在公关实践中，经常会碰到难以应付的棘手的场合，如果运用模糊语言，就可以应付一些尴尬甚至困难的局面，使一些难以回答、难以说清或者不便明确表达的问题变得容易应对。

一家花店里，一位先生来买花，挑好了一束后忘了付钱转身就走。如果店员这时直接叫住他付钱，场面就会变得很尴尬，甚至可能给顾客留下店员认为对方故意不给钱的印象。聪明的店员叫住顾客："先生，我帮你再包扎一下花吧，这样您会更方便拿！"顾客很乐意地回来重新包装。包扎好后，店员将花束递给顾客，说："谢谢惠顾，一共××钱！"

花店的店员在即将遇到尴尬的局面时，巧妙地使用模糊的语言，解除了这个尴尬。

4. "宏观"法

模糊语言的一个重要特征，在于它能将难以表述的道理表达出来，大大加强了表达效果。

在关于对外贸易代理的洽谈中，一位中资机构代表谈到自己的企业时这样说："我们公司信誉卓越，并且很了解顾客的需求，如果能成为你们产品的指定代理商，我们必将能发展出一个更大的市场。"

此案例中，有了"信誉卓越""很了解""好"等模糊词语的运用，句子也就蕴涵了更大的信息量，从宏观上有效地强调了自己公司注重信誉的事实和乐意为对方服务的愿望。

技巧训练

一位好友买了一件新衣服，兴高采烈地拿来让你欣赏，并询问你的意见。你觉得颜色和款式都不太适合她，看到朋友兴高采烈的样子，又不忍心扫她的兴，请用模糊的语言来回答她。

4.3 不同对象的公关口才技巧

4.3.1 如何与领导沟通

对一个进行直接访问的推销员而言，创造一个与准客户齐声大笑的场面，是破除隔阂的绝招之一。
——原一平（日）

上司在人们心目中的地位是非常重要的，同上级的关系如何，可以说在一定程度上决定着一个人的前途和命运。而同上级的关系，都是在日常与领导的交往中建立的。有些人在同事中、亲友中可以滔滔不绝地讲话，一到上级面前便结结巴巴，甚至话不成句，许多想好的话也不知从何说起。那么，如何掌握与上级谈话的技巧呢？

1. 了解上级

有些领导性格爽快、干脆；有些领导则沉默寡言，事事多加思考。你必须适应这一切。不要认为这是"迎合"，其实，这正是应用心理学所要求的。先了解上司的兴趣、爱好，对交谈有利无弊。

2. 主动汇报

作为下属要养成一个习惯，就是要对领导进行工作进度的主动汇报，以便让领导知道工作情况，一旦有偏差还来得及纠正。

3. 选择时机

领导要处理的事务一般比较多，所以，你应当根据自己的问题重要与否，去选择适当的反映时机。假若你是为个人琐事，就不要在他正埋头处理大事时去打扰他。如果你不知道上级何时有空，可以通过手机或网络与上级约定面谈的时间、地点。你可以说：

- "经理你好，不好意思打扰你了。有件重要的事，不得不当面向你汇报，请问您今天何时有空？"
- "经理你好，打扰您休息了，我遇到一件棘手的问题，我想只能向您求助了，请问我何时能见到您？"

4. 不卑不亢

许多人对上司的态度是一味地奉承和附和。其实，这种方式在当今社会中不一定能得到上司的好感，因为你自己降低了自己的人格，这种自卑的人是不会得到上司对你的重视和赏识的。对上级应表示尊重，但绝不要采取"叩头"政策，要做到有礼、谦逊、不卑不亢。

5. 语句恰当

美国口才学家辛蒙斯说过："和上司交谈能否获得成功，事实上最重要的因素，在于我们所使用的语句是否恰当。"上下级之间要互相尊重，但你找上级谈话，目的是希望他帮助你解决一定的问题。所以，你必须考虑你应用的语句要有把握说服对方。如向领导提出请求，更要注意语气的运用，更多地运用征询的语句。如以下案例即采用了征询的语句。

谢聪在市场营销专业毕业后到一家公司做文秘工作，他觉得很难适应这种安逸的生活，于是在瞅见老板比较闲时敲门进去了。

谢聪微笑地看着老板说："李经理，我有个小小的要求，不知您能否答应？"

李经理："什么要求？说说看！"

谢聪："我想换换岗位，想跑业务。"

李经理面露难色："可你对业务不熟，你跑什么呢？"

谢聪："业务我可以慢慢熟悉，如果您能给我这个机会，我会好好珍惜，一定不会让您失望的。"

李经理面色有所缓和："你具体想去哪个科呢？"

谢聪："您认为我去建材科合适吗？我有几个朋友在外面长期做钢材和水泥生意，我通过他们，或许能用比较低的价格购进质量最好的建筑材料。"

李经理想了想，说："那你先试试。你可不要让我失望！"

谢聪响亮地回答："谢谢李经理给我这次机会，我一定好好干！"

谢聪如愿以偿地调到了建材科，不久就取得了好业绩。

你对公司"六一"儿童节的促销方案有些建议，你将如何向领导提出自己的看法？

4.3.2 如何与下属沟通

春秋战国时期，耕柱是一代宗师墨子的得意门生。不过，他老是挨墨子的责骂。有一次，墨子又责备了耕柱。耕柱觉得自己真是非常委屈，因为在许多门生之中，大家都公认耕柱是最优秀的人，但又偏偏常遭到墨子指责，让他没面子、心里过不去。一天，耕柱愤愤不平地问墨子："老师，难道在这么多学生当中，我竟是如此的差劲，以至于要时常遭您老人家责骂吗？"墨子听后，毫不动肝火："假设我现在要上太行山，依你看，我应该要用良马来拉车，还是用老牛来拖车？"耕柱回答说："再笨的人也知道要用良马来拉车。"墨子又问："那么，为什么不用老牛呢？"耕柱回答说："理由非常的简单，因为良马足以担负重任，值得驱遣。"墨子说："你答得一点也没有错。我之所以时常责骂你，也只因为你能够担负重任，值得我一再地教导与匡正你。"

这个故事后来被人们传得沸沸扬扬，也很有教导意义，正应了"玉不琢，不成器"这句话。不过这个小故事还有另一个意义，就是在上级批评人之前，先将他的优点提出来，因为就算再有内涵的人也不会满意总是被人批评，先进行表扬是为了给过后的批评铺上一条道路，墨子训徒的故事现在也运用进了如今的沟通管理之道中。

作为职业经理人，我们既是下级同时又是上级。在明白了怎样与上司沟通的艺术之后，应该体会到了作为下级的难处。所以，在与下属共事的过程中，一定要强化沟通的意识，在上级那里受的委屈千万不要再让下属品尝了。一方面，下属是绩效伙伴，沟通顺畅，大家心情愉快，自然效率和效果就好；另一方面，作为团队的领导者和职业管理者，搞好团队沟通本身就是我们的重要职责和必须具备的职业能力。

1. 有的放矢、自然得体

上级与下级沟通的时候，上级要注意使语言符合自己的身份和谈话的内容。有些严肃的话题，特别是指出下级错误的时候，应该避免使用太过轻松的语气，否则会使谈话的作用大大降低。谈话的中心思想应该明确，不要让下属听了之后不知所云。

下面是原新疆乌鲁木齐市市长的一次谈话。这段话以8种肉食妙喻，可谓别出心裁、形象生动，却又贴切得当，引人入胜，值得我们学习。

以前我们新疆人可能羊肉吃得太多了，太老实；牛肉也吃得太多，行动太迟缓。要适应改革开放的需要，改变原有的落后状况，就要学习广东人多吃鱼，活蹦乱跳跃龙门，增加自己的经济活力；学习吃鸽子、吃鸡翅，抓紧时间赶快腾飞；学习吃螃蟹，在国内外大搞横向联合；学习吃鸡爪，抓经济工作，抓观念转变；学习吃甲鱼，增强对各种变化的承受能力。至于牛羊肉，我们还要继续吃，只有保证经济发展的持续后劲和诚实的科学态度，我们的经济工作才能做好。

2. 态度和善、用词礼貌

管理者要清楚，自己与员工在人格、人权方面都是平等的，只是工作职责、职位不同，所以在沟通前要心态平和，谈话中要顾及员工的心理感受及变化，尊重员工的人格、权力，要站在员工的角度去想员工所想的问题，而不是摆出"架子"去命令、肆无忌惮的去批评。作为一名主管，在与下属沟通的时候可能会忘记使用一些礼貌用语，如"小文，马上到我办公室一下"，"小贡，把文件送去复印2份"。这样的用语会让下属有一种被呼来唤去的感觉，缺少对他们起码的尊重。因此，为了改善和下属的关系，使他们感觉自己更受尊重，你不妨使用一些礼貌的用语，如"小文，请马上到我办公室一下"，"小贡，麻烦你把文件送去复印2份。"请记住，一位受人尊敬的主管，首先应该是一位懂得尊重别人的主管。

3. 亲切民主、善于激励

在上级面前，大多数的下属都会小心谨慎，不敢直言。而有的领导为了维持自己的威严，喜欢端架子，打官腔。其实，亲切民主的领导是最受下属欢迎的。如果询问部下有什么问题及意见，可问："小张，关于这个促销方案，你还有什么意见和建议吗？"当部下提出了自己的看法，你可以说："你的建议对我们的决策有一定的启发，非常感谢。"如果采纳了部下的建议，千万不要忘记赞美他："你的方案很有创意，就照你的意见去做。"

4. 掌握分寸、留有余地

上级同下级说话时，不宜做否定的表态："你们这是怎么搞的？""有你们这样做工作的吗？"在必须发表评论时，应当善于掌握分寸。点个头，摇个头，都会被人看成是上级的"指示"而被贯彻下去。所以，轻易表态或过于绝对的评价都容易失误。

在下级汇报某改革试验的情况时，领导只宜提一些问题，或做一些一般性的鼓励："这种试验很好，可以多请一些人发表意见。""你们将来有了结果，希望及时告诉我们。"这种评论不涉及具体细节，为对方留有余地。

如上级认为下级的汇报中有什么不妥，表达更要谨慎，尽可能采用劝告或建议性的措辞："这个问题能不能有别的看法，例如……""不过，这是我个人的意见，你们可以参考。""建议你们看看最近到的一份材料，是否有什么启发？"这些话，起了一种启发作用，主动权仍在下级手中，对方容易接受。

5. 布置任务，清晰明确

作为上级，向下属分配任务时，特别是对于新人，需要讲清楚下属将要完成的任务，并明确具体的要求。如果没有明确要求，也要向下属说明，让下属先根据自己的设想提出初步方案。

在电视剧《杜拉拉升职记》中，杜拉拉的上级领导安排她完成两件工作：第一，撰写年度优秀员工评选文案；第二，为评选出的年度优秀员工准备礼物。杜拉拉听后回答："没问题！"然后很快地写出了文案，并策划采用笔、本之类的文具系列作为获奖礼物，之后把文案报告和礼品策划拿给领导审查。出乎杜拉拉意料的是，上级领导对她的方案非常不满意，说道："这个评选文案很像感谢信，没有体现公司的企业文化。并且作为全球五百强企业，员工对于优秀员工评选具有很高的期望，这样的礼品和要求差距太远……"杜拉拉听后，只能不停地说："对不起！我没有问清楚。"

在上述案例中，领导在给杜拉拉布置工作任务时，并没有对工作结果提出具体要求，也没有说明要求策划文案和礼品符合公司的企业文化，所以在沟通中领导也具有一定的责任。

技巧训练

如何你是销售部门的主管，你发现新来的一位实习大学生最近几天心情不好，工作不主动，你将会如何与他沟通？

4.3.3 如何与同事沟通

智联招聘网曾发布的一项调查显示，在上海白领中，居然有近两成人坦然承认自己在职场没有真正的朋友，并且他们也不想跟同事成为朋友。他们认为，职场如战场，同事就是竞争对手，跟同事做朋友，只能是给自己埋下一颗定时炸弹，因为他（她）了解你的缺点，甚至还握有你的"把柄"。同事之间往往存在既合作又竞争的关系，很多时候还会出现利益冲突。

在中国的处世哲学中，中庸之道被奉为经典之道，中庸之道的精华之处就是以和为贵。同事作为你工作中的伙伴，难免有利益上的或其他方面的冲突，处理这些矛盾的时候，你第一个想到的解决方法应该是和解。毕竟，同处一个屋檐下，低头不见抬头见，如果让任何一个人破坏了你的心情，说不定将来吃亏的是你，而不是别人。与同事和睦相处，在上司眼中，你的分量将会又上一个台阶，因为人际关系的和谐处理不仅仅是一种生存的需要，更是工作上、生活上的需要。如果掌握了一定的沟通技巧，会让你与同事的关系更和谐。

1. 不要争辩，学会宽容待人

同事之间是平等的，得饶人处且饶人。俗话说得好：忍一时风平浪静，退一步海阔天空。不要为了一些小问题与同事进行争辩，要表现出豁达和大度。即使你在口才上占了上风，其实你损了他的尊严，这样很容易招来对方的记恨。

2. 不要炫耀，学会低调做人

不要在同事面前当众炫耀，包括对家境、婚姻、业绩等方面的炫耀。这样可能会带来妒恨。法国哲学家罗西法古说："如果你要得到仇人，就表现得比你的朋友优越；如果你要得到朋友，就要让你的朋友表现得比你优越。"在交往中，每个人都希望能得到别人的肯定。当我们让朋友表现得比我们优越时，他们就会有一种得到肯定的感觉，但是当我们表现得比他还优越时，他们就会产生一种自卑感，甚至对我们产生敌视情绪。因为谁都在自觉不自觉地强烈维护着自己的形象和尊严，如果有人过分地显示出高人一等的优越感，那么无形之中是对他自尊的一种挑战与轻视，同时排斥心理乃至敌意也就应运而生。

3. 不要"咬耳朵"，坦诚集体交往

在平时，不要老是和固定几个人说悄悄话，否则，你们两个也许亲近了，有些人还以为你们在搞小团体。所以，与同事相处时尽量保持中立，不说别人的坏话。

4. 不要探听家事，尊重同事

能说的别人自然会说，不能说的也别去深挖。每个人都有自己的秘密，有时人家不留意说漏了嘴，你也不要去探听，更不能去传播。有些人热衷于探听，事事都要了解得明明白白。你喜欢探听，即使什么目的也没有，人家也会忌你三分。

5. 关注细节，关心同事

互相关心表现在平时的点点滴滴，例如，"早上好！"，"您孩子今年考大学了吧？你会比较辛苦，可要多注意身体。有需要帮忙的说一声。""您要去购物啊，那我可以顺路送你一程。"多用"我们"，少用"我"。

> **技巧训练**
>
> 你刚到公司正式上班不久，就发生两位女同事吵架的事，当时正好只有你们三人在办公室，你该如何劝架呢？

4.3.4 如何与异性沟通

人类社会是由男性和女性组成的，在日常学习工作中，与异性交往应该注意如下几点。

1. 相互尊重，不要太豪放

男女交往言谈中要特别注意尊重对方。有时同性之间可以讲的话题，如果放到异性间来讲，就会显得不合适。如有的男性喜欢讲一些荤段子，若在女性面前随意这样开玩笑，就是对女性的不尊重。

2. 自然大方，不要太拘谨

异性交往应从容、自然、大方，不要矫揉造作。如果有一方比较拘谨，双方的交谈就无法进行了。看看以下的对话。

男士：李小姐已到桂林几年，对这里很熟悉了吧？

女士：是的，五年了。

男士：这个咖啡厅很有自己原创的特色，想来坐坐还得提前定位。

女士：是的。

男士：李小姐平时喜欢喝咖啡吗？

女士：还行。

男士：李小姐平时喜欢外出旅游吗？

女士：偶尔。

……

如果你是那位男士，你还能将对话进行下去吗？在交谈过程中，最忌一问一答式。谈话应该是两人思想的交流。

3. 寻找话题，不要太卖弄

在与异性交往中，如果想卖弄自己见多识广而讲个不停，丝毫不给别人以说话的机会；或者在争辩中有理不让人，无理也要辩三分，都会使人反感。当然，也不要总是缄口不语，或只是"嗯""啊"不已。如果这样，尽管你面带笑容，也会使人觉得你城府太深，使人扫兴。

男性、女性一般各有自己感兴趣的话题，因此，异性在交谈时应注意双方兴趣的交融性，如果只顾谈自己感兴趣的事情，而这些事情有可能正是对方不感兴趣或者非常讨厌的，那结果只会让对方感到不悦。

某公司刚来了一位哲学专业的女博士刘方，李然作为人力资源部的负责人接待了她。第一次见面大家都比较客气，李然非常真诚地说："您的到来，使我们公司增色不少，相信你能用你的哲学思想带领我们公司取得更好的业绩。"刘方听了这话自然很开心，把李然当成知音看待。以后几天，只要有时间就喜欢与李然共同探讨问题，几次下来，李然不得不找借口远离她。李然私下里无可奈何对好友说："口才太好了，口才太好了，一见面就大谈哲学问题，一开口就像失控的马达停不下来，真受不了。谁娶了这样的女人回家都不得安宁。"

总之，与异性沟通交流时需要遵循"自然"和"适度"两个原则。

技巧训练

你的一位异性客户想单独邀请你喝咖啡，可你对他（她）并无好感，你会应邀吗？该如何处理？

4.3.5　如何与陌生人沟通

与陌生人打交道是现代公共关系必不可少的。"一见如故"是与陌生人沟通的一把金钥匙，是成功交际的理想境界。无论是谁，如果具有跟大多数初交者一见如故的能耐，他就会朋友遍天下，做事就会左右逢源。怎样才能跟陌生人"一见如故"，变"生"为"故"？

1. 找共同点

世界上没有完全相同的两个人，也没有绝对相反的两个人。一般来说，对任何一个素不相识者，只要事前做一番认真的调查研究，都可以找到或明或暗、或多或少的相似之处。而当你在见面时及时拉上这层关系，就能一下缩短两者的心理距离，使对方产生亲切感。

1984年5月，美国总统里根访问上海复旦大学。在一间大教室内，里根总统面对一百多位初次见面的复旦学生，他的开场白就紧紧抓住彼此之间还算"亲近"的关系："其实，我和你们学校有着密切的关系。你们的谢希德校长同我的夫人南希，还是美国史密斯学院的校友呢。照此看来，我和各位自然都是朋友了！"此话一出，全场鼓掌。短短的两句话就使100多位黑发黄肤的中国大学生把这位碧眼高鼻的洋总统当成了十分亲近的朋友。接下去的交谈自然十分热烈，气氛极为融洽。

要找共同点并不难，可以从对方的职业、穿着、口音等外观的地方入手，当你对他有进一步了解后再深谈。

2. 善于观察

在公共关系中，会见陌生者时应当采取多种方式探听一下对方的职业、兴趣、性格、过去的历史等，如事先没有任何的了解，则可以察言观色。一个人的心理状态往往可以从他的行为或语言中看出蛛丝马迹。

如果拜访一个陌生人，在他的桌上摆放着他的全家福，说明他可能拥有一个美满幸福的家庭，那么话题可以从家庭成员开始；如果他摆放的是自己的艺术照，说明他的自我意识可能比较强，这时的话题应该围绕他来进行；如果他的房间摆放着比较多的绿色植物，则说明他可能是一个比较崇尚自然的人，自然、旅游、种植花木的话题就应该比较受欢迎。

3. 表达友情

饱含友情的语言最能拉近双方的距离，在公关交际当中，用三言两语恰到好处地表达你对对方的友好情意，或肯定其成就，或赞扬其品质，或同情其处境，或安慰其不幸，就会顷刻间暖其心田，感其肺腑，使对方油然而生一见如故、欣逢知己之感。

曾经出现过一个极具人情味的服务项目——全天候电话聊天。每个月有近两百名孤单寂寞者使用这个电话。主持这个电话的专家们最得人心的是第一句话："今天我也和你一样感到孤独、寂寞、凄凉。"这句话表达了对孤单寂寞者的充分理解，产生了强烈的共鸣，难怪许多人听后都掏出知心话向主持人倾诉。

4. 除其防备

在第一次拜访客户的时候，对方是存有戒心的，从根本上来讲有一种自然的排斥心理。实际上，这种心理活动与突然见到一个陌生人是一样的，很少有人马上敞开心扉。从这个角度来讲，无论客户拒绝还是存有戒心都是正常的心理活动，大可不必因为客户的态度而退缩。可以比较下面的两个推销酸奶的案例：

● 案例1

销售人员小金：您好，我是可美公司的业务员，我们公司最近推出一种纯酸奶，质量和口感都不错，给您这里放点货怎么样？

老板：哦，我这里酸奶已经有5个品种了，卖得都不错，暂时不需要。

销售人员小金：您还是进一点吧，我们这个产品是青藏高原的牛奶酿制的，纯度高、无污染，而且包装也不错，在其他地方卖得都很好，前面那个老板也进了我们的产品，您还是考虑一下吧。

老板：人家进了是人家的事，我这里暂时不需要。

销售人员小金：老板您看这样，您要是进了我们的产品，我以后给您多送点赠品……

老板：还是以后再说吧，我还忙，对不起了。

● 案例 2

销售人员小陈：请问您是刘老板吗？我是可美公司的业务员，经常路过您这里，每次都看到您忙忙碌碌的，生意一定不错吧？

老板：唉，马马虎虎吧。

销售人员小陈：其实每次都想给您打个招呼，因为前面的黄老板常常提到您。

老板：你跟黄老板认识？他说我什么？

销售人员小陈：是啊，我跟黄老板有业务来往，挺熟的。他说刘老板为人不错，生意也比他做得好，还让我有空跟您聊聊呢。这不，我刚才给黄老板补了些货，最近走得挺快。

老板：这个老黄，尽瞎说。对了，你做什么产品，给老黄那里经常送？

销售人员小陈：我们公司是做酸奶的，最近推出了新品，挺不错的。这是样品，您可以尝尝。

老板：口感还可以，包装也不错，价格怎么样？合适的话给我先放一点。

大家看了以上两个案例，有何感想呢？如果通过或利用一个中介人除其防备，这样与陌生人沟通就会比较顺畅。

技巧训练

你在客户的办公室遇见了他的母亲，你将如何与她交谈？

4.3.6 如何与媒体沟通

新闻媒体不仅是传播消息的载体，而且也是左右公共议题以及公众态度的影响因素。企业营销人员在媒体面前如何准确地传递重要信息，如何与媒体进行有效沟通越来越成为新时期营销人员的必修课。

1. 要真诚不要激怒媒体

真实是新闻的本质。公布的内容可以是不全面的，但绝不应该是错误的、虚假的。可以不说全部的信息，但说出来的信息绝对不能是谎话。不要激怒媒体，也不要被记者激怒，要沉着冷静。什么时候都不要与记者敌对，不管你喜不喜欢他，都要与他们友好相处；不要指望记者会保守秘密。好多事件发生时，消息不一定都是在官方场合获得的，往往是与内部人士接触时获得的；同时也不要与记者展开争论，因为越争论就越会让自己变得被动。

2. 要把握分寸和尺度

当作为企业方代表面对媒体时，代表的不是个人，而是整个企业；所面对的"记者"

也不是个人，而是代表公众与社会。营销人员要明白你之所以会引来大家的关注，是因为发布的内容备受瞩目，记者的采访不是测试你回答问题的能力，而是赋予你代表企业表达观点的机会。所以，营销人员应对媒体时不能嬉笑怒骂、调侃讽刺、随性发挥，而必须把握说话的分寸和尺度。

3. 要掌控话语权

话语权是影响和控制舆论的权力与能力，它决定公众舆论的走向。营销人员只要出现一定是伴随着相关背景事件的，媒体也好，公众也罢，心中一定是充满着某种期待的，如何去释惑，如何让人们正确地看待相关事件都需要靠领导的话语来完成。

4. 要把握首声效应。

新闻媒体对某一人物或事物的首次传播、报道，在受众头脑中形成了先入为主、根深蒂固的印象和烙印。首声效应在受众头脑中持续的时间最为持久，居于基础性地位和主导性地位。因此要特别重视第一时间、第一声音、第一报道、第一现场等，这些均属首声效应范畴。

2022 年 3 月 15 日晚，央视"3.15"晚会点名了一大批企业和商家。从入口的老坛酸菜到出行的电动自行车，从直播电商消费到平台软件陷阱……侵害消费者权益的曝光延伸到社会生活的方方面面。

央视"3.15"晚会曝光湖南某菜业有限公司从外地收购"土坑酸菜"且不对卫生指标进行检测，立即引发网友巨大反响。该菜业公司官网介绍，公司与康师傅、统一等一大批知名企业建立有产品代加工和原料直供等方面的战略合作关系。

（看看被曝光的企业事后是如何回应的。）

3 月 16 日凌晨，康师傅发布声明致歉称：该菜业有限公司是其酸菜供应商之一，已立即中止其供应商资格，取消一切合作，封存其酸菜包产品，积极配合监管部门调查和检测。此次事件辜负了消费者信任，深表歉意并将引以为戒。

3 月 15 日晚，统一企业（中国）投资有限公司在官网发文致歉称，最近五年内，该菜业公司已不再是酸菜包原料的供应商，同时，公司已于第一时间对相关的酸菜包产品全部进行了封存，并在市场监管局的参与下一起进行质量检测。

此前还有媒体报道称白象食品将该菜业公司列为原材料供应重点企业，白象食品也在微博评论里否认："一句话：没合作，放心吃，身正不怕影子斜。"今麦郎也在深夜回应称，在第一时间通过大数据系统追溯，自建厂以来，今麦郎企业从未与点名的 4 家企业有过任何采购合作。

本章小结

语言是人际思想交流的工具，良好的口才在公关活动中可以起到不可估量的作用。因此有人讲，口才是智慧、是知识、是才干、是力量、是财富，你要想在公共关系中立于不败之地，必须有好口才。

● 公关口才要遵循真诚、得体、适境、有情、有效五个原则。

● 公关口才中学会灵活运用委婉、模糊的语言技巧。

● 与领导沟通时注意掌握不卑不亢、了解上级、选择时机和词语恰当的技巧。

● 与下属沟通时注意掌握有的放矢、自然得体，态度和善、用词礼貌，亲切民主、善于激励，掌握分寸、留有余地，布置任务清晰具体的技巧。

● 与同事沟通时注意掌握不要争辩、不要炫耀、不要"咬耳朵"、不要探听家事、互相关心的技巧。

● 与异性沟通时注意掌握相互尊重，不要太豪放；自然大方，不要太拘谨；寻找话题，不要太卖弄的技巧。

● 与陌生人沟通时注意掌握找共同点、善于观察、表达友情、除其防备的技巧。

● 与媒体沟通时要真诚不要激怒媒体，要把握分寸和尺度，要掌控话语权，要把握首声效应。

口才训练营

实训 4

自由训练：我是领导

实训目的：掌握与下属沟通的技巧。

地　　点：教室、寝室或室外。

训练内容：假定你是一位公司新上任的部门经理，邀请几个同学扮演你的下属，作为领导，你上任后和大家进行第一次见面交谈。

谈完后请同学们写下他们的心理感受，对照自己交谈时想要达到的目的，找出自己语言上不符合身份的地方。

自由训练：与陌生人交谈

实训目的：掌握与陌生人交谈的技巧。

地　　点：旅途中或公众集会。

训练内容：尝试用5分钟交个朋友。例如，在某次公众集会或乘车旅行时，选择一位交际对象与之交谈。要有勇气、信心，并运用沟通技巧。当然，交友要善于观察，不可不慎。

课堂训练：与领导沟通

实训目的：掌握与领导沟通的技巧。

地　　点：教室。

训练内容：设想你是一个科研所的研究人员，因专业不对口，欲调离原单位，但又担心所领导不同意，况且所领导一直关心你的成长，送你到外地培训多次，你怎样开口向所领导提出自己的要求？

游戏 4

形式：个人表演。

时间：45 分钟。

道具：职业列表。

场地：室内。

目的：让学生了解不同职业的语言习惯特点，掌握它们的差别。

程序：

（1）请你从以下八个不同角色中选择一个写在纸上，并作为你的职业或基本情况进行自我介绍（介绍前请将纸交给教师）。

（2）你有一分钟的时间进行介绍，介绍过程中禁止出现你所选择的职业，介绍完后由同学们根据你的自我介绍判断你的职业（以此评价你的自我介绍是否符合你所选择的职业）。

（3）职业：

电视节目主持人　　　　　　　　足球解说员

神父　　　　　　　　　　　　　电台节目主持人

电视新闻播音员　　　　　　　　你选择的电影明星

又老又落伍的新上任校长　　　　房地产销售商

总结：学生不要事先泄露自己选择的职业，应该完全由同学们根据他在语言中流露出的特点来猜测。可以设置一些奖励或处罚措施，鼓励学生寻找不同职业的语言特色。

口才加油站

阅读材料 6

专访张艺谋冬奥会主创团队

2022 年北京冬奥会以一场更加简约但充满感动的闭幕式，为这届注定载入史册的冬奥会圆满收官。

闭幕式总导演张艺谋及主创团队成员接受记者专访，详解温暖与感动背后的故事。

"闭幕式与开幕式总体上一脉相承，有不少'熟悉的陌生人'。"张艺谋举例说，在开幕式用希腊语演唱奥林匹克会歌的 40 多名河北阜平山区的孩子，在闭幕式现场再次登场表演。开幕式中，他们身着喜庆的红色衣服，闭幕式上，则改穿青花瓷样式的衣服，像一个个冰雪小精灵。"曾经生活在贫困山区的他们如今成功脱贫，这既体现脱贫攻坚的成果和共同富裕的决心，更表达出了冰雪冬奥'更团结'的主题。"

"'冬梦'从纯色冰晶幻化为斑斓的彩色，舞台和观众席上 2 万只灯笼立刻随之被点亮，闭幕式在一片绚烂灯火中拉开帷幕。"闭幕式导演沙晓岚说，"点亮会徽，既点亮了冬奥会的宗旨，也点亮了舞台、温暖了冬夜。"

闭幕式舞蹈总监、分场导演张文海说，"我们特意设计志愿者引导员手持灯笼，既烘托温暖欢庆氛围，也指引运动员在整齐行进中逐渐构成'中国结'的画面。""'中国结'代表美好的祝福，也寓意连接和联通。各代表团运动员在中国经历 16 天的比赛、生活，形成了新友谊、构建起新桥梁，彼此间拉进了距离，让奥林匹克大家庭更团结。"沙晓岚说。

"这是用光和爱铸就的生命丰碑，庄严而伟大。所有人仰望光束，仿佛在与逝去的生命对话。"张艺谋介绍，"当光束由白转绿，素白的冰雪地面瞬时被晕染成清嫩的绿色。昔我往矣，杨柳依依。人们在绿意中徜徉，对生命的告别缅怀和爱意久久不绝，生生不息。"

"冬奥会闭幕，圣火其实没有熄灭，因为更多火种已化作雪花，伴风入夜，飘散到每个人的心里——一曲笙歌毕，千门灯火莹。今宵挥别后，一起向未来！"张艺谋道出他对闭幕式的理解。

阅读材料7

张瑞敏在海尔集团重大专题会议上的讲话（节选）

（以下为2022年3月31日，张瑞敏在海尔集团重大专题会议上的讲话节选。）

我们今天召开这个会议的目的是，研究"外部高度不确定性形势下的确定性战略"。

这种高度不确定性的环境，就像"无常"。所有的一切，只有"无常"没有"恒常"；所有的一切，都不是"我"能主宰的。在这种情况下，我们应该怎么做呢？我认为，还是要按"三易"原则来应对——"变易""不易""简易"。具体来说，"变易"指外部环境的变化并不是我们能决定的，但我们可以在变化中形成自己的定力，这个定力就是"不易"，也就是采取外部高度不确定性形势下的确定性战略，然后用"简易"的方式去迅速落地。

"不易"或者说确定性的战略，到底是什么呢？它应该是公认的、不变的规律。比如，人的生命一定会终结，只不过谁也不知道哪一天终结。所以，人不可以去和必死的规律抗争，就像鲁迅先生在1919年所说的，"做了人类想成仙；生在地上要上天"，妄图长生不老是没有意义的。在有限的生命里，我们改变不了生命的长度，但可以改变生命的高度和宽度。

企业也是一样，不可能长生不老，树不能一直长到天上去。但是，我们可以使企业不断地适应时代变化而进行转型，每一次转型相当于对原来的企业的一次扬弃，属于过去时代的那个企业死掉了，适应VUCA时代的将企业获得新生（Volatility 易变性、Uncertainty 不确定性、Complexity 复杂性、Ambiguity 模糊性）。我们现在向生态转型，就是在物联网时代的一次扬弃与新生。

我们还要明白一件事，"人的价值最大化"没有终点，永远在路上。我们要做的，就是建立一种机制，一种能够实现价值循环、不断地向更高的价值升级与循环的新机制。

关于价值循环，最好的表述可能要追溯到中国明代的心学大师王阳明那里。王阳明的核心思想，一般被称为"阳明三纲"：心即理、知行合一和致良知。

心即理。每个人心里都有对天道的认同。每个人的自性中都有潜在的天道，问题是怎样发现和彰显出来。对我们海尔来说，每个人都是一个宝藏，要把它发掘出来，当然，发掘宝藏要靠好的机制。做得好的链群，一定是每个人的潜在价值发挥出来了；做得有问题的链群，一定是没有把人的价值发挥出来。

知行合一。"心即理"体现出每个人都可以"知"，但要给他一个场地让他的"知"在行动上表现出来，就是知行合一。对海尔来说，一定要给小微创造创业的好环境，让他们充分发挥自己的才能。"圣贤须在事上磨"。过去说圣人、贤人，往往就是指有文化、有知识的人，但王阳明说"事功即学问"。如果在实际当中没做出贡献，你的学问就是空的、就是假的。"心即理""知行合一"连起来，每个人都有潜在的价值，需要一个场景让他表现出来，表现出来的就是创造用户价值。

致良知。每个人都是价值的主体，都可以"成圣""成贤"。王阳明说，"心中有良知，满街皆圣人"。谁都可以成为"圣人"，因为你是价值主体、是自主人，这也是德鲁克所说的，每个人都是自己的CEO（首席执行官）。

以上的这个价值循环，可以概括为：价值归宿、价值体现、价值主体，但要让其无穷循环则需要使链群合约的机制成为必要条件。

第一，心即理，就是价值归宿。潜在价值的归宿不在别人那里，而在每个人自己的心里，就看能否挖掘出来。

第二，知行合一，就是价值体现。要给每个有潜在价值的人一个场景，让他能够做出一个实际的成果来体现独特价值。

第三，致良知，就是价值主体。每个人都是自己的主人，每个人都可实现价值最大化，都可体现自己的尊严。"阳明三纲"看似和企业管理没什么关系，但它却道出了企业管理的根本。

友情推荐 4

1.《30 天掌握一流公关口才》（华平生．中国经济出版社．2013）
2.《卡耐基口才课》（刘文秀．中国法制出版社．2015）

第 5 章
商务谈判口才

【微课–交易谈判】

知识要点

❖商务谈判口才概述

❖商务谈判口才技巧

能力要点

❖叙述的语言技巧

❖倾听的语言技巧

❖提问的语言技巧

❖应答的语言技巧

❖论辩的语言技巧

导入案例

买　画

两个外地人在阳朔街头向同一位画家买画。

第一个外地人问："这幅画多少钱?"

画家说："50元。"说完后发现这个人没什么反应,心里想:这个价钱他应该能够承受。于是接着说:"50元是黑白的,如果你要彩色的是80元。"这个人还是没什么反应,他又说:"如果你连框都买回去是100元。"结果这个人把彩色画连带框买了回去,以100元成交。

第二个外地人问价时,画家也说50元。

这个外地人立刻大声喊道:"隔壁才卖40元,你怎么卖50元?画得又不比人家好!"

画家一看,立刻改口说:"这样,50原本是黑白的,您这样说,50元卖给您彩色的。"

> 生存,就是与社会、自然进行的一场长期谈判,获取你自己的利益,得到你应有的最大利益,这就看你怎么把它说出来,看你怎样说服对方了。
>
> ——约克·肯(哈佛大学教授、美国语言学家)

外地人继续抱怨:"我刚刚问的就是彩色的,谁问你黑白的?"结果他用50元既买了彩色画,又带走了相框。

同样的商品、同样的卖者,由于不同的应对策略,结果却相差这么大!你是否也想成为这样的谈判者?当然,要成为谈判专家并不是一件容易的事。不过要成为谈判专家的第一件事,是先学习有关的谈判理论知识和前人总结出来的谈判技巧。

5.1 商务谈判口才概述

> 说话是节奏,对话是运动。
>
> ——奥斯汀·罗夫特(哈佛大学谈判专家)

5.1.1 商务谈判的含义

何谓谈判?谈判是一种以自己已有的社会地位与力量作为基础,正确运用社交和口才技巧来影响他人或集体的行动,从而达到自己预定目标的活动。美国一位谈判学会会长曾经说过,只要人们为了取得一致而磋商协议,他们就在进行谈判。这样看来,生活中无处不存在着谈判,世界就像是一张巨大的谈判桌。可想而知,掌握谈判技术是何其重要。作为一名营销人员,主要的任务就是商务谈判。

商务谈判是买卖双方为实现某种商品或劳务的交易就多种交易条件进行的协商活动。商务谈判是现代社会经济交往的起点,已经在经济业务中显示了强大的魔力,在未来的经济交往和对外经济业务活动中,对于促进商务贸易的成功将起决定性的作用。

5.1.2 商务谈判的原则

Q品牌出身浙江义乌,是个相对成熟的皮具品牌,由此品牌衍生出来的系列产品大多都会受到代理商们的青睐。Q品牌瞄准了势头正旺的休闲男装市场，并召开了一个招商洽谈会。因为Q品牌这次产品组合得不是很成功，价位有点偏高，而公司的政策也没有什么优惠，加盟保证金最少要10万元，所以，Q品牌区域经理与两个大客户的谈判过程就需要用到谈判技巧。

区域经理："我只是一个区域经理，真正有权签约者是营销副总C，我们今天只是谈谈，山东与陕西来的客户比较多，公司还是要有所选择的……当然，在我个人心目中，你们二位是最优秀的。你们做不好的市场，别人也不可能做得好。"

山东客户："这次来这么多客户，公司肯定得选择最好的。以我们的市场经验，我们做不好的市场，恐怕别人也很难操作。今天我们也看了Q品牌产品，说实话，产品缺陷还是比较大的，时尚型太前卫，常规型太保守，价格又高，而且你们的政策一点都不优惠……不过，既然我们来了，而且和您也很投机，所以，如果条件宽松，还是可以考虑做的。"

区域经理："你们认为加盟一个品牌，是一个产品重要、优惠政策重要，还是品牌的可持续发展重要？"

陕西客户："品牌的发展前景是很重要，但是我们不可能等，做生意就是要挣钱，画张饼说以后怎样好是空的。你目前的产品确实存在不少问题，而且Q品牌又是新品牌，消费者要有个认知过程，做起来真的很难……"

区域经理："现在我们已经达成了三点共识，一是加盟一个品牌，它的发展前景最重要，产品与政策相对要弱一点，是不是？"（两位都点头称是）

区域经理："Q品牌现在推出的产品确实有不足之处，C总（营销副总）自己也说产品组合有欠缺。但公司第一次推出的产品，很难做到尽善尽美，有缺陷不怕，只要发展思路对，改起来也很快。现在是11月，产品要在明年3月以后才上市。就算把所有样衣打倒重来，在时间上也还来得及，何况我们产品只是部分不足，大部分是好的，是不是？"（两位都点头称是）

区域经理："公司开发产品的时候，不知道会有什么样的代理商，不知道哪个市场是重心，虽然公司有计划、有调研，但同一个市场，不同的代理商，对产品的需求也有不同，是不是？"（两位都点头称是）

区域经理："现在假设我们签约成功了，你们明天开始订货，我敢打包票，起码60%的产品你们会下单，是不是？"（两位表示同意）

区域经理："还有40%的产品怎么办呢？你们要提出自己的想法来，与产品研发部人员交流探讨，因为你们最了解当地市场。如果你们的意见好，公司为什么不采纳呢？公司也要获利是不是？"

山东客户："对呀！公司就是要多听听下面的意见，不要自以为是！我现在做的那个品牌，什么都好，就是有些时候意见提上去听不到回音，我们提意见都是为了公司好，公司好我们代理商才会挣钱，哪有把自己的钱拿来玩的！"

陕西客户："我们在一线，每天与经销商、消费者打交道，他们有什么需求，我们代理商最先了解。你们公司推销员下去做调查，一天就是一天，一个星期也就是一个星期，了解的都是表面的东西。要是真能做到你说的这样，肯定能好起来。"

在上述谈判过程中，双方始终都围绕着谈判的原则来洽谈，所以，整个谈判过程中虽然不见刀光剑影，却时刻显示出谈判者良好的素质和口才。

要掌握好商务谈判口才，必须掌握以下的谈判原则。

1. 知己知彼。
2. 互惠互利。
3. 平等协商。
4. 适当让步。
5. 就事论事。
6. 突出优势。
7. 集中主题。
8. 团队作战。

> 谈判的目的不是输赢、单赢，而是双赢、多赢。

1. 知己知彼

《孙子兵法》里的"知己知彼，百战不殆"众所皆知。在商务谈判中这一点尤为重要，对对手的了解越多，越能把握谈判的主动权。了解对手时不仅要了解对方的谈判目的、心理底线等，还要了解对方公司的经营情况、行业情况、谈判人员的性格、对方公司的文化、谈判对手的习惯与禁忌等。这样便可以避免很多因文化、生活习惯等方面的矛盾，对谈判产生额外的障碍。还有一个非常重要的因素需要了解并掌握，那就是其他竞争对手的情况。例如，一场采购谈判中，我们作为供货商要了解其他可能和我们谈判的采购商进行合作的供货商的情况，还有其他可能和自己合作的采购商的情况，这样就可以适时给出相较其他供货商略微优惠一点的合作方式，那么将很容易达成协议。如果对手提出更加苛刻的要求，我们也就可以把其他采购商的信息拿出来，让对手知道，我们是知道底细的，同时暗示，我们有很多合作的选择。反之，我们作为采购商，也可以采用同样的反向策略。

2. 互惠互利

商务谈判是所有销售工作中不可或缺的关键一环，很多人能将销售工作做得很好，但一提到谈判就如鲠在喉。谈判既是矛，也是盾。进，可攻击对手；退，可保护自己。使自己的利益最大化是每一个谈判者的最终目标。但每个谈判者都应该牢记：每次谈判都有潜在的共同利益，只有围绕着共同利益，才可以使谈判顺利进行下去。

因为谈判一直被视为一种合作或为合作而进行的准备，因此，谈判的结果应满足谈判各方的合法利益，既要能够公平地解决谈判各方的利益冲突，还要考虑符合公众利益。以发展的眼光看，商务上的合作关系会带来更多的商业机会。谈判最忌讳以己方观点漫天叫价。谈判时，也应多为对方着想，将心比心，这样会带来皆大欢喜的双赢结果。如果谈判过程中充满火药味，双方各持己见、互不相让，就很难成功。

3. 平等协商

谈判各方在地位上应平等一致、相互尊重，不允许仗势压人、恶语相向。谈判各方在谈判中应通过协商求得双赢，而不是通过强制或欺骗来达成一致。

4. 适当让步

任何一次商务谈判，都没有绝对的胜利者和绝对的失败者。相反，有关各方通过谈判，多多少少总会获得或维护自身的利益。也就是说，大家在某种程度上通过彼此妥协、互相让步来达成双方都可以接受的结果。在商务谈判中，为了达成协议，让步是必要的。但是，让步不是轻率的行动，必须慎重处理。成功的让步策略可以起到以局部小利益的牺牲来换取整体利益的作用，甚至在有些时候可以达到"四两拨千斤"的效果。

5. 就事论事

商务谈判过程中的一个重要原则就是"就事论事"。无论双方为了维护各自的利益争论多么激烈，也不管讨价还价多么苛刻，但对对方始终应以礼相待，绝对不能话不投机就恶言相向，甚至进行人身攻击。"买卖不成仁义在"，要从长远的角度考虑问题。

6. 突出优势

对对方立场、观点都有初步的认知后，再将自己在此次谈判事项中所占有的优、劣势和对方的优、劣势进行严密周详的列举，尤其要将己方优势，不管大小新旧均全盘列出，以作为谈判人员的谈判筹码。而己方劣势也要特别注意，以免仓促迎敌，被对方攻得体无完肤。

7. 集中主题

谈判会令人变得不知所措，客户经常会因为没能取得丝毫进展而沮丧。这时候，关键就在于保持头脑冷静，注意客户的言语及神态，并且耐心等到平静时，总结谈判所取得的进展。例如，把话题重新引到你所期望的主题中来，可说："我们已经在这些问题上花费三个小时了，现在，我建议重新回到付款条款上来，看看是否能达成一项公平合理的解决方案。"

8. 团队作战

商务谈判也像乒乓球比赛一样，不仅有单打、双打，还有混合双打。凡是重要的商务谈判，往往都是"团体赛"。商务谈判的团体赛除了个人技术水平的发挥，更重要的是配合默契的团体技术。常言说"家有千口，主事一人"，在一个谈判团体中，一定要有一个核心，所有的参与者都要为这个核心服务，一旦核心出现语误或漏洞，配角要能为其圆场。在商务谈判的团体赛中，只有各种角色的默契配合，才能演出有声有色的精彩剧目。

谈判是"谈"出来的，主要是运用口语来表达自己的观点、意见和意向，所以，谈判的成败在很大程度上取决于谈判者的谈判口才。

5.1.3 商务谈判的特点

1. 目的性强。
2. 过程严密。
3. 随机应变。
4. 沉着冷静。

> 谈判是实力与智慧的较量、学识与口才的较量、魅力与演技的较量。

1. 目的性强

商务谈判重视谈判的经济效益。爱因斯坦曾说过，人是一种计算的动物。在谈判桌上，人们无时无刻不在计算自己一方获利的程度。所以，人们通常以获取经济效益的多少来评价一项商务谈判的成功与否。不讲求经济效益的商务谈判没有任何价值和意义。

2. 过程严密

商务谈判的结果，最终由双方协商一致的协议或合同体现。合同条款实质上反映了各方的权利和义务，合同条款的严密性与准确性是保障谈判获得各种利益的重要前提。如果在拟订合同条款时，没有注意合同条款的完整、严密、准确、合理、合法，其结果会被谈判对手在条款措辞或表述技巧上引入陷阱，这不仅会将到手的利益丧失殆尽，而且还要为此付出惨重的代价。因此，在商务谈判中，谈判者不仅要重视口头上的承诺，更要重视合同条款的准确和严密。

3. 随机应变

战场状况瞬息万变，谈判桌上需随机应变。虽说诸葛亮神机妙算，但人算不如天算，总有考虑欠周、失算之处。谈判时，如出现对手突有神来之笔，超出己方假设的状况，己方人员一定要会随机应变、见招拆招。实在无法招架、手忙脚乱时，应先施缓兵之计，再图谋对策。

4. 沉着冷静

古语云："病急乱投医。"在谈判中要时刻牢记"戒骄戒躁"，尤其在剑拔弩张、激烈火爆之际，更要沉着冷静。因为，谈判中常会出现打持久战的情况，如进行四五个小时，连上厕所的时间都没有。所以，谈判前要将"耐心"带足，准备充分。请看下面这位印度画商的"耐心"有多充足。

一位美国商人看中了印度画商带来的三幅画，标价均为2500美元。美国商人不愿出此价钱，双方各执己见，谈判陷入僵局。终于，那位印度画商被惹火了，怒气冲冲地跑出去，当着美国人的面把其中的一幅画烧掉了。美国商人看到这么好的画被烧掉，十分心疼，赶忙问印度画商剩下的两幅画愿意卖多少价，回答还是 2500 美元，美国商人思来想去，拒绝了这个报价，这位印度画商心一横，又烧掉了其中一幅。美国人只好乞求他千万别再烧掉最后那幅画。当美国人再次询问这位印度画商愿以多少价钱出售时，卖主说："最后这幅画只能是三幅画的总价钱。"最终，这位印度画商手中的最后一幅画以 7500 美元的价格拍板成交。

在这个故事里，印度画商之所以敢烧掉两幅画，是因为他确信，美国商人是真心喜欢这三幅画的。当然，在这次成功的谈判中，依靠的不仅是耐心，更重要的是谋略。"谈判"是一个复杂的心理斗智过程，需要谈判者具有深厚的知识积累、良好的语言表达、得体的肢体动作，只有不断地总结经验，方能使自己的谈判水平日趋成熟。

5.1.4 商务谈判的语言特点

1. 针对性要强。
2. 表述要婉转。
3. 适应性要强。
4. 反应要灵敏。

谈判的成功取决于多种因素，如彼此的实力、资料的准备、谈判的状态，特别是谈判的策略。要使谈判的目的得以实现，就得讲究策略，这些策略的实施主要靠语言艺术，这是促成谈判的重要因素。从某种意义上说，谈判既是心理战，也是口舌战。商务谈判过程中使用的语言与一般场合使用的语言有很大区别，商务谈判语言独具特色。

1. 针对性要强

由于谈判对象的性别、年龄、文化程度、职业、性格、兴趣的不同，接受语言的能力和习惯使用的谈话方式也完全不同。在商务谈判时，针对不同的商品、谈判内容、谈判场合、谈判对手，有针对性地使用语言，才能保证谈判的成功。语言工作者发现，男性运用语言理性成分较多，喜欢理性思辨的表达方式，而女性则偏重情感的抒发，使用情感性号召效果明显；性格直爽的人说话喜欢直截了当，对他们旁敲侧击很难发挥效用，而性格内向又比较敏感的人，谈话时喜欢琢磨弦外之音，甚至无中生有地品出些话里没有的意思来。如果在谈判中无视这种个人差异，想怎么说就怎么说，势必难以取得良好的效果，进而影响谈判的顺利进行。

2. 表述要婉转

谈判中应当尽量使用委婉语言，这样易于被对方接受。在这种情况下，谈判对手有被尊重的感觉，认为反对这个方案就是反对他自己，因而容易达成一致，获得谈判成功。有人曾用一句名言来形容谈判："合作的利己主义"。这句话尽管不能作为谈判的科学定义，却在某种意义上生动形象地表述了谈判的一种特质，这就是合作与冲突的双重性。因此谈判的双方既不能摒弃竞争，也不能拒绝合作，这样，双方为了达成某种协议，在语言表述时不得不委婉相待。委婉的语言有时比直接明了的语言更有用。语言委婉有时可以起到绵里藏针的作用，这是一种比较高级的谈判技巧。

某洗发水公司的产品经理，在抽检中发现有分量不足的产品，对方趁机以此为筹码不依不饶地讨价还价，该公司代表微笑着娓娓道来："美国一专门为空降部队伞兵生产降落伞的军工厂，产品不合格率为万分之一，也就意味着一万名士兵将有一个在降落伞质量缺陷上牺牲，这是军方所不能接受和容忍的，他们在抽检产品时，让军工厂主要负责人亲自跳伞。据说从那以后，合格率为百分之百。如果你们提货后能将那瓶分量不足的洗发水赠送给我，我将与公司负责人一同分享，这可是我公司成立8年以来首次碰到使用免费洗发水的好机会。"

遇到这样的情况，委婉地表达不仅转移了对方的视线，还讲明了拒绝的理由，于是对方没有再不依不饶地讨价还价。

3. 适应性要强

俗话说"到什么山上唱什么歌""什么时候说什么话"，就是告诉人们，说话一定要适应特定的语言环境。所谓语言环境主要是语言活动赖以进行的时间和场合等因素，也包括说话时的前言后语。语言环境在某种特定的条件下，还可以当作谈资，谈判者利用它，突出主题的表达。例如，如果谈判在某一个具有纪念意义的日子和具有特殊意义的地点进行，谈判者就可以在说话时将它和谈判内容联系起来，让环境帮助自己说话。

4. 反应要灵敏

《孙子兵法》里说："兵无常式，水无常形，能因敌变化而取胜者，谓之神。"谈判形势的变化也是难以预料的，尽管谈判双方事先都做了充分的准备，制定了一整套对策，但是，因为谈判对手说的话谁也不能事先知道，所以任何一方都不可能事先设计好谈话中的每一句，具体的言语仍然需要谈判者临场组织，随机应变。

四名大学生为开一家精品时尚外贸店，与前店主进行了一场谈判，看似并不复杂的谈判过程，其实充满了技巧和智慧。

谈判背景：卖家面临房租到期的状况，铺面急于出手。四名大学生向卖家提出盘店意向。盘店，指从前店主处接手店铺进行租用的行话，店铺转让的下家是必须向原店主交盘店费的（店铺之前的装修成本等），租金另算。值得注意的是，如果前任店家的租用期到了，无人向其租用，只能退出，新店主向房东直接租门面只准备房租即可。

卖家：我们的店内装修成本将近2万元，包括水电、墙面、地板、货架、付款台及其他金属装饰品等。

大学生：店面装修的确是有特色和个性，但是我们无从考证装修的成本，更何况目前的装修风格不一定适合我们。所以请介绍一下该店铺的其他方面。

卖家：那你们打算经营什么产品？

大学生：我们都是跳街舞的，开店也主要是搞街舞用品和轮滑用品之类的时尚产品。

卖家：你们跳街舞最重要的就是服饰，这店以前就是做服饰的，你们接手以后可以直接做。并且不是每个人都喜欢那种夸张的风格，你们还是应该卖一些比较大众的外贸服装，现在店里的货你们就可以直接拿去卖。我在广东和成都等地都有货源，开店以后，可以帮你们拿货，渠道短保证最低价。

大学生：不过这里位置太偏了，在整条街的尾巴上，而且是个拐角怎么会有客流？

卖家：这里的金源广场马上就要竣工，到时玛利影院、德克士等会入驻进来，这里将会成为商业中心，不用担心客流。

大学生：离广场竣工还有一段时间，如果有那么长一段时间的萎靡期，我们为什么不选择一个开店就能赢利的地理位置呢？

卖家：你们多虑了，该铺面是个黄金口岸！

（双方在认定铺面价值上陷入僵局。）

大学生：那这个店铺，你打算卖多少钱？

卖家：……如果付渠道费，那我将最低成本给你们供货；如果付了货款店里一切物品都是你们的；如果只是铺款，就只给你们空铺。

大学生：首先，我们不能保证你供的货是否符合我们的要求；其次，我们无法确定你拿货的价格水平；第三，我们不认为铺子值那么多转让费，并且马上就到6月份了，有些学校已经放假了。到7、8月份暑假根本就没有利润，我们认为你的报价太高了。

卖家：你们认为多少钱合适？

大学生：目前最多拿出2000元，并且我们十分想要你的渠道……

卖家：到哪里2000元也找不到一个像样的铺子。

大学生：如果那么贵的价钱，我们可以找其他地理位置更好的铺子。

卖家自知铺租即将到期转而以恳切的态度谈判。

卖家：你们最多能给多少钱？2000元真的太低了。

……

经过几轮谈判，四位大学生最终以3000元转让费成交，并获得货品和渠道，而且是先付2000元，1个月后再支付1000元。

5.2 商务谈判口才技巧

谈判中的信息传递与接收需要通过谈判人员之间的叙、听、问、答、看、辩及说服等方法来完成。

5.2.1 叙述的语言技巧

C公司是一家经营工业品的公司，业务比较繁忙。其幕后股东是国内某大型企业集团，但该情况并不为外界所知。公司由于业务发展的需要，原有的办公地点已不适合公司日益扩大的业务发展和管理要求，需要租赁办公楼。但总公司有严格的预算管理，希望年租金不超过8万元。

公司的行政总监经多方实地查看和比较，最后看中了省进出口集团公司综合性办公大楼中的一套，但集团公司的后勤管理处按照以前的出租条件，对该套房年租金要求是11万元。为了能以8万元的代价达成协议，C公司的黄小姐先去进行了试探性的商谈。

集团负责人：我们这套房子上一家公司的租金就是11万元，所以你们来了租金不能低于这么多。

黄小姐：我们公司规模小，且这一两年也没什么利润，公司不可能租这么贵的房子。你们优惠一点租给我们吧！

集团负责人：这不行，我们一直是这样的价钱。并且这几天也有其他公司的人看过了，我们不担心租不出去。

黄小姐：我们公司的预算只有8万元，不能出这样的价钱，还是希望你们能考虑我们公司，以优惠的价格租给我们。

集团负责人：不行！

（黄小姐失败而归。C公司于是派出行政总监进行谈判。）

行政总监：周处长，您可能还不太了解我们公司，实际上我们公司是××集团下面的控股公司，但集团公司由于某种原因，不便向外公开。××集团您是知道的，可以到网上看看其相关报道，是国内非常著名的企业集团。

集团负责人：哦，你们是××集团的，那黄小姐怎么跟我说你们公司规模小、利润低呀？

行政总监：那是因为我们刚进入湖南市场，市场刚开始启动，但我们的发展速度非常快，您要是租给我们的话，我们会在近几年长期稳定地租下去，这样你们就不需要经常寻找新客户了。别忘了，上一家公司就是因为经营不善无法维持而退租的。

集团负责人：对你们优惠一点可以，但8万元实在是太低了，总公司肯定不能接受。

行政总监：我看见你们办公大楼内还有酒店，也属于你们后勤处管理吧？

集团负责人：对，正常对外营业。

行政总监：我们经常有省内外的客户及总公司人员过来，每年的住宿费和招待费不下十几万元。如果我们以后安排所有的客户和公司过来的出差人员都住在你们酒店，有相关的宴请招待也在该处，对你们酒店的生意就会帮助非常大。

集团负责人：这倒是，以后在我们酒店消费可以办理会员卡，享受优惠。那既然你们公司这么大，业务也很好，怎么只出8万元呢？

行政总监：我们集团是一家以财务管理见长的公司，每一项开支公司都有严格的预算，也正是因为如此严格而科学的管理，我们集团才发展得如此之快。另外，我看你们大楼的人气也不旺。如果我们进驻的话，我们集团间频繁的高层人员往来一定会提升你们办公大楼的人气和档次。

最后，双方以8万元的年租金成交。

谈判中的述说是指谈判一方为了实现自己的利益通过陈述来表达对各种问题的具体看法的一个环节。在这个环节中既表达了自己的意见又传递了大量的信息，因此，谈判者能否正确地运用叙述技巧，将会影响谈判的结果。

一般来说，谈判的述说主要把握以下几个技巧。

1. 内容要真实、客观

谈判者的每一句话或所列举的每一个数字，都将代表企业的观点，所以，在商务谈判陈述前一定要对所需陈述的内容进行仔细斟酌。在叙述时要本着客观真实的态度，不要夸大事实真相，同时也不要掩盖实情。如果万一被对方发现自己对事实真相加以掩饰或修饰，哪怕是一点点破绽，也会大大降低自己企业的信誉，从而削弱本方的谈判实力。

2. 结构要严谨、紧凑

商务谈判中的叙述不同于日常生活中的闲聊，切忌语无伦次、东拉西扯、没有主次、结构混乱，让人听后不知所云。边叙述边察言观色，尽量使叙述完整而不拖拉、简洁而又清晰。

3. 用词要简洁、准确

谈判中，要尽量使用通俗易懂的语言进行叙述，少用专业语言，以简明惯用语言解释、表达。不要谈与主题无关的事，否则会显得没有诚意，所说内容要与资料相符合。在叙述中，要特别注意数字的表达，如价值、价格、兑换率等词语。

4. 态度要谦和、诚恳

因为谈判的最终目的是为了双方达成一定的协议，所以，在叙述时要表现出极大的诚意。

5. 巧用沉默

沉默本身就代表着一种陈述，这会使对方不得不借着回答你的问题，或者借着提出新建议来打破这种沉默。

5.2.2 倾听的意义和技巧

调查研究发现，沟通中行为比例最大的是倾听，而不是交谈或说话。

1. 倾听的重要意义

（1）倾听是一种尊重，能够调适人际关系，缓和矛盾冲突。

美国现代心理学家马斯洛认为，获得"尊重"的需要是人的基本需要，而在谈判中虚心听取对方的讲话就是给对方这一心理的满足。如果谈判中有一方认为他说的话另一方无兴趣倾听，就会造成谈判气氛的紧张。相反，如果你始终耐心地倾听，这样就能鼓励对方述说。

（2）认真倾听会让你树立胸有成竹的谈判形象。

如果你耐心倾听，对方会认为你是有备而来的。一个没有充分准备的谈判者不会安静地倾听别人的述说，他会显得心不在焉。

（3）倾听是获得信息的重要手段。

常言说："锣鼓听声，听话听音。"会不会倾听，能不能听出对方的"音"，听了能不能做出正确的分析和判断，能不能找出对方的"软肋"或"破绽"，从而拿出应对的策略，这些都是能不能实现谈判目的的关键。日本松下电器公司创始人松下幸之助把自己的全部经营秘诀归结为："细心倾听，集思广益"。美国谈判学家卡洛斯也说："如果你想给对方一个丝毫无损的让步，这很容易做到，你只要注意倾听他说话就成了。倾听是你能做的一个最省钱的让步。"在谈判中，要尽量鼓励对方多说，并提问题请对方回答，使对方多谈他们的情况，以达到尽量了解对方的目的。心理学家统计证明，一般人说话的速度为每分钟120~180个字，而听话及思维的速度，则大约要比说话的速度快4倍。因此，往往是说话者还没说完，听者就大部分都理解了。所以，优秀的谈判者不仅善于倾听，还善于在不显山露水的情形下，启发对方多说。请看美国谈判专家A的一个失败案例。

一次，公司派美国谈判专家A去日本东京谈一笔生意，公司给他的期限是两周时间。当他一走出机场，早已等候他的两位日方代表马上热情地迎了过来，并以日本传统的90度鞠躬大礼热烈欢迎他的到来，还急急忙忙帮他领取行李，顺利通过海关后，将他引入了一辆高级豪华轿车中。在车上，这两位日方代表向他表示："您是我们的贵宾，难得到日本一趟，我们一定会竭尽全力使您的日本之旅舒适愉快，您有什么琐事，尽管交给我们办理。"然后，他们就向专家A征询起他在日本的行程安排，打算在什么时间返回，以便他们事先安排回程的机票和接送车辆。他们的热情让专家A十分感动，于是便毫不犹豫地把计划好的回程日期告诉了对方，他丝毫没有意识到，就是自己的这一举动，竟然使日本人掌握了他们最想掌握的信息，精明的日本人开始筹划如何利用这一信息。

在日方代表的周密安排下，专家A很快在一家十分舒适的酒店入住了，他决定休息一晚上之后第二天以最佳的精神状态开始和日方进行谈判，但是日方并没有立即安排他开始谈判，而是用了一个多星期的时间陪他到日本各地的名胜古迹观光游览，甚至还安排了坐禅英语课。每天晚上还安排长达4个小时的日本传统宴会招待他。每当A要求开始谈判时，日本人总说："不急，不急，我们有的是时间！"到了第12天，谈判终于开始了，但日本人又在这一天安排好了高尔夫球友谊赛，谈判必须提早结束。在第13天的谈判里，日本人又为专家A安排了欢送宴会，谈判还得提前结束。直到第14天的早上，双方才终于谈到了核心问题，而值此关键时刻，那辆接专家A去机场的豪华轿车又到了。他们全部挤进车里，继续商谈条款。正好在汽车到站刹车时，他们达成了交易协议。

在日本人的精心策划下，专家A自然已经没有了与对方周旋的时间，而对方又提出了许多他意想不到的要求。这些要求虽说并不过分，可是专家A知道他已经上了日本人的当，可这次和日方的合作又深受总公司的看重，在专家A到来之前，总公司的董事长曾经告诉专家A无论如何都要和日方达成协议。于是，已经没有任何时间的专家A只好在到达机场之前匆匆与日方签订了使日本人如愿以偿的协议。倾听使日本人获得了谈判的成功。

2. 倾听的技巧

在谈判中，倾听是重要的，也是必需的。一个优秀的谈判者也一定是一个很好的倾听者。

（1）聚精会神地倾听。

精力集中地听，是倾听艺术的最基本、最重要的问题。在倾听时注视讲话者，主动地与讲话者进行目光接触，并做出相应的表情，以鼓励讲话者。如微微一笑，赞同地点点头，或否定地摇摇头，不解地皱皱眉头等，这些动作配合，可帮助集中精力，起到良好的收听效果。需要特别注意的是，在商务谈判过程中，当对方的发言我方不太理解、甚至令人难以接

> 爱最重要的体现形式就是关注。体现关注的一种最常见、最重要的方式，就是倾听。
>
> ——斯科特·派克（美国著名作家）

受时，万万不可表示出拒绝的态度，因为这样的做法对谈判非常不利。作为一名商务谈判人员，应该养成有耐心地倾听对方讲话的习惯，这也是一个良好的谈判人员个人修养的标志。

（2）边听边记笔记。

对于商务谈判这种信息量较大且较为重要的活动来讲，一定要动笔做记录。记笔记的好处在于：一方面，可以帮助自己回忆和记忆，有助于在对方发言完毕之后，就某些问题向对方提出质询，同时，还可以帮助自己做充分的分析，理解对方讲话的确切含义与精神实质；另一方面，通过记笔记，给讲话者的印象是重视其讲话的内容，当停笔抬头望向讲话者时，对其又是一种鼓励。

（3）有取舍地倾听。

在专心倾听的基础上，为了达到良好的倾听效果，可以采取鉴别的方法来倾听对手发言。通常情况下，人们说话时是边说边想，想到哪儿说到哪儿，有时表达一个意思要绕着弯子讲许多内容，从表面上听，根本谈不上什么重点突出。因此，听者就需要在用心倾听的基础上，鉴别传递过来的信息，去粗取精、去伪存真，这样才可抓住重点，收到良好的效果。

（4）心胸开阔地倾听。

先入为主地倾听，往往会扭曲说话者的本意，忽视或拒绝与自己意愿不符的意见，这种做法实为不利。因为这种听者不是从谈话者的立场出发来分析对方的讲话，而是按照自己的主观框框来听取对方的谈话。其结果往往是听到的信息失真地反映到自己的大脑中，导致本方接受信息不准确、判断失误，从而造成行为选择上的失误。所以必须克服先入为主的倾听做法，要将讲话者的意思听全、听透。

（5）安静地倾听。

谈判中，抢话的现象经常发生。抢话不仅会打乱别人的思路，也会耽误自己倾听对方的全部讲话内容。因为在抢话的同时，大脑的思维已经转移到如何抢话上去了。因此，抢话往往会阻塞双方的思路和感情交流的渠道，对创造良好的谈判气氛非常不利，对良好的倾听更是不利。另外，谈判人员有时也会出现在没有听完对方讲话的时候，就急于反驳对方某些观点的情况，这样也会影响效果。事实上，对对方的讲话听得越详尽、全面，反驳起来就越准确、有力。相反，对对方谈话的内容和动机尚未全面了解时，就急于反驳，不仅使自己显得浅薄，而且常常还会使己方在谈判中陷入被动，对自己十分不利。不管是轻视对方，还是急于抢话和反驳，都会影响倾听效果，必须加以注意。

此外，在倾听时，要听出非语言暗示，听出言外之意。还要体态配合，真情鼓励。

5.2.3　提问的语言技巧

谈判就像医生问诊一样，而诊断的最好方式就是有策略地提问。在商务谈判中，精妙的提问不仅能获取所需的信息，而且还能促进双方的沟通。在谈判中，宜多询问、少陈述。"陈述"会制造问题，"询问"则制造答复。询问不是批评，而是请教，对方一般乐于倾听。

1. 提问的方式

提问的方式有很多，一般包括以下几种。

（1）一般式提问。这是一种开放式的提问，只要求对方就有关议题表述意见。例如：

- "您对我们的产品了解多少?"
- "请问贵公司需要我方提供哪些售后服务?"
- "贵公司对国外的相关情况了解吗?"

(2) 澄清式提问。即搞不清对方所说的意思或语义模棱两可时,可以反问对方。通过提问,使对方重新解释,以此来满足你的语言反馈,重新思考一遍他所说的内容。例如:

- "您所说的情况变动,是指销售经理的辞职离任吗?"
- "您所说的某种程度的让步是指价格下降2%,对吗?"
- "您刚才说近期贵公司遇到了一些麻烦,这不会影响到计划的实施吧?"

(3) 选择式提问。即将己方的几个意见表达给对方,让其在一定的范畴内选择性地回答问题。这样,对方会被套入圈套中被迫产生选择意愿,并会给以明确答复。例如:

- "这份合约,你们今天实施还是明天实施?"
- "这两种型号都很适合贵公司使用,您看选择哪个更好呢?"

(4) 试探式提问。这是先提出假设成立的问题,然后让对方直接回答,借以了解对方真实想法的提问方式。例如:

- "假设我们能够满足您的三个要求,您能否让更大的利?"
- "按照你们刚才的说法,只要我们能解决技术问题,我们的合作就应该不存在其他的障碍,是吗?"
- "像这样重要的问题,自然需要一点时间来考虑清楚。但是,如果您不介意,我可否知道您需要多长时间来考虑?"

(5) 请教式提问。这是一种以请教对方为由,引导对方进一步阐述自己观点的提问方式。主动谦虚地请教对方,这样可以让谈判气氛稍稍轻松一些,也可以为己方赢得一定的时间思考谈判的策略问题。例如:

- "您刚才所说的问题比较有意思,不过这方面我不太熟悉,还得请您再解释。"
- "您在这方面是老前辈,还请您多提宝贵意见,我想听听您的看法。"

(6) 连贯式提问。在对方的发言过程中不断插问,或接连不断地向对方提出承上启下的问题,促使对方按发问者的思路讲下去。例如:

- "这件事听起来比较复杂,您打算怎么办?"
- "这个点子有效吗?"
- "后来呢?"

2. 提问的技巧

为了达到良好的提问效果,需要掌握以下几个方面的技巧。

（1）预先准备好问题。最好是对方不能迅速想出对策，以期收到意想不到的效果。同时，预先有所准备也可预防对方反问。

（2）循序渐进地提问。在谈判的准备阶段，有经验的谈判人员往往会先提出一些看上去很一般，并且比较容易回答的问题，而这个问题恰恰是随后所要提出的比较重要的问题的前奏。这时，如果对方思想比较松懈，突然面对之后所提出的较为重要的问题时，结果往往会使其措手不及，从而收到出其不意之效。因为，对方很可能在回答无关紧要的问题时暴露其思想，这时再让对方回答重要问题，对方只好按照原来的思路回答，或许这个答案正是我们所需要的。

（3）倾听后有针对性地提问。在对方发言时，如果大脑中闪现出疑问，千万不要中止倾听对方的谈话而急于提出问题，这时可先将问题记录下来，等对方讲完后，利用合适的时机再提出问题。

（4）提问要适度，达到目的即可，不要咄咄逼人。如果对方的答案不够完善，甚至回避不答，这时不要强迫地问，而是要有耐心和毅力等待时机的到来，这样做可表示对对方的尊重。因为双方谈判绝不等同于法庭上的审问，需要双方心平气和地提出和回答问题，以达到谈判的目的。

（5）提出问题后应保持沉默，耐心地等待对方做出回答。提问之后，注意停顿，保持沉默，把压力抛给客户，直到客户说出自己的想法。切记，提问之后，不要先开口或自问自答。管理专家认为，谁能灵活安排时间谁就有优势。如果谈判时对方赶时间，你的耐心能对他们造成巨大的影响。

（6）适当时可明知故问。这种方法是将一个已经发生，并且答案也是自己知道的问题提出来，以此验证一下对方的诚实程度，同时也给对方一个暗示，你对整个交易是比较了解的。这样可以帮助谈判人员进行下一步的合作决策。

请看以下案例：

一次在中国关于某种农业加工机械的贸易谈判中，中方主谈面对日方代表高得出奇的报价，中方主谈冷静沉着地提出了4个问题：

①不知贵国生产此类产品的公司一共有几家？

②不知贵公司的产品价格高于贵国某某品牌的依据是什么？

③不知世界上生产此类产品的公司一共有几家？

④不知贵公司的产品价格高于某某品牌（世界名牌）的依据又是什么？

这些问题使日方代表非常吃惊。他们不便回答也无法回答。他们明白自己报的价格高得过分了，最后他们设法自找台阶，把价格大幅度地降了下来。

> **小 提 示**
> - 提问态度要诚恳。
> - 对方一时不愿回答的问题不要一直追问。
> - 不可使用盘问、威胁、讽刺或审问式的问句。
> - 不要提带有敌意的问题。
> - 拟定好提问的腹稿，随时调整提问的方式和内容。
> - 提问时要围绕一定的中心进行，不要急于求成。

5.2.4　应答的语言技巧

谈判中既然有提问，就必须有应答，两者是紧密相连的。谈判中的应答，是一个解释、发表自己观点的过程，你的应答是对对方的一种承诺，所以，你在应答时不能口无遮拦、信口开河。应答时应掌握好分寸。

1. 不要全部回答

不要全部回答，是指答话人将问话的范围缩小，或只回答问题的某一部分。因为谈判中有些问题不值得回答，也有些问题只回答一部分就足够了。如全部回答，则不利于己方。例如：

问：“你们对这个促销方案怎么看，同意吗？”

这时，如果马上回答同意，时机尚未成熟，你可以说：

“我们正在考虑、推敲，关于付款方式只讲两点，我看是否再加上……？”或“我觉得其中的广告构想不错，关于其他的部分，需要细看后再给你们答复。”

这样就避开了对方问话的主题，同时，也把对方的思路引到你的内容上来。

2. 不要立即回答

对于一些问话，不一定要马上回答。特别是对一些可能会暴露己方意图、目的的话题，更要慎重。例如，对方问：

“你们准备开价多少？”

如果时机还不成熟，就不要马上回答。

“这是个重要问题，相信我们会给你一个满意的答复。”或“现在讨论这个问题还为时尚早。”
“我相信产品的价格会令你满意的，请允许我先把新产品的几种性能做一个说明……”

3. 不要明确回答

谈判中的应答技巧，不在于回答对方的对与错，而在于应该说什么、不应该说什么和如何说，这样才能产生最佳效果。例如，对方问：

“你们计划购买量是多少？”

如果你觉得先说出订购数量不利于砍价，那么就可以这样回答：

“这要根据情况而定，看你们的优惠条件是什么。”

这类回答通常采用比较的语气：

"据我所知……""那要看……而定。"

4. 逃避地回答

有时，对方提出的某个问题，己方很难正面回答，但又不能拒绝回答。这时谈判高手往往会采用避正答偏的方法来应答。例如：一位西方记者曾讥讽地向中方发言人提问：

"请问，中国人民银行有多少资金?"

发言人深知对方在讥笑中国的贫穷，如果实话实说，自然会使对方的计谋得逞，于是答道：

"中国人民银行货币资金嘛，有十八元八角八分。"

中国银行当时发行的货币面额为十元、五元、二元、一元、五角、二角、一角、五分、二分、一分的十种人民币，合计为十八元八角八分。发言人巧妙地避开了对方的话锋，使对方无机可乘。

又如：

一位发达国家的外交官问一位非洲国家的大使："贵国的死亡率想必不低吧?"那位大使机智地答道："跟你们那儿一样，每人死一次。"

这位外交官既维护了本国的民族尊严，又回击了对方的傲慢无理。

5. 不要回答

谈判中尽管我们有备而来，但仍会遇到许多问题。如果强作答复，可能会使谈判陷入被动，所以，谈判人员可坦率告诉对方不能回答或暂不回答。

美国科学家爱迪生发明了发报机，但因为不懂行情，认为那东西最多只值两万元。在与一位经纪商谈判时，对方让他报价，他紧张得不知如何报价，于是选择了沉默。对方按捺不住了，说："那我说个价吧，10万美元，怎么样?"这大大出乎爱迪生的意料，于是他当场拍板成交。

爱迪生在不自觉中运用的沉默方式竟然取得了奇妙的谈判效果。有时短暂的沉默也是一个妙招。在谈判中，当彼此都不清楚对方底细时，不妨试用沉默法，向对方展开心理攻势，造成一种心理上的压力，同时给己方创造机会思考。

5.2.5　论辩的原则和技巧

论辩又称辨论，是观点对应双方就某一论题为批驳或说服对方而进行的言语交锋活动。论辩如同作战，要讲究战略战术，讲求技巧和艺术。

1. 论辩的原则

谈判中的辩与述、听、答不同，它是论辩双方相互依赖、相互对抗的二重性行为，是谈判者双方思想与语言的交锋的综合运用，具有较高的技巧性。

（1）观点要明确。商务谈判中的辩论，就是论证己方观点，反驳对方观点。论辩过程就是通过摆事实讲道理，以表明自己的观点和立场。所以，在论辩时首先要表明自己的观点，然后运用客观材料及所有能够支持己方的证据来论证自己立场的正确性，从而反驳对方。

（2）逻辑要严密。论辩是一门艺术，是逻辑、表达、感染力的统一。没有逻辑力量，论辩就没有制胜的内在力量，更谈不上什么魅力。从某种意义上说，论辩就是一种"逻辑征服"。论辩者必须准确地表达思想和严密地论证思想，一层接一层、一环扣一环，以无可辩驳的事实和无懈可击的论证，引出必然的结论，紧紧抓住对象，达到预期的目的。

（3）措辞要准确。既然是与对方"辩"，这就要求每个运用的论据和数字都要经过考究和调查，保证这些论据的准确性，否则，一旦被对方抓住了把柄，将导致整个谈判的失败。

（4）分寸要把握。论辩的目的是通过语言的交锋达成一定的协议，而不是要置人于死地，所以一旦达到目的就适可而止，切不可得理不饶人。

（5）原则要掌握。在谈判时应沉着冷静、从容不迫，在论辩过程中不要与对方在枝节问题上纠缠，应该将精力集中在主要问题上。

（6）举止有风度。不管面对的是何人何事，论辩时都要注意自己的举止和气度。论辩时良好的举止，不仅会在谈判桌上给人留下好的印象，而且在一定程度上还可以左右谈判论辩的氛围。

2. 论辩的技巧

论辩的技巧依谈判的具体情况而定，所以，论辩的方法千变万化，奥妙无穷。

（1）以其人之道还治其人之身。这种方法，一般适应于对方讲歪理、谬论之类的情况。例如：

有个骄傲自大、脱离群众的人辩解说："只有羊、猪，才是成群结队的，狮子、老虎都是独来独往的。"作家马铁丁反问他："狮子、老虎固然是独来独往的，刺猬、癞蛤蟆、蜘蛛又何尝不是独来独往呢？"

又如，在一次外贸谈判中，中方代表拒绝了一位红头发的西方外商的无理要求，这位代表竟然出口伤人：

"我见你皮肤发黄，大概是营养不良造成你思维紊乱吧？"

中方代表立即回击道："先生，我既不会因为你皮肤是白色的，就说你严重失血，造成你思维紊乱；也不会因为你的头发是红色的，就说你吸干了他人的血，造成你头脑发昏！"

（2）直截了当，正面进攻。在论辩中引用真实的判断直接驳斥对方。这种方法直截了当，不拐弯抹角，让事实说话。

国内某厂商与外商谈判关于引进设备的问题，但在全部引进还是部分引进上相持不下。最后，我方代表心平气和地陈述理由："贵公司的技术、设备和工程师为我们提供服务，这对双方都有利；但我们外汇有限制，国内有的就不需要再引进；当然你们也知道，还有其他几个国家的代表团正在同我国南方某厂进行引进生产线的谈判。如果我们的谈判因一点小事而失败，你们不仅在经济上受损，还会在声誉上蒙受损失。"外商听了我方代表团的直言，便放弃了全部引进设备的方案。

（3）装聋作哑，后发制人。俗话说："欲速则不达。"在时机不成熟时仓促论辩，往往达不到目的。"装聋作哑"实际上是论辩中的缓兵之计，缓兵之计是延缓对方进兵的谋略。当论辩局势不宜速战速决，或时机尚不成熟时，应避免直接交锋，而应拖延时间等待战机。一旦时机成熟，就可后发制人，战胜论敌。

中方曾派出三名代表与美国一家公司谈判。一开始美方咄咄逼人，用现代手段进行演示。与美方的气焰相比，中方代表显得非常谦虚，安静地坐着听美方的"演讲"。等到美方"尽兴"后，其首席代表问："请问贵方还有什么意见？"

明白人都看得出，不管从何处看，美方的产品都是一流的，不管中方代表肯定对方还是反驳对方，形势都不利于中方。但这时，中方代表的论辩策略让美方始料不及。

中方首席代表彬彬有礼地说："非常惭愧，我们看不懂！"

一向高傲的美国人傻了："看不懂什么意思，什么地方看不懂？"

另一位中方代表不急不躁地说："都看不懂。"

美方代表气得要疯了，他们用了一个多小时的讲解，对方的回答竟是如此简单。他不得不再问："从哪里开始看不懂？"

第三位中方代表一脸迷惑地说："当你将会议室的灯灭了以后，我们就看不懂了。"

三位中方代表异口同声地说："请您再重复一遍。"

这简直是在开天大的玩笑，美方代表已经讲了一个多小时了，还要重复！中方这种装聋作哑的策略让美方代表领略到中方代表的厉害。最后，他们不得不改变原来的谈判策略，向中方做了很大的妥协。

（4）一鼓作气，长驱直入。在谈判时常常会出现这样的情况：双方在一些细枝末节的问题上争论不休，结果，看上去像在解决问题，实际上已离题万里。在谈判时一旦发现对方的把柄，就要迅速地判明对方立论中的要害问题，从而抓住这一问题，一攻到底，以便彻底地击败对方。

有一次，日本一家公司给我国宝山钢铁公司寄来了一箱资料，清单上写明资料有6份，但开箱清点时只有5份，于是双方为此进行了一场谈判。日方说："我方提供给贵方的资料装箱时都要经过几次检查，不可能漏装。"

宝钢代表则说："我们开箱时有很多人在场，开箱后又经过几个人清点，在确实判定材料缺少后才向你们交涉的。"同时指出："资料丢失的原因可能有三种：一是你方漏装，二是运输途中散失，三是我方开箱后丢失。三者必居其一。"

"如果资料是在运输中散失的，那么木箱肯定会有所破损，而现在木箱完好无损。"

"如果资料是我方开箱后丢失的，那么木箱上所印的净重就会大于现有的五份资料的重量。现在木箱上所印的净重正好等于现有的五份资料的重量，所以，资料不是我方开箱后丢失的。"

"既然上述两种可能不成立，现在唯一的可能就是你方在装材料时少装了一份。"

宝钢代表一鼓作气地论辩，让日方无话可说。经过查证，确实是日方的失误。

（5）巧用数字，据理力争。客观事物都是由一定的质和量构成的。同质事物的区别在于量的不同。由此可知，对同质的事物进行区分和比较，离不开数量分析。学会运用数字证明的量化分析方法，对于论辩的成功会有很大帮助。例如：

在美国，刚推广核电站的时候，曾引发过一场激烈的争论。由于反对派持"一旦核电厂发生事故，立刻会造成成千上万人死亡"的观点，与公众惧怕核辐射的心理一致，最初几轮电视辩论，赞成派居于劣势。后来，赞成派调整了方法，决定不在理论上纠缠。他们从原子能发电和燃煤发电的试验上，换算出用原子能发电生产 1 千亿瓦特的电只牺牲两个人，而燃煤发电要生产 1 千亿瓦特的电却要牺牲 179 人的"数证"，从而使公众认识到任何能量生产体系都有牺牲的危险。选择一种将牺牲数减小到最低的生产体系才是问题的关键，于是公众转而支持赞成派。

（6）最后通牒，施加压力。在谈判举步维艰时，谈判双方都惯用"最后期限"和"最后通牒"战术。"最后期限"战术，是指有意拖延时间，使谈判时间接近某一时限，然后向对方施加压力，使对方赶在某一时间前匆匆忙忙签订协议的方案。"最后通牒"战术，是谈判的一方声称"这是我们能出的最高价格了"或"这是我们能接受的最低价格了"，否则"我们将退出谈判"。在这种攻势下，谈判对方常常不得不改变原来的意见。

在一次谈判中，外方坚持自己的方案纹丝不动，中方代表经过思考后突然拍案而起说："看来贵公司是没有诚意与我们合作的，那我们在这里只是浪费时间和精力，虽然我们很想与贵公司合作，但现在不得不遗憾地准备放弃。我们将与别的外商洽谈此项业务。"说完，夹起公文包走出了会议室。他的助手急忙追上去问："难道我们的谈判就这样结束了？"他胸有成竹地回答："好戏在后头！"结果不出所料，20 分钟后，外方派代表来表示愿意再具体商议合资之事。

（7）幽默应对，轻松取胜。在谈判时，如果能够巧用幽默技巧，将会使谈判气氛缓和。看似轻松作答，其实是"笑里藏刀"。

前苏联与挪威曾经就购买挪威鲱鱼进行了长时间的谈判。在谈判中，深知商务谈判诀窍的挪威人，开价高得出奇。前苏联的谈判代表与挪威人进行了艰苦的讨价还价，挪威人就是坚持不让步。

为了解决这一贸易难题，前苏联政府派柯伦泰为全权谈判代表。柯伦泰面对挪威人报出的高价，针锋相对地还了一个极低的价格，谈判像以往一样陷入僵局。挪威人并不在乎僵局。因为不管怎样，苏联人要吃鲱鱼，就得找他们买，是"姜太公钓鱼，愿者上钩"。而柯伦泰是拖不起也让不起，而且还非成功不可。情急之下，柯伦泰使用了幽默法来反驳挪威人。

她对挪威人说："好吧！我同意你们提出的价格。如果我的政府不同意这个价格，我愿意用自己的工资来支付差额。但是，这自然要分期付款。"堂堂的绅士能将女士逼到这种地步吗？所以，在忍不住一笑之余，就一致同意将鲱鱼的价格降到一定标准。柯伦泰用幽默法完成了她的前任们未能完成的任务。

5.2.6 说服的语言技巧

说服就是双方要对某一个目的达成共识，并且是共赢的局面，不是一方赢另一方妥协。要取得双赢的谈判结果，使用恰当的说服技巧是必不可少的，既有利于促进贸易进程又减少双方不必要的损失。说服技巧作为谈判策略的一种，受到越来越多的谈判专家和学者的关注。说服技巧的重点如下所述。

1. 站在他人的角度设身处地地考虑问题

要想说服他人，就要考虑对方的观点或行为存在的客观理由，即要设身处地地为对方想一想。如你真实地讲出了对方的疑虑、难处，那样他会觉得你们真的很有共同点，很快就会产生共鸣，之后的聊天范围也会变得很广。

2. 消除对方的戒心，不用强迫、威胁的话语

在谈判中，要尽量避免说"不"字，尽量用其他的字来代替；我们最希望的就是创造一个说"是"的氛围，却让一切都能够按照自己的想法进行。谈判实例证明，从积极、主动的角度去启发对方、鼓励对方，就会帮助对方提高自信心，并接受己方的意见。

3. 仔细思考说服语

说话是一门学问，说服用语是这一门学问中的精华内容，它是所有智慧的精华。一样的话用不一样的词语、语序表达出来就会产生很大的区别。例如，有一位教徒问神父："我可以在祈祷时吸烟吗？"他的请求遭到了神父的严厉斥责；而另一位教徒问神父："我可以在吸烟时祈祷吗？"后一个教徒的请求却得到了允许。一样的话、一样的事情就是因为语言表达上不一样，就得到了截然不同的结果。

5.2.7 外商谈判的风格

学会与不同文化背景及个性的外国人谈判，是谈判人员的必修课。随着全球经济一体化愈演愈烈，许多企业纷纷将眼光投向了海外，国际贸易也因此越来越频繁。不同的国家、不同的民族因有其独特的文化背景与文化特性，在为人处世上便会形成一种风格，谈判也是如此。通过对各国谈判风格的学习，可以使谈判人员避其锋芒，攻其弱点，以处于不败之地。

1. 美国人的谈判风格

（1）自信、自尊心强。

美国人对自己的国家深感自豪，对自己的民族具有强烈的自尊感与荣誉感，这种心理在他们的贸易活动中充分表现出来；美国人的自信还表现在他们坚持公平合理的原则上，他们认为两方进行交易，双方都要有利可图，在这一原则下，他们会提出一个"合理"方案，并认为是十分公平合理的，在双方的洽谈中充满自信，语言明确肯定，如果双方出现分歧，他们往往会怀疑对方的分析、计算，而坚持自己的看法；美国人的自信，还表现在对本国产品的品质优越、技术先进性毫不掩饰的称赞上，他们认为，如果你有十分能力，就要表现出十分来，千万不要遮掩、谦虚，否则很可能被看成是无能。

（2）时间观念强。

美国人生活节奏比较快，这使得他们特别重视、珍惜时间，注重活动的效率，加之他们个性外向、坦率，所以，他们一般谈判的特点是开门见山，报价及提出的具体条件也比较客观，水分较少。所以在商务谈判中，美国人常抱怨其他国家的谈判对手拖延，缺乏工作效率，而这些国家的人也埋怨美国人缺少耐心。

（3）法律观念强。

美国是一个高度法制的国家。有关资料披露：平均450名美国人就有一名律师，这与美国人解决矛盾纠纷习惯于诉诸法律有直接的关系。他们这种法律观念在商业交易中也表现得十分明显，因此，他们特别看重合同，主张多谈细节、少谈原则，合同通常会非常详细和冗长，而且特别重视合同违约的赔偿条款。一旦双方在执行合同条款中出现意外情况，就按双方事先同意的责任条款处理。因此，美国人在商业谈判中对于合同的讨论特别详细、具体，也关心合同适用的法律，以便在执行合同中能顺利地解决各种问题。

（4）实效性强。

美国人做生意时更多考虑的是做生意所能带来的实际利益，而不是生意人之间的私人交情。所以亚洲国家和拉美国家的人都有这种感觉：美国人谈生意就是直接谈生意，不注意在洽谈中培养双方的友谊、感情，而且还力图将生意和友谊清楚地分开，所以显得比较生硬。一位美国专家认为：美国人觉得，在中国像是到朋友家做客，而不像做生意。同中国人谈判，是"客人"与"主人"的谈判。

与美国人的谈判技巧：

● 知己知彼，做好谈判准备；
● 热情直接，营造良好的谈判氛围；
● 明辨"是"与"非"，遵守谈判的基调；
● 守时守信，奠定合作的基础；
● 专业团队，争取己方利益。

2. 英国人的谈判风格

（1）重礼仪，但不轻易与对方建立个人关系。

英国商人举止高雅，谈吐文明，遵守社会公德，有礼让精神，行动按部就班。他们不轻易相信别人、依靠别人。但是你一旦与英国人建立了友谊，他们会十分珍惜，长期信任你。在做生意上关系也会十分融洽。所以，如果你没有与英国人长期打交道的历史，没有赢得他们的信任，没有最优秀的中间人做介绍，你就不要期望与他们做大买卖。

（2）重身份、重等级。

在对外商务交往中，英国人的等级观念使这些人比较注重对方的身份、经历、业绩、背景。所以，在必要的情况下，派较有身份地位的人参加与英国人的谈判，会有一定的积极作用。

（3）时间观念强。

英国人严格遵守约定的时间，通常与他们进行商务活动要提前预约，并提早到达，以取得他们的尊重和信任。

（4）灵活性较差。

在谈判中，与英国人讨价还价的余地不大。有时这些人采取非此即彼的态度。在谈判中假如遇到纠纷，英国商人会毫不留情地争辩。在谈判关键时刻，他们表现得又固执又不愿花大力气。

（5）重视合同细节，但不能按期履行合同。

对英国人来说，细节问题是很重要的，英国人一般依靠合同条款解决问题，但国际上对英国商人比较一致的抱怨是这些人有不大关心交货日期的习惯，出口商品经常不能按期交货。所以，在与英国人签订的协议中万万不可忘记写进延迟发货的惩罚条款加以约束。

与英国商人谈判的技巧：

- 注重选择谈论的话题；
- 注重身份的对等；
- 注重遵守时间；
- 注意订立合同的索赔条款；
- 忌谈政治。

3. 法国人的谈判风格

（1）性格开朗，注重人情味。在谈判开始时，喜欢谈些趣事，营造宽松的氛围。有人说，在法国"人际关系是用信赖的链条牢牢地互相联结的"。法国商人珍惜人际关系，但和他们建立友好关系却很难。一般，在变成朋友前，法国商人不会同别人做大生意，建立友好关系后，他们会遵守互惠互利、平等的原则。

（2）民族自豪感强。法国人认为法语是世界上最高贵的语言，在大多数的交易中，即使他们的英语讲得很好，他们往往仍会坚持用法语来谈判，只有恰好他们是在国外而且在商业上对你有所要求，他们才会做出让步。因此，如果你想和法国人长期做生意，最好学一些法语，或者在洽谈时选择一名好的法语翻译。

（3）喜欢横向谈判。法国商人对价格要求严格，条件苛刻。在谈判方式上，他们偏爱横向式的谈判，为协议勾画出轮廓后，再达成原则协议。为使谈判成功，法国商人喜欢在谈判中搞些"协议书"之类的文件，以记载在谈判中达成的协议内容。法国商人主要条款谈成后，就可签订合同，但合同签订后，又常对合同修修改改，搞得对方头痛不已。

（4）重视个人力量。法国商人大都着重于依赖自己的力量，依靠自己的资金来从事经营，而较少考虑集团和社会的力量，因此他们办事不勉强，不逾越自己所拥有的财产范围。

（5）时间观念不强。在公共场合（如正式宴会），有种非正式的习俗，那就是主客身份越高，他或她来得越迟。法国人的时间意识是单方面的。在商务谈判中，他们经常迟到，却总能找到许多堂皇的理由。但是，如果你由于什么原因而迟到，他们就会非常冷淡地接待你。所以如果你有求于他们时，你不要迟到，否则将不会被原谅。

（6）工作与生活的界限永远是清晰的。法国人严格区分工作时间与休息时间，这与日本的工作狂相比有极大的反差。

（7）讲究穿着。法国的时装领导世界潮流，法国的男士和女士都穿戴得极为考究。在他们看来，衣着代表一个人的修养和身份。因此，同法国人洽谈生意时，一定要尽可能穿上你最好的衣服。

与法国商人谈判的技巧：

- 尊重法国礼仪，利用各种场合、机会与法国人交朋友，融洽气氛、以情制胜；
- 切忌打听法国商人的政治倾向、宗教信仰、个人收入及其他个人私事；
- 在法国进行商务活动应避开节假日和八月份；
- 注意合同细节问题的商谈；
- 派出与法方职位对等的人员与之谈判，注意穿着。

4. 俄罗斯人的谈判风格

（1）俄罗斯人有"四爱"，即爱喝酒、爱吸烟、爱跳舞和爱运动。俄罗斯人很注意仪表，爱好打扮。他们在公共场合比较注意举止，从不把手插在口袋或袖子里，也不轻易脱下外衣。在商务谈判中，他们比较欣赏对方友好的仪表，如果你不修边幅来进行洽谈，会使他们反感。

（2）做事断断续续，办事效率低。他们绝不会让自己的工作节奏适应外商的时间表。在谈判期间，如果外商给他们写信或发电传，征求他们的意见或反应，往往得不到及时回应。

（3）固守传统、缺乏灵活性。原苏联是个外贸管制的国家，是高度计划的外贸体制。任何的企业或者个人都不可能自行进口或出口任何产品，所有的进出口计划都是经过一系列环节审批、检查、管理和监督的。在这种高度计划体制中，人们已经习惯于照章办事。

（4）对技术细节感兴趣。俄罗斯人的谈判能力很强，他们特别重视谈判项目中技术内容和索赔条款。由于技术引进项目通常都比较复杂，对方在报价中可能会有较大的水分，为了尽可能以较低的价格购买最有用的技术，他们特别重视技术的具体细节。

（5）善于讨价还价。俄罗斯人是讨价还价的行家里手，不论你的报价是多么公平合理，怎样精确的计算，他们都不会相信，总是会想尽办法来挤出其中的水分，以此来达到他们认为理想的效果。

与俄罗斯商人谈判的技巧：

- 注重称谓；
- 讲究交往技巧，建立良好关系；
- 注重有关礼仪；
- 注意报价和技术细节及索赔条款等问题。

5. 日本人的谈判风格

（1）具有强烈的群体意识，集体决策。日本文化所塑造的价值观念与精神取向都是集体主义的，以集体为核心，他们有强烈的团体生存和发展的愿望。日本人的典型品格被人们认为是典型的"硬壳"思维结构。

（2）时间概念极强，生活节奏快。在日本社会中，特别强调秩序和人际关系。日本商人喜欢在正式谈判之前，先与谈判对手进行接触以了解对手、增进感情、促进成交，而这种接触往往通过朋友或适当的人做介绍。日本人在谈判中通常不能坦率、明确地表态。有时报价中的水分极大，常使谈判对手产生含糊不清、模棱两可的印象，甚至产生误会，令谈判对手感到焦躁不安。

（3）非常有耐心。日本人在谈判中的耐心是举世闻名的。为了达成一笔理想交易，他们可以毫无怨言地等上两三个月，只要能达到他们预想的目标或取得更好的结果，时间对于他们来讲不是第一位的。

（4）讲究礼仪，要面子。日本是礼仪之邦，日本人所做的一切，都要受严格的礼仪的约束。许多礼节在西方人看起来有些可笑或做作，但日本人做起来却一丝不苟、认认真真。正因为如此，专家认为，如果外国人不适应日本人的礼仪或表现出不理解、轻视，那么，他就不大可能在推销和采购业务中引起日本人的重视，也不可能获得他们的信任与好感。

与日本人谈判的技巧：

- 直接商谈，注意礼节；
- 建立关系，注重文化；
- 沉着冷静，保持耐心。

6. 阿拉伯人的谈判风格

（1）十分好客。阿拉伯人具有沙漠地区的传统，任何人来访他们都会十分热情地接待，喜欢用手势和其他动作表达思想。因此，谈判过程也常常被一些突然来访的客人打断，主人可能会抛下你，与新来的人谈天说地。所以，与他们谈判你必须适应这种习惯，学会忍耐和见机行事。这样你就会获得阿拉伯人的信赖。这是达成交易的关键。

（2）谈判节奏缓慢。他们不喜欢通过电话来谈生意。从某种意义上说，与阿拉伯人的一次谈判只是同他们进行磋商的一部分，因为他们往往要很长时间才能做出谈判的最终决策。如果外商为寻找合作伙伴前往拜访阿拉伯人，第一次很可能不但得不到自己期望出现的结果，还会被他们的健谈所迷惑，有时甚至第二次乃至第三次都接触不到实质性话题。如果这时你显得很急躁，不断催促，往往欲速则不达。因为闲散的阿拉伯人一旦感到你把他挤进了繁忙的日程中，他很可能会把你挤出他的日程。

（3）中下级人员地位比较高。许多富有的阿拉伯人是靠金钱和家庭关系获得决策者的地位的，而不是依靠自己的能力，因此他们的实际业务经验少得可怜，有的甚至对公司有关方面的运转情况一无所知，不得不依靠自己的助手和下级工作人员。所以，外商在谈判中往往要同时与两种人打交道，首先是决策者，他们只对宏观问题感兴趣；其次是专家及技术员，他们希望对方尽可能提供一些结构严谨、内容翔实的资料以便仔细加以论证，与阿拉伯人做生意时千万别忽视了后者的作用。

（4）代理商非常重要。几乎所有阿拉伯国家的政府都坚持，作为外商的生意伙伴无论是个人还是政府部门，其商业活动都必须通过阿拉伯代理商来开展。如果没有合适的代理商，很难想象外商能在生意中进展顺利。一个好的代理商会为外商提供便利，对业务的开展大有裨益。

（5）极爱讨价还价。无论商店大小均可讨价还价。标价只是卖主的"报价"。更有甚者，不还价即买走东西的人，还不如讨价还价后什么也不买的人更受卖主的尊重。阿拉伯人的逻辑是，前者小看他，后者尊重他。因此，为适应阿拉伯人讨价还价的习惯，外商应建立起讨价还价的意识，凡有交易条件，必须准备讨价还价的方案，凡想成交的谈判，必定把讨价还价做得轰轰烈烈。

与阿拉伯人谈判的技巧：

- 尊重阿拉伯人的宗教习惯；
- 放慢谈判节奏；
- 多采取数字、图形文字相结合的方式；
- 按阿拉伯国家的文化要求，做好翻译工作；
- 尽量避免派女性去阿拉伯国家谈生意，在谈话中尽量不涉及政治及妇女问题。

本章小结

学会谈判并不是一件难事，只要你努力学习，掌握有关的谈判技巧和策略，你一定能够成为谈判高手。招数不是一成不变的，关键在于自己平时的磨炼。只有不断磨炼，你才能感受到谈判的真谛，成为谈判的高手。

● 谈判是一种以自己已有的社会地位与力量作为基础，正确运用社交和口才技巧来影响他人或集体的行动，从而达到自己预定目标的活动。

● 要掌握好商务谈判口才，必须掌握谈判知己知彼、互惠互利、平等协商、适当让步、就事论事、突出重点、不要偏离主题、团队作战的原则。

● 商务谈判具有目的性强、过程严密、讲究随机应变、需要有耐心的特点。

● 商务谈判的语言特点是：针对性强、表达委婉、反应灵敏、适应性强等。

● 商务谈判要掌握好叙述、倾听、提问、应答、论辩的语言技巧。

● 学会与不同文化背景和个性的外国人谈判，是谈判人员的必修课。

口才训练营

实训 5

课堂训练：倾听

实训目的：训练学生养成认真倾听的习惯。

地　　点：教室。

训练内容：

（1）选取 1 或 2 名学生给全班同学念一段文章或新闻，然后就文章的内容进行提问。

（2）任意抽选学生给大家念熟悉的诗词，故意出错，然后让其他学生找错。

自由训练：叙述

实训目的：让学生进一步掌握叙述的语言技巧。

地　　点：教室或其他场合。

训练内容：

（1）给教师或同学说说你为什么要选择目前学习的这个学校或专业。

（2）给大家讲讲你的个人经历。

（3）给大家讲讲你的家庭趣事。

（4）给大家讲讲你们宿舍的趣事。

（5）给大家讲讲你家乡的风土人情。

课堂训练：提问和应答

实训目的：让学生进一步掌握提问和应答的语言技巧。

地　　点：教室。

训练内容：

（1）学生先进行策划：如果要在校园内开家小店，你想经营什么？如何经营？

（2）然后学生到讲台讲解自己的开店方案，其他学生就方案本身进行提问，方案设计者对提问进行一一解答。

课堂训练：论辩

实训目的：让学生进一步掌握论辩的语言技巧。

地　　点：教室。

训练内容：让学生自由组队，然后就以下论题进行论辩。

（1）正方：七分德三分才是人才；反方：三分德七分才是人才。

（2）正方：酒香不怕巷子深；反方：酒香也怕巷子深。

课堂训练：阐述理由

实训目的：让学生进一步掌握阐述理由的语言技巧。

地　　点：教室。

训练内容：一家公司在招聘业务主管时，为应聘者准备的问题都是一样的。最后，在200名应聘者中只有一人被雇用了。你也试着测试一下，看看自己能否有机会被录用。

在一个暴风雨的晚上，你开着一辆车经过一个车站，有三个人正在等公共汽车：一个是快要死的老人，很可怜；一个是医生，他曾救过你的命，是大恩人，你做梦都想报答他；还有一个女人/男人，她/他是那种你做梦都想娶/嫁的人，也许错过就永远没有机会了。但你的车只能坐一个人，你会如何选择？请解释一下你的理由。

游戏 5

形式：全体参与。

时间：30分钟。

目的：培养听、说、辩的能力。

背景：一架私人飞机坠落在荒岛上，只有六人存活，这时逃生的工具只有一个仅能容纳一人的橡皮气球吊篮，没有水和食物。

游戏内容：请六名同学分别扮演以下六个角色，然后各自陈述自己是最值得逃生的人的理由。

（1）孕妇：怀孕八个月。

（2）孩子：12岁。

（3）发明家：正在研究新能源汽车。

（4）宇航员：即将远征火星，寻找适合人类居住的新星球。

（5）医学家：正在研究艾滋病的治疗方案，并已取得突破性的进展。

（6）教授：正在进行生态可持续发展的研究，并已取得突破性的进展。

口才加油站

阅读材料 8

触詟说服赵太后

公元前 265 年，赵太后刚刚统治赵国不久，就遭到了秦国的猛烈进攻。被迫无奈，赵国只有向齐国求救。齐国国王尽管答应出兵相救，但是要求必须以赵太后的小儿子长安君做人质。赵太后非常疼爱自己的小儿子，便严词拒绝，并不准任何人劝谏。一天，左师触詟求见太后，赵太后听到触詟闭口不提人质的事情，怒气和戒备心也就渐渐消失了。

触詟对太后说："我有个小儿子，最不成才，可是我偏偏最疼爱这个小儿子，恳求太后允许他到宫里当一名卫士。"太后赶紧问道："他几岁了？"触詟回答说："今年 15 岁。年纪虽然不大，可我想趁我还活着时托付给您。"太后听到触詟这些爱怜小儿子的话，似乎找到了感情上的慰藉，对触詟说："真想不到，你们男人也爱怜小儿子呀！"触詟说："恐怕比你们女人还要更胜一筹呢！"

君臣二人谈到这里，触詟见时机已到，于是将话题慢慢地转到正题上。他对太后说："老臣以为您爱小儿子爱得还不够啊，远不如您爱女儿那样深。想当初，您送女儿嫁到燕国去的时候，虽然您为她的远离而伤心，但是又祷祝她不要返回来，希望她的子子孙孙相继在燕国当国王。您为她想得这么长远，这才是真正的爱啊。您如今尽管赐给长安君好多土地、珠宝，如果不使他有功于赵国，您百年之后，长安君又将依靠谁呢？"

左师触詟的一席话，至情至理，说得太后心服口服。想到这里，赵太后立即吩咐给长安君准备车马礼物，送他到齐国做人质，催促齐国马上出兵帮助赵国解围。齐国国王看到长安君果然作为人质来到自己这里，于是马上派兵援赵，两国共同联手击退了秦国的兵马，赵国的危难终于得以解救。

（资料来源：中华演讲网）

阅读材料 9

两位犹太人

美国有一家"西门行销公司"，经营者为布朗和史丹顿——两位犹太人。

一天，史丹顿从美国打电话给日本滕田田先生："美国麦当劳公司采用我们新开发的'浮现游戏法'，五年来业绩蒸蒸日上，贵店是否有意采用……"。滕田田先生表示有兴趣，打算请他到日本来。但史丹顿说需要对方支付 10 万美元的演讲费。

滕田田盘算着，觉得实在太昂贵了，于是他打电话到美国麦当劳总公司询问。对方回答，美国麦当劳公司请他来演讲时，也付了一笔演讲费。于是他主动打电话给史丹顿："您要我们付 10 万美元的演讲费并不过分，可是，美国麦当劳公司已经付钱给贵公司了，而本公司和美国的麦当劳是合作公司，所以不需要再付钱。"

史丹顿笑着说："那就算了，我愿意免费前往日本做说明，条件是不能把这件事告诉别家公司，因为不管是不是连锁店，只要是请我演讲，每次都要付钱。"

不久，史丹顿先生来到日本，发表演讲："……只要采用这种游戏方法一个月，我敢保证，销售会提高 16%。"他分析到："日本麦当劳一个月的销售额大约是 100 亿日元。如果采取'浮现游戏法'，一个月

111

的销售额是 116 亿日元，而成本已在 100 亿日元的销售额中抵消了，即不必增加电费、人事费、房租等成本，只有牛肉和面包的用量增加，在 16 亿日元中扣除牛肉和面包费，就是净赚的金额了。在这 16 亿日元中，大约六成进了滕田田先生您的腰包。16 亿日元的六成是 10 亿日元左右。想想看，我把赚钱的技术教给您，让您每个月多赚 10 亿日元，而我只要您 2400 万日元，一点也不过分啊!"

滕田田先生发出感叹："犹太人经营的公司对于自己所开发的技术充满信心，大胆地向顾客保证能增加百分之几的销售额，太了不起了。"（资料来源：《商务口才》袁彬彬主编）

友情推荐 5

1. 中国企业家网
2. 《优势谈判》（罗杰·道森. 重庆出版社. 2015.）

第 **6** 章

推销口才

【微课–客户接待】　　　　　【微课–产品介绍】

知识要点

❖推销用语的基本原则
❖推销口才技巧
❖电话推销口才

能力要点

❖接近顾客的语言技巧
❖处理顾客异议的语言技巧
❖促使顾客成交的语言技巧
❖电话推销的语言技巧

导入案例

语言技巧促进业绩提升

在某公司举办的化妆品展销会上，几位年轻的推销员用十分专业的术语详细地向消费者介绍公司产品的原料、配方、性能、使用方法，给人留下了业务精通的印象。他们在回答消费者提出的各种问题时对答如流，既彬彬有礼又幽默风趣，给人留下了难忘的印象。

> 推销人员的嘴，并不是一张开就能变成金钱，它必须有一定的穿透力。这种穿透力不仅源于一定的素质，更多的是日常的积累。

消费者问："你们的产品真的像广告上说得那样好吗？"一位推销员立即答道："相信您试过之后的感觉会比广告上说得更好。"

消费者又问："如果买回去后，用过感觉不那么好，怎么办？"另一位推销员笑着说："不，我们相信您的感觉一定会很好！"

……

这次展销会该公司获得了很大成功，不仅产品销量超过往届，更重要的是大大提高了产品品牌的知名度。在公司召开的总结会上，公司经理特别强调，是推销员语言训练有素促成了这次展销活动的成功。他要求公司全体人员应该像这些推销员那样，在"说话"上下一番功夫。

从这个故事中你能领悟到什么？语言是一种推销工具！对于推销人员来说，语言是与客户沟通的媒介，一切推销活动首先通过语言建立起最初的联系，从而使推销活动不断推进，最终达到推销的目的。

因此，如何与人沟通交流，如何充分发挥自身的口才优势，最终促使推销成功，是每一位期待成为优秀推销员的营销人员必须思考的问题。

6.1 推销用语的基本原则

语言是推销人员进行产品销售的重要工具。推销用语要讲究技巧，也要讲究艺术。推销过程中，一味讲究技巧而忽视艺术的运用会让顾客感到生硬；过多讲究艺术而不运用技巧，顾客就领略不到推销人员的专业水平。

推销过程的大部分时间是推销人员运用语言和顾客进行沟通，用词准确、言谈得体、词语专业，是推销用语最基本的要求。用词准确，让顾客对推销员所推销的产品或服务产生信任感；言谈得体，使顾客在推销过程中感到愉悦；词语专业，体现推销人员的专业水准，促使顾客对推销产品深信不疑，最终做出购买的决定。

> 1. 推销用语要以诚信为本。
> 2. 推销讲解要耐心细致。
> 3. 推销讲解要从顾客角度出发。
> 4. 推销用语要通俗易懂。
> 5. 推销用语要轻松愉快。

6.1.1 推销用语要以诚信为本

推销开始阶段，顾客多持消极和防卫态度，这样的心理和态度让顾客在感情上和推销员保持着一定的距离，易出现回避、拒绝的行为。在这种情况下，推销人员更应该表现出诚意，通过有亲和力的语言、得体的举止让顾客消除距离感，减轻防卫的心理压力，以便进一步进行沟通。

中国是礼仪之邦，以诚待人是一种美德，诚信为本也是现代企业坚守的原则。"诚信"包括"诚实"与"守信"两方面内涵。诚信不但是推销的道德，也是做人的准则，它历来是人类道德的重要组成部分，在日常销售工作中也发挥着相当程度的影响力。实际上，向客户推销你的产品，就是向客户推销你的诚信。据美国纽约销售联谊会统计：70%的人之所以从你那购买产品，是因为他们喜欢你、信任你和尊敬你。美国营销专家赫克金有一句名言："要当一名好的销售人员，首先要做一个好人。"这就是赫克金所强调的营销中的诚信法则。美国的一项关于销售人员的调查表明，优秀销售人员的业绩是普通销售人员业绩300倍的真正原因与长相、年龄、性格都无关。其得出的结论是，真正高超的销售技巧是如何做人，如何做一个诚信之人。"小企业做事，大企业做人"讲的也是同样的道理，要想使大部分客户接受你，做个诚实守信之人才是成功的根本。

罗小姐接到了一通陌生电话，对方称自己是某装修公司的工作人员，要找罗小姐的父亲，"因为房子上登记的是一家三口的名字，但父母都不在桂林，所以联系电话上只留了我的手机号码，对方肯定是没弄清楚这个号码是谁的。"这样的电话，自交房后罗小姐几乎每天都会接到，多的时候一天能接到四五遍，早已习惯了的罗小姐告诉对方父亲不在，并准备挂掉电话，可谁知对方居然说已经跟她父亲联系过了，"他说他已经跟我父亲联系过，谈过了房子装修的事情，想再具体跟我说说"。

这番话可让罗小姐纳闷了，房子的装修方案是罗小姐请朋友帮忙设计的，具体施工也已基本安排妥当，就等着国庆后开工，这个时候根本不可能另外找装修公司谈装修的事情，"而且父亲对桂林的装修公司根本不熟悉，不可能突然地找装修公司谈，肯定是在说谎。"罗小姐便故意询问对方，通过什么方式与她父亲联系的，对方犹豫了一会儿，说是通过电子邮箱，"这更荒唐了，我父亲根本就没有申请过个人邮箱，他上网时也就是看看新闻，根本不会去跟别人网上聊天，更别说用邮箱来谈事情了。"当罗小姐揭穿对方谎言时，对方立刻挂断了电话。

如此方式的推销，让罗小姐很是恼火，"用这种欺骗的手法来推销，太过分了！即便真要找装修公司，也不会选这么没有诚信的公司"。

这位推销员以与客户家人联系过为借口想接近客户，这种办法行不通，最终不但会被识破，还会被戴上"不诚信"的帽子。

6.1.2　推销讲解要耐心细致

俗话说："嫌货人才是买货人。"任何一名顾客在选购商品的时候，很少情况下会没有任何意见就说："好，我买了!"不提意见的顾客反而是没有购买欲望的顾客。有的推销人员在顾客说"不"的时候没有心理准备，不知道如何解释，尤其是遇到有些顾客恶意刁难的时候。一些推销人员非但不能抓住成交机会，反而与顾客争辩、反驳，这是极端不冷静的行为。在下面这个例子中，推销人员详细而耐心地给顾客介绍产品，回答顾客的询问，赢得了顾客的认可。

准顾客：你们的售后服务怎么样?

推销员：方先生，我很理解您对售后服务的关心。那么，您所指的售后服务是指哪些方面呢?

准顾客：是这样，我以前买过类似的产品，但用了一段时间后就开始漏油，后来拿到厂家去修。修好后过了一个月又漏油，再去修，对方说要收5000元修理费，我跟他们理论，他们不愿承担这部分的费用。没办法，我只好自认倒霉。不知道你们在这方面是怎么做的?

推销员：方先生，您真的很坦诚，除了关心这些还有其他方面吗?

准顾客：没有了，主要就是这个问题。

推销员：那好，方先生。我很理解您对这方面的关心，确实也有顾客对同样的问题有过质疑。我们公司的产品采用的是欧洲最新AAA级标准的加强型油路设计，这种设计具有极好的密封性，即使在正负温差50度，或者润滑系统失灵20小时的情况下，也不会出现油路损坏的情况，所以漏油的概率极低。当然，任何事情都有万一，如果真的出现了漏油，您也不用担心，我们的售后服务承诺是：从您购买之日起1年内免费保修，同时提供24小时的主动上门服务。您觉得怎么样?

准顾客：那好，我就放心了。

在销售中，难免会碰到顾客询问或提出各种异议，实际上这是顾客为你提供的一次推销产品的机会，他想表达的就是"我对你的产品有兴趣，但是我还得进一步地了解更多的功能和价值，才能最后决定"。推销人员应该把握住这样的机会，耐心细致地给顾客做更详尽的说明，将产品的特征、价值、优势详细地介绍给顾客，真诚的态度会使顾客降低反对的程度，推销人员会获得进一步说服的机会。从消费者的心理角度分析，他之所以会心甘情愿地掏钱买产品，是因为四方面的需要得到了满足：一是被关心的需要，二是被倾听的需要，三是服务人员的专业化，四是服务人员的迅速反应。

在说服顾客的过程中，推销人员应注意下面几点。

（1）鼓励顾客提出自己的观点和意见。推销人员通过对意见的分析，可以了解顾客的真实需求，针对问题对症下药，进行适当的答复，这有助于销售的成功。

（2）认真倾听顾客的询问和异议。倾听，表示对顾客的尊重和诚意，同时可以从语言中分析顾客的真实想法。

（3）回答问题要准确。如果不准确回答顾客的问题和异议，会引起新的异议，同时令顾客怀疑。准确回答不一定是正确回答，这就要求推销员具备较强的应变能力和较好的口才。

（4）不与顾客发生争辩。争吵会破坏顾客的情绪，导致推销失败。

（5）维护顾客的自尊心。大多数情况下顾客很讲究面子，语言使用上要注意维护顾客的自尊心，保持良好的气氛。

（6）巧用口才，刺激顾客购买的欲望，引导其采取购买行动。

6.1.3 推销讲解要从顾客角度出发

消费者在购买商品使用价值的同时，也十分注重其带来的附加价值。一名出色的推销人员要能清楚地知道什么是顾客最需要的东西。商品除了满足顾客基本的需求外，还有其他的附加功能，而且很多情况下顾客更注重商品的附加功能。因此推销人员在推销过程中必须注重商品利益对顾客的吸引。

例如，以下是推销员在向一位有一定身份地位的顾客推荐一款彩电。

"这款产品是目前市场上技术最先进的，它的特点是……这样的产品除了满足您的视听功能和享受外，还可以作为一种豪华的家庭摆设，彰显了您与众不同的生活品位和生活质量。"

推销人员在介绍产品时切记不要一味地讲述自己推销的产品或企业的辉煌成就，而是要多从顾客的角度来分析此产品对于顾客来讲具有什么用途，带来什么好处。

马斯洛需求理论中谈到，当人们基本的生理需求得到满足后，就会产生高层次的需求，即心理上的尊重、自我实现等。因此，顾客在购买商品的同时还购买了其主观精神上的满足。推销人员在了解顾客需求的基础上，要将商品能给顾客带来的利益尽可能地罗列出来。对顾客了解不多的时候，应边讲解边观察顾客的表情变化及言谈举止，从中探求顾客的利益寻求点，了解真正的购买动机和需求。以下是一位售楼人员与一位普通市民的谈话。

"买房是件大事，您总不能今天花钱买房，明天又换吧，我知道您的钱是辛辛苦苦赚来的，也不容易。一是想要改善居住环境，二来也想给自己及家人一个舒适的生活空间。其实买房无论自住还是投资，客观上来说都是一种投资。投资得对，回报大；投资错了，浪费钱。不仅面积要合适，价格也要划算，各个方面要综合衡量，要是没买好，买个不称心的回家，那您会后悔一辈子，这我可不是吓唬您，这种情况比比皆是，您总不能买房买着玩吧，毕竟我们的钱不是刮大风刮来的、中奖中来的，您肯定要格外慎重。挣钱不容易，等钱赚够了再也买不到了，所以要给自己一次定好位，不要二次置业，那样花钱更多，既然我们要改善房子，改善住宅，就要改善到位。"

从以上这段话来看，这位售楼人员对顾客的心理掌握得非常到位，他一直在强调"挣钱不容易"，用"家"来唤起消费者购买的欲望。这种销售方式很容易打动顾客，值得我们学习。

6.1.4 推销用语要通俗易懂

很多销售人员的初衷是想利用专业语言的表达以体现专业水准，进而推销产品给消费者，可结果却适得其反。过多地使用老百姓不常接触的、不了解的用语，反而达不到推销的效果。

> 顾客问："这款产品有什么特别的地方？"
> A 推销员介绍："本款电视机是最新推出的主打产品，技术含量很高，有串色抑制技术、斜线补偿处理技术、清晰还原技术、屏幕灰度等级提升技术、高清数字归一技术、环绕立体声系统、互动导航系统……"

大多数的顾客对技术含量比较高的产品都不是行家，如果作为一名顾客接受的是推销员这样的介绍，估计马上就会被吓跑。因为这样的讲解太深奥，一般消费者很难完全明白其中的意思。在生活中，消费者时常会听到推销人员用这样过于专业的用语向顾客推销产品，往往是顾客开始的时候饶有兴致地听，以为可以了解到最新的动态和科技发展的情况，但是越听越糊涂——听不明白！最后，等待推销人员的只有一个结果：消费者被你的专业术语吓跑了！

最佳的方法是介绍到核心部分的时候可以向顾客适当地、合理地使用专业术语，不宜过多，点到为止。而不是一味地用专业的名词给顾客"上课"，顾客购买商品和接受服务，最终是想了解商品或服务能给其生活带来的好处。请看下面的推销员专业而又通俗地产品介绍。

> 一名顾客在家电商场选购冰箱，对流行的纳米技术冰箱很感兴趣，但不了解具体什么是纳米家电，有什么优势，于是他走到某品牌冰箱专柜前请教推销人员。
> 推销人员耐心地给他讲解："纳米其实是一个度量单位，一纳米是十亿分之一米。纳米技术是研究物质在 0.1~100 纳米的技术。目前这个技术主要用于家电领域的抗菌、抑菌等方面。"
> "在这款纳米冰箱中，在人手容易接触及细菌容易入侵的部位使用了经纳米化处理的材料，可以有效抑制细菌的生长，大大提高了冰箱的抗菌能力，家里有小孩的最合适！"
> 那位先生听后，很受启发，于是当即购买了一台。

可见，以上这位推销人员恰如其分地使用了专业术语，并对其销售产生了很大的帮助。总之，专业术语不能滥用、乱用，要恰到好处地使用。

6.1.5　推销用语要轻松愉快

推销人员和顾客交流的时候不能太过呆板，否则会令人厌恶。推销人员在销售的过程中，不能改变周围的环境，但是可以运用自己的言语、灵活的技巧改变紧张的气氛，创造舒适愉快的氛围。恰当地运用幽默，可以令双方轻松、舒畅欢笑，还可以消除彼此的隔阂。因此，推销人员平时可以进行一些资料的收集，将风趣幽默的材料收集起来，在推销中将幽默的言语和推销的过程联系在一起，达到有趣生动的效果。例如：

> 买家：老板，什么手机最耐用？
> 卖家：只有相对耐用的，没有绝对耐用的。
> 买家：为什么？

卖家：你没见过谁家有祖传的手机吧？哈哈！

在销售中，有时候会出现出人意料的突发事件，使人尴尬不已。这时候，就可以运用幽默的口才随机应变、化险为夷。

某推销员向一大群顾客推销不易碎的碗。她先是向顾客进行产品介绍，接着就进入示范环节：把一个碗扔在地上，以此证明质量好、经久耐用。可是，她碰巧碰上了一个质量不合格的碗，猛一摔——碎了。这样的情况令她始料未及，顾客目瞪口呆。面对这样的局面，推销员灵机一动，压住自己心里的慌张，笑着用幽默的语气说："你们看，像这样的碗我们是不会出售给消费者的。"大家一听都笑了，气氛变得活跃起来。推销员于是马上扔了几个质量好的碗，都没摔碎。一下子就博得了顾客的信任，销售出几箱碗。对于那个失误，顾客则误以为是事先设计好的。

这个故事中，推销人员能够随机应变，用机智的语言化解了一场危机，为自己赢得了主动，达到了成功宣传产品的目的。

6.2 推销口才技巧

在推销活动中，推销员要在不同场合面对不同类型的顾客，如何在销售中展现自己，并诱导顾客，面对不同顾客的时候如何介绍，推销禁忌语和专业术语有哪些？这些都是推销人员应该掌握的。

> 成交建议指向合适的客户在合适的时间提出合适的解决方案。

6.2.1 如何接近顾客

推销能否取得成功，关键在于顾客能否接受推销员的推销风格和为人。大多数顾客在与推销员见面的短短几秒钟的时间里就能对其做出评价，而这也是决定推销人员能否顺利推销并取得成功的关键。有经验的推销人员在和客户首次见面时，就会想尽办法给客户留下真诚、专业、可信赖的印象。

1. 如何获得面谈的机会

如果顾客能够答应与推销人员面谈，那说明顾客对你是比较信任的，对你所推销的产品是比较感兴趣的。可以借鉴以下的语言技巧去获得面谈的机会。

● 第一种情况：

顾客：我没有时间听你的讲解。

推销人员：我非常理解。我也老是觉得时间不够用。不过我只需要2分钟……

● 第二种情况：

顾客：我现在没空。

推销人员：是的，你们这个行业的人都很忙，但越忙越需要有好身体好心情，我这次是专门针对您的这个问题给您送解药来了。我现在正好在您公司附近，我把资料送给您就走，行吗？

● 第三种情况：

顾客：我没兴趣。

推销人员：我完全理解，对一个谈不上相信或者手上没有什么资料的事情，如果我是您也不可能立刻产生兴趣，有疑虑有问题是十分正常的，让我为您解说一下吧，星期几合适呢？

● 第四种情况：

顾客：我没兴趣参加！

推销人员：我非常理解，刘教授，要您对不晓得有什么好处的东西感兴趣实在是强人所难。正因为如此，我才想向您亲自报告或说明。星期三或者星期四过来看您，行吗？

● 第五种情况：

顾客：我没有钱！

推销人员：我了解。要什么有什么的人毕竟不多，正因如此，我们现在需要选择一种方法，用最少的资金创造最大的利润，这不是对未来的最好保障吗？在这方面，我愿意贡献一己之力，可不可以下星期三或者周末来拜见您呢？

● 第六种情况：

顾客：你把资料发到我邮箱就行了。

推销人员：罗总，我们的资料都是精心设计的纲要和草案，必须配合专业人员来说明，而且要针对每一位客户进行量体裁衣。所以最好是当面讲解，您看明天上午还是下午去拜访您比较好呢？

● 第七种情况：

顾客：我们明年的预算没定。

推销人员：预算没定没关系，了解多家供货商的产品情况，可以进行全方位对比。我本周都在本市，您看哪天我去拜访您比较合适？

以上的方法不是在任何时候、任何地点都有效的，只是为你指引一个方向。希望各位学员在利用这些方法时灵活处理，针对不同的客户采用不同的策略。

2. 接近客户的步骤

（1）微笑：微笑是人际关系中最佳的润滑剂，它表示了友善、亲切、礼貌以及关怀。美国连锁企业沃尔玛公司的创始人沃尔顿生前用一句话概括了他成为亿万富翁的秘诀：低买低卖，微笑攻势！推销员在客户面前要真诚友好地微笑，这样可以缩短双方的距离，使客户有一种亲切感，减少抗拒心理。

（2）注视：推销员要用眼睛正视客户，用眼神传递正直、诚恳、自信、热情等情感，绝不能眼睛朝下或左顾右盼，使客户感到推销员心不在焉，或不诚实、不热情。但要注意，注视并不是凝视，否则无法正常交谈。

（3）问候：简单的一句问候语是展开话题的最好题材。推销员应该根据不同的人、不同的时间、不同的环境来选择问候的方式。

● "刘总，很高兴见到您！"

- "刘总，您好！终于有机会见到您真人了，您看起来比电视上还神采奕奕。"
- "刘总，您好！听说您儿子考上清华了，恭喜恭喜！"
- "刘总，您好！你们公司的新产品我已享用，太棒了！"

（4）握手：握手是社会交往中常见的礼节，在见面、告别等很多场合都需要使用。握手时的位置、用力的轻重、时间的长短以及是否用目光注视等，都可以反映出一个人的修养和态度。有时从与对方握手的一瞬间就可以感到，对方是热情还是冷淡，是谦恭还是傲慢，是自信还是自卑，是真心实意还是敷衍了事。所以，握手时的一些礼仪规定还是应引起我们的重视。

（5）准确的称呼。戴尔·卡耐基说："一种简单但又重要的获取别人好感的方法，就是牢记他或她的名字。"在销售中也是这样。谁都喜欢被别人叫出自己的名字，所以不管客户是什么样的身份，与你关系如何，你都要努力将他们的容貌与名字牢牢记住，这会使你的推销畅通无阻。如果你一开始就叫错了客户的名字，那接下来可能无法继续交谈。想牢记客户的名字并准确称呼客户，你可以参考下面四种方法。

- 用心听记。每当认识新客户时，一方面要用心注意听；另一方面要牢牢记住。若听不清对方的大名，可以再问一次："您能再重复一遍吗？"或"不好意思，您能告诉我如何拼写吗？"
- 用笔辅助记忆。在取得客户的名片之后，将他的特征、爱好、专长、生日等写在名片背后，以帮助记忆。
- 联想式记忆。利用其特征、个性及名字的谐音产生联想，也是一种帮助记忆的好方法。
- 重复加强记忆。在很多情况下，当客户告诉你他的名字后，不超过 10 分钟你就会忘掉。这个时候，如果你能多重复几遍，就会记得更牢。因此，在与客户进行的初次谈话中，应多叫几次对方的称呼。如果对方的姓名或职务少见或奇特，不妨请教其写法与取名的原委，这样更能加深印象。

（6）自我介绍：在握手时很自然地互道姓名，自我介绍，说明来意。同时也可以递上自己的名片，让对方记住自己的姓名。自我介绍的第一句话不能太长。

（7）话题：推销人员要迅速提出寒暄的话题，营造比较融洽、轻松的会谈氛围。寒暄的内容五花八门，此时寒暄的重点是迎合客户的兴趣和爱好，让客户进入角色，使对方对你产生好感，寒暄的目的是营造气氛，让客户接受你，只要目的达到了，其他的下一步工作也就好开展了。话题可以谈对方的爱好、对方的工作、时事问题、孩子等家庭之事，也可以谈影视及体育运动、对方的家乡及所读的学校、健康、理财技术及街谈巷议。

3. 如何接近顾客

推销员与准顾客交谈之前，有一个接近顾客的过程。接近顾客的好坏，几乎可以决定这一次访问的成败，换言之，好的开场就是推销员成功的一半。推销高手常用以下几种接近顾客的方法。

1. 赞美接近法。
2. 求教接近法。
3. 利益接近法。
4. 问题接近法。
5. 提供信息法。
6. 提及他人法。

（1）赞美接近法。

俗话说："良言一句三冬暖"。每个人都喜欢听好话，客户也不例外。因此，赞美就成为接近顾客的好方法。赞美准顾客必须要找出别人可能忽略的特点，而让准顾客知道你的话是真诚的。赞美比拍马屁难，它要先经过思索，不但要有诚意，而且要选定既定的目标与诚意。

比恩·崔西是美国一位图书推销高手，他曾经说："我能让任何人买我的图书。"他的秘诀只有一条：非常善于赞美顾客。

一次，他遇见一位非常有气质的女士。当那位女士听说崔西是推销员时，脸一下子阴了下来："我知道你们这些推销员很会奉承人，专挑好听的说，不过，我不会听你的鬼话的。"崔西微笑着说："是的，您说得对，推销员是专挑那些好听的词来讲，说得别人昏头昏脑的，像您这样的顾客我还是很少遇见，特别有自己的主见，从来不会受到别人的支配。"

细心的崔西发现，女士的脸已由阴转晴了。她主动问了崔西许多问题，崔西都一一耐心做了回答。最后，崔西开始高声赞美道："您的形象给了您很高贵的个性，您的语言反映了您有敏锐的头脑，而您的冷静又衬出了您的气质。"

女士听后开心得笑出声来，很主动地提出要看看崔西手中的图书。

（2）求教接近法。

这是利用向准客户请教问题的机会来接近对方的方法。从心理学角度讲，人们一般都有好为人师的心理，总希望自己的见地比别人高明，以显示能力胜人一筹，尤其是自视较高的人更是如此。对于这样的人，采取虚心请教的方法，以满足其高人一等的自我心理，十分有效。推销员正是通过给客户提供这样的机会来接近客户，在向对方讨教某一方面的问题，引起对方的话题和兴趣之后，再提出推销要求，进行推销宣传，往往会收到较好的效果。

亚伯特·安塞尔是铅管和暖气材料的推销商，多年来一直想跟一位铅管包商做生意。这位业务大、信誉好的铅管包商对待安塞尔却极刻薄、无情。他坐在办公桌的后面，嘴里衔着香烟，每次在安塞尔进门时，他就哆嗦着说："今天什么也不要！不要浪费你我的时间！滚吧！"有一天，安塞尔准备试试另一种方式。安塞尔所在的公司正准备在经济开发区开一家新的公司。那位铅管包商对那个地方很熟悉，并且在那里做了很多生意。这次，当安塞尔去拜访他时，开场白是这样说的："先生，我今天不是来推销什么东西的，我是来请你帮忙的，不知道您能不能抽出一段时间和我谈一谈？"

"嗯……好吧。"铅管包商用嘴巴把香烟转了一个方向，"什么事？快点说。"

"我们公司想在经济开发区开一家新的公司。"安塞尔说，"您对那个地方了解的程度和住在那里的人一样，因此我来请教您的看法！"

多年来，这位铅管包商一直向安塞尔吼叫，命令他走开。而今天，安塞尔作为一家大公司的推销员不向他推销产品，居然跑来请教他，这使他得到了极大的满足。

"请坐。"铅管包商用了一个多小时的时间详细解说经济开发区市场的特点和优点，而且还帮助安塞尔讨论了购买产业、储备材料和开展业务的全盘方案，最后，他还十分信任地把家务的困难和夫妇不和的情形向安塞尔诉说了一番。

那天晚上，在安塞尔离开的时候，不但口袋里装了一大笔初步的装备订单，而且与对方建立了坚固的友谊基础。这位过去吼骂安塞尔的铅管包商，现在却常和安塞尔一块打保龄球。这个大改变，便是因为安塞尔向他请教一个问题，给了他一种重要人物的感觉。

（3）利益接近法。

推销员迅速地告诉客户商品或服务会给他带来哪些重大利益，也是引起客户注意、达到接近目的的一个好方法。采用这种方法，营销人员应把商品或服务给客户带来的利益放在第一位。以引发客户兴趣，增强购买信心。

- "张经理，我们的机器比您目前的机器速度快、耗电少、更精确，能降低您的生产成本。"
- "王总，您愿意每年在毛巾生产上节约5万元吗？"

利益接近法迎合了部分客户的求利心态，有时客户不明真相，认识不到推销给自身带来的利益，推销员抓住这一要害问题予以点明，将突出推销重点和产品优势，有助于很快达到接近客户的目的。采用利益接近法时必须实事求是，不要夸大，更不可无中生有、欺骗客户。

（4）问题接近法。

推销员直接向顾客提出问题，利用所提的问题来引起顾客的注意和兴趣。如：

- "张厂长，您认为影响贵厂产品质量的主要因素是什么？"

产品质量自然是厂长最关心的问题之一，推销员这么一问，无疑将引导对方逐步进入面谈。在运用这一技巧时应注意，推销员所提问题，应是对方最关心的问题，提问必须明确具体，不可言语不清楚、模棱两可，否则，很难引起顾客的注意。

（5）提供信息法。

推销员向顾客提供一些对顾客有帮助的信息，如市场行情、新技术、新产品知识等，会引起顾客的注意。这就要求推销员能站到顾客的立场上，为顾客着想，尽量阅读报刊，掌握市场动态，充实自己的知识，把自己训练成为这一行业的专家。顾客或许对推销员应付了事，可是对专家则是非常尊重的。如你对顾客说："我在某某刊物上看到一项新的技术发明，觉得对贵厂很有用。"推销员为顾客提供了信息，关心了顾客的利益，也获得了顾客的尊敬与好感。

我的父亲是一家企业主管采购工作的副总，他们企业需要大量的玻璃。有一天，他的一位老友来家里做客，酒过三巡，老友说道："好长时间不见了，想你了就来看看你。这段时间实在太忙了，你不知道，我们公司最近研发了一种新型的玻璃，质量特别好。咱们国内的很多大企业，都跟我们订货。我这个销售部长，天天忙得团团转。"父亲笑道："是吗，那改天你给我们也拿几块看看，如果合适的话，我们公司也采购点。"老友高兴地走了。我妈对我爸说："什么来看你的，拐弯抹角，还不是来推销玻璃的。"父亲说："你也得理解他，他如果来了直接就说是来推销的，一来显得生分，二来我如果拒绝了也伤害两个人的感情。他这样拐弯抹角，也是为了给双方留点余地啊！"

（6）提及他人法。

告诉顾客，是第三者要你来找他的。这是一种迂回战术，因为每个人都有"不看僧面看佛面"的心理，所以，大多数人对熟人介绍来的推销员都很客气。例如：

- "何先生，您的好友张安平先生要我来找您，他认为您可能对我们的印刷机械感兴趣，因为，这些产品为他的公司带来很多好处与方便。"
- "唐经理，您好！您的班主任介绍我过来找您。她告诉我您是一个值得深交的朋友。"

6.2.2 处理顾客异议的语言技巧

在推销活动中，任何一笔交易的达成都不是一帆风顺的，顾客肯定会提出这样或那样的意见。顾客提出的反对意见可以说是推销过程的障碍。正确对待并妥善处理顾客所提出的有关异议，清除障碍是推销员必须具备的一项基本功。常用的处理顾客异议的语言技巧主要有以下几种。

1. 反驳处理法。
2. 但是处理法。
3. 利用处理法。
4. 补偿处理法。
5. 询问处理法。
6. 其他处理法。

1. 反驳处理法

反驳处理法也称为直接否定法，是业务人员根据有关事实和理由来直接否定顾客异议而进行针锋相对、直接驳斥的一种处理方法。

在推销活动中，推销员应该尽可能保持与顾客之间已经形成的良好洽谈气氛，尽量避免与顾客发生对立。但是，当洽谈中发生了这样的情况：顾客提出毫无根据的事实来破坏企业形象或贬低产品时，顾客根本不想购买产品而故意刁难时，顾客提出的异议明显不成立时，推销员可以直接否定顾客的异议。

顾客："这房屋的公用设施占总面积的比率比一般的要高出不少。"

推销员："您大概有所误解，这次推出的花园房，公用设施占房屋总面积的 18.2%，一般大厦的公用设施平均达 19%，我们要比平均值小 0.8%。"

顾客："你们企业的售后服务风气不好，电话报修，都姗姗来迟！"

推销员："我相信您所说的一定是个案，有这种情况发生，我们感到非常遗憾。我们企业的经营理念，就是服务第一。企业在全省各地的技术服务部门都设有电话服务中心，随时联络在外服务的技术人员，希望能以最快的速度为顾客服务，以实现电话报修后 2 小时内一定到现场修复的承诺。"

2. 但是处理法

但是处理法也称间接法，是指推销员根据有关的事实与理由来间接否定顾客异议的一种方法。这种方法并不是直接与顾客辩驳，而是先肯定对方的某些长处或表示同情，使顾客心理有一种暂时的平衡，然后用类似"但是"的转折词把话锋一转，再对顾客异议进行反驳处理。其模式一般是："是（对）……但是（然而）……"。对于顾客的不同意见，如果推销员直接反驳，会引起顾客不快，所以，推销员可以先肯定顾客的意见，然后再从其他角度向顾客解释。

一位家具推销员向顾客推销木制家具时，顾客提出："我对木制家具没兴趣，它们很容易变形。"这位推销员马上解释道："您说得完全正确，如果与钢铁制品相比，木制家具的确容易发生扭曲变形现象。但是，我们制作家具的木板经过特殊处理，它的扭曲变形系数只有用精密仪器才能测得出。"这样一来，不仅给顾客留住了"面子"，而且也以幽默的方式消除了顾客的疑虑。

处理法必须先承认顾客异议有道理的一面，然后从另一方面进行否定。它首先维护了顾客的自尊，似乎赞成顾客的说法，然后再婉转否定，使顾客更易于接受劝说。

3. 利用处理法

利用处理法又叫转化法，即推销员把顾客异议中正确的观点作为自己的观点，来说服顾客排除障碍的方法。顾客提出的异议，有正确的，也有错误的，还有自相矛盾的。利用处理法是针对顾客异议本身的矛盾，以其内在的错误，否定其表面的正确，把顾客异议变成劝说顾客购买的理由。

某位保健品推销员刚走进陈老板的办公室，陈老板就不耐烦地说："我工作了一天非常累了，我不想再见任何人。"该推销员马上接住陈老板所说的"累"说："陈老板，我就是专门给你送来解除疲劳方子的。"接下来，这位推销员就继续介绍解除疲劳的方法。

4. 补偿处理法

补偿处理法也称抵消处理法、平衡处理法，是指推销员利用顾客异议以外的优点或利益来补偿或抵消顾客异议的一种处理方法，即用异议以外的其他有利因素抵消顾客的异议。

在一次车展中，一位促销员向顾客介绍一款新车。

顾客提出服务异议："这车看起来不够大气！"

促销员说："但它非常省油。"

顾客："颜色也不是我最喜欢的。"

促销员："但这是今年最流行的环保色。"

顾客："价格也不够优惠。"

促销员："但与同等款式的车比较，性价比是最高的。"

在购买活动中，顾客总想买得十全十美，但很难实现，任何购买都有优点和缺点，但有时顾客只看到了购买的缺点，而对其优点注意不够。在这种情况下，推销员可以利用补偿处理法转化顾客的异议，即承认缺点，讲明优点，利用优点抵消缺点，使顾客达到心理平衡。尤其要让顾客看到产品的优点大于缺点，购买合算，这样顾客就有可能采取购买行为。

5. 询问处理法

询问处理法也叫提问处理法、追问处理法，是指推销员通过对顾客异议提出疑问来处理顾客异议的一种方法。在实际推销活动中，顾客异议具有不确定性，令推销员很难分析、判断异议的性质与真实原因，为排除推销障碍增加了困难。

顾客："我想我还是回家考虑一下。"

推销员："您能告诉我您需要考虑的是哪方面的问题吗？是我们的服务吗？"

顾客；"不是，不是。"

推销员："那是我们产品的质量？"

顾客："也不是。"

推销员："对结算方式有顾虑？"

顾客："啊，说实话，就是这个问题。"

6. 其他处理法

第一：加法处理法。加法处理法就是告诉客户，他购买的产品可以获得额外赠送的物品。

一位促销员对顾客说："你如果现在购买我们的产品，可获得免费拍摄的全家艺术照一套。"

第二：减法处理法。如果客户又欲购买又总在与你讨价还价，你不妨用减法处理法去试试。

一位汽车推销员无奈地对他的客户说："我可以按你说的低价卖给你，但是我需要把其中的音响设置给拆下来，否则我就对不起它的设计者精心地打造它了。"

第三：除法处理法。如果你一次给客户报产品的总价格，客户很难马上接受，那你可以用除法处理法将时间分解。

保险推销员对张先生说："这份保障很高有 20 万元，而保费却很低，一天只有 7 元多，您想，一天存 7 元，到 40 年后，您取回××万元，正好老夫妻到全国周游一番，这之前还有 20 万元的保障……"

也可将数量分解，缩小标价的单位。例如，你告诉对方一两茶叶的价格而不是一斤茶叶的价格。

第四：乘法处理法。乘法处理法就是告诉你的客户，购买你的产品不仅能享受到一般产品的基本功能，还能得到更多的附加价值。重点谈购买产品能给对方带来的增值。

一位售楼小姐告诉她的客户"它不仅位置佳，价格差不多是同地段房价的一半，而且升值潜力大，用于自住或出租，都是再合适不过的了。"

6.2.3 促使顾客成交的语言技巧

所谓成交，是顾客接受推销人员的推销建议和推销过程，最终购买推销商品的行为过程。促使顾客成交是整个推销过程中最重要的一环。这犹如踢足球，经历了抢球、传球，过五关、斩六将，好不容易将球带到对方的门前，就差那临门一脚，却踢不进去！所有的努力都将白费。因此，成功地运用推销技巧，解除客户的犹豫和顾虑，抓住当前时机促成交易，是推销过程中的关键环节。通常有以下几种诱导成交法。

```
1. 请求成交法。
2. 假定成交法。
3. 选择成交法。
4. 小点成交法。
5. 想象成交法。
6. 举证成交法。
7. 对比处理法。
8. 穷追成交法。
9. 无可奈何法。
```

1. 请求成交法

请求成交法又称为直接成交法或是"快刀斩乱麻法"，是推销员向客户主动提出成交要求，直接要求客户购买推销产品的一种方法。

- "该说的我都说了，您应该同意购买了吧?"
- "我可服了您，折腾了近三个小时都没下定决心。我求您了，别再折腾自己了。"
- "您得帮帮老同学，我给您的价格是全球最低价。"

注意：请求成交不是强求成交，也不是乞求成交，使用时要做到神态自然坦诚，语言从容，语速不快不慢，充满自信。但不能自以为是，要见机行事。

2. 假定成交法

假定成交法是指推销员在假定客户已经接受销售建议，同意购买的基础上，通过提出一些具体的成交问题，直接要求客户购买推销产品的一种方法。

- "黄总，既然您很满意，那么就这样定了，我明天给您送货。"
- "刘姨，这是今年最流行的款式。您要哪件？"

3. 选择成交法

选择成交法就是直接向客户提出若干购买的方案，并要求客户选择一种购买方法。选择成交法的特点，就是不直接向客户提问易遭拒绝的问题"要不要"，而是让客户在买多与买少、买这与买那之间选择，不论客户如何选择，结果都是成交。如"先生，您是喝蓝带啤酒还是青岛啤酒？""我们周二见面还是周三见面？"此种"二选其一"的问话技巧，只要准客户选中一个，就是你帮他拿主意，下决心购买了。

4. 小点成交法

小点成交法以假定成交法作为理论基础。推销员假定只要小点成交，就会促成大点成交。小点成交法是一种试探成交，要求推销员直接促成小点成交，间接促成大点成交。

某办公用品推销员到某办公室去推销碎纸机。办公室主任在听完产品介绍后摆弄起样品来，自言自语道："东西倒挺合适，只是办公室这些小年轻毛手毛脚的，只怕没用两天就坏了。"推销员一听，马上接着说："这样好了，明天我把货运来的时候，顺便把碎纸机的使用方法和注意事项给大家讲讲，这是我的名片，如果在使用过程中出现故障，请随时与我联系，我们负责维修。主任，如果没有其他问题，我们就这么定了？"办公室主任很快地接受了推销员的建议。

5. 想象成交法

想象成交法，是引导顾客通过推销人员语言上的暗示，将选购的推销品在脑中进行想象，设想使用这样的商品后带来的物质和精神上的享受。

"我们银行最近和世界著名的××银行共同推出了一个新的基金。这个基金风险小、回报率高。"

"可是我们从来没有买过，也不知道有什么用处。"

"您可以设想一下，如果您现在有一笔小的投资，过几年或者10年后，您的那笔资金的收益足以支付您孩子的教育费用，您说呢？"

6. 举证成交法

通常有些客户，选购商品的时候小心翼翼，不太轻易相信推销人员所描述的产品，遇到这种情况，可以列举大量的事实令客户信服。例如：

夏天到了，空调销售异常火爆，一些推销人员通常会这样给顾客介绍："我们是全国销量第一的品牌。经常出现断货现象，购买我们产品的顾客络绎不绝，质量上你应该放心！"

顾客不屑一顾："你说是第一就是第一吗？我们消费者并不知道！"

这时，推销人员可以不慌不忙地将权威统计公司的统计数据，以及知名报纸上的报道展示给顾客，这时顾客就会信服。

7. 对比处理法

如果你的产品有价格优势，那么你就可以自信地利用对比方法，告诉客户你的产品与同类产品相比是非常优惠了。

● "您可以到大商场看看，同样的产品他们的价格是多少？"
● "我们现在是店庆，两天后价格又会恢复原价，您如果将我们的产品与同样的其他品牌对比，就知道我们产品的价位是比较低的。"

8. 穷追成交法

穷追成交法需要牢牢抓住客户所说的话，促使洽谈成功。这种成交方法对成交有很大的好处。例如：

如果客户说："你这里的产品还不错，价格也实惠，但是我希望购买一辆经济实惠、款式时尚、安全性能高的小排量轿车，好像你这里没有这样的产品。"

这时，你可以马上接过客户的话："那好，假如我推荐另一款满足您需求的产品，并且价格同样实惠，您会考虑购买吗？"

9. 无可奈何法

在你费尽口舌，使出浑身解数都无效，眼看这笔生意做不成时，不妨试试无可奈何法。例如：

"黄主任，虽然我知道我们的产品绝对适合您，可我的能力太差、嘴太笨，无法说服您，我认输了！不过，在我告辞之前，耽误您几分钟时间，请您指出我的不足，让我有机会改正，好吗？"

像这种谦卑请教的话语，不但很容易满足对方的虚荣心，而且会消除彼此之间的对抗情绪。这时，你们仿佛已不是推销与被推销的关系，他会一边指点你，一边鼓励你，为了给你打气，有时会给你一张意料之外的订单。

6.2.4　推销员的禁忌语和说话方式

推销工作是与人打交道的工作，语言是推销人员的重要工具。在推销过程中，要在短时间内获得顾客的好感不是件容易的事情，因此要特别注意语言的艺术。以下几种语言方式是推销人员的大忌。

1. 令顾客不愉快的口头禅

在推销的过程中，每一位推销人员的表达方式和语言习惯都不同，但是或多或少都会出现一些常用的口头禅，自己在工作中又不易发现。如果录音后再听，就会发现这些口头禅非常令人不愉快。例如：

"我觉得您应该考虑购买我们的产品，我们的企业是一流企业，产品是一流产品，服务是一流服务。您如果购买，肯定不会后悔。"

检查一下以上的讲话，有什么问题吗？这位推销人员完全没有考虑顾客的感受，一直在用"一流"去强调自己的企业、产品及服务，"我觉得"也暴露出这位销售人员以个人为中心。而且用词相对比较绝对，如"应该""肯定"也是如此。在与顾客对话时请尽量减少这些口头禅，多从顾客的角度考虑，让顾客愿意与你对话，愿意与你交往而最终购买你推介的产品。

2. 令人反感的说话方式

推销人员在与顾客的交流过程中，要注意顾客的情感，使顾客乐于接受。首先，对顾客的称谓要恰当、准确。例如，可称同辈为先生、小姐、女士、朋友等，对中老年顾客用长辈的称呼。其次，要把握住顾客情绪的变化。如果忽视了顾客的想法和情感，即使推销技巧再熟练，专业知识再扎实，也是事倍功半。以下是推销过程中令顾客反感的说话方式。

（1）反驳顾客。理智型的和对产品较熟悉的顾客，在接受推销时往往会对推销人员的介绍提出自己的看法和意见，这其中有对的也有错的。有些推销人员就对顾客说的话一一反驳，并直接指出错误之处，这样不仅会令顾客尴尬，还会伤害顾客的感情。

（2）伤害顾客自尊心。一部分推销人员喜欢指出顾客的小错误，从而炫耀自己的知识，丝毫不在乎是否伤害到顾客的自尊心。如果伤害了顾客的自尊心，推销就无法再进行下去。

（3）说话以自我为中心。在商场，有时会遇到这样的推销员：从开始到结束都是他自己一人在唱独角戏，拼命地说个不停，顾客插嘴的份儿都没有。这样的做法是很愚蠢的。

例如，以下的说话方式会令顾客很反感。

顾客："请问这块手表多少钱？"
推销员："这是世界名牌呢！"
顾客："我知道，现在的价钱是多少？"
推销员："这块表比较贵，要9800元。"
顾客："好的，麻烦你拿给我看一下。"
推销员："可以，不过不买最好不要看！"

在顾客看表的同时，推销员滔滔不绝地介绍起来："这块表是我们最新推出的，在不锈钢表壳中有熠熠发光的宝石。表链的四边形不锈钢链条，镶嵌在类似抛光蓝色大理石的合成材料中，表面还嵌有彩色的金属薄片。坚固不锈钢表壳周围是抛光的钢质表圈，中间带有雕刻的钢质四边形宝石。盘面与表链的嵌入物对应，呈浅蓝色。浅蓝色圆点标记所有的钟点，在表盘外围形成一个环形，反光的金属时针和分针指示时间。"

还没等顾客开口，推销人员马上又说："你已经了解那么多了，也看了那么久了，决定现在买吗？若买的话我立即给你开票。"

设想一下，结果如何呢？不用说，大家都会想到结果。

3. 令顾客感到疲劳的说话方式

推销洽谈的主要方式是语言的沟通和交流，说话的语言必须是轻松愉快的，顾客才乐于接受。以下几种说话的方式都会令顾客反感，推销人员应尽量避免。

（1）声音过小。推销人员说话的音量过小，顾客会因为听不清楚而变得不耐烦，从而不愿意继续接受推销介绍。

（2）介绍啰唆。推销人员在介绍过程中，发现顾客没有出现期待中的那种利于销售的反应时，会反复重复刚才说过的话。或者在顾客有利于销售的反应时，也会因兴奋而重复同样的话题。

（3）口若悬河。推销员说话过快、过于流畅，使顾客没有时间去思考推销人员介绍的内容。

推销人员在与顾客洽谈时需要注意以下几点：

- 表达重要的内容时，应尽量重复顾客名字，表示对其重视；
- 在讲解的过程中，尽量使用通俗易懂的语言，避免使用专业性很强的术语；
- 语言要具有亲和力，尽量多说"您"或"你"，以及"我们"，少说"我"；
- 将顾客的话语进行理解和总结，并加以重复。

6.3 电话推销口才

电话作为一种方便、快捷、经济的现代化通信工具，正日益得到普及。智能信息时代、数字化时代呼啸而来，中国现在的移动电话普及率已经跃居世界第一。现代生活追求快节奏、高效率，电话推销应运而生。电话推销是指通过电话推销产品和宣传公司业务。因为电话推销不可避免地会打扰到客户，所以，了解电话推销的准备工作和技巧是极为必要的。

6.3.1 电话推销的优点和缺点

1. 电话推销的优点

电话推销的优点有：快速、方便、费用低、联系广泛。

2. 电话推销的缺点

（1）容易被顾客拒绝。推销人员尽管做了大量的准备工作，但是由于看不到对方此时的状态，顾客也看不到我们，"不"字就更容易说出口。

（2）误解较多。由于电话推销的方式会受到信号、语言等因素的影响，双方在语音、声调上常会出现误解，尤其是一些含糊不清的字和词语，因此听错听漏是经常的事情。

（3）商谈的时间短。电话推销相对于其他的推销方式而言，时间较短，留给双方尤其是顾客思考的时间更短，推销成功的机会自然减少。

6.3.2 电话业务推广员应该具备的基本条件

俗话说：工欲善其事，必先利其器。电话业务也是如此，电话业务推广员必须具备的基本条件是：口齿伶俐、反应机敏、性格开朗、喜欢电话推广工作、善于总结教训和经验、声音富有亲和力。

（1）口齿伶俐能迅速将信息传递给对方；反应机敏可从客户的话语中准确、及时把握客户的问题与需求所在，以便迅速采取适宜的对策。

（2）性格开朗则敢于并且愿意与客户交谈，喜欢电话推广工作则会在工作中迸发出较强的工作热情。

（3）善于总结教训和经验则会在工作与实践中学会自己以前不会的知识和技能，吸取工作教训，从而快速熟悉电话业务。

（4）声音富有亲和力则容易让对方在听觉上感到悦耳，不至于让对方产生听觉厌烦。

除此之外，电话推广员还必须具备一定的韧性、学历、适当的年龄、会说普通话等条件。如果推广员具备相关经验则更好，如果其不具备相关工作经验，但是具备上述基本要求，还要对其进行专业化、流程式的培训。

6.3.3 电话推销的准备

电话推销通过电话来了解顾客的需求，并刺激顾客购买产品，的确是件不容易的事。而且在生活中，有些推销人员在打电话之前根本没有进行充分的准备，拿起电话就打，这是一种不正确的做法。要想取得电话销售的成功，就必须做好充分的准备工作。

1. 电话推销前的准备工作

（1）对顾客的基本情况进行了解。如果是个体顾客，需要了解的内容有姓名、年龄、家庭背景、性格爱好、职务等；如果是团体顾客，需要了解企业的经营状况、信用情况、购买的决策者、企业性质、人事等。

（2）准备好相关的问题进行提问。不是漫无边际地提问，而是有针对性地提问，并从提问中了解到顾客的真实需求，以及对价格、服务等方面的要求，针对性地开展推销工作。

（3）对顾客可能提出的问题有所准备。由于电话推销中思考的时间较短，顾客在接受推销中难免会提出较为刁钻的问题，有经验的推销人员会事前将可能遇到的问题进行整理和准备，将合理的答案设置好，以便回答顾客的提问。加拿大有一家公司，在对推销人员进行培训的时候，大部分时间不是介绍销售技巧，而是将多年收集整理的顾客在接受推销过程中提出的异议，让新来的推销人员练习如何解答，并由老员工模拟顾客进行演练。新员工只有能够恰当地回答提问后，才能正式上岗。

（4）摆正好心态。作为电话营销人员，要把被拒绝当成再正常不过的事情，要对自己的产品和服务有百分之两百的信心，对产品的市场前景应该非常的乐观。

2. 电话推销的步骤

如图6-1所示是电话推销的十个步骤。

步骤一	→	进行简单问候	→	真诚的问候可以令顾客倍感亲切和温暖
步骤二	→	征得对方同意	→	问候后应询问对方是否有时间交流，是否愿意继续交谈
步骤三	→	进行自我介绍	→	每位推销人员都应该有一次详细的自我介绍，介绍自己及公司的基本情况
步骤四	→	简单说明来意	→	推销人员在使用电话推销时要以自信的态度，清楚直接地表明你的目的，让顾客感到你的专业和诚意
步骤五	→	了解顾客需求	→	了解顾客过去和现在的需求。在营销界有句名言：一流的电话推销，销售的是顾客的信念和价值观；二流的电话推销，销售的是产品的好处
步骤六	→	详细介绍产品	→	对所推销的产品进行介绍
步骤七	→	测试成交	→	如果顾客表现出兴趣，有成交的意向，推销人员应及时询问需要的时间
步骤八	→	克服拒绝心理	→	成交的开始就是拒绝，每一次的拒绝等于你离顾客更近一步
步骤九	→	假设成交	→	假设顾客同意成交
步骤十	→	确立访问要求	→	不是每一次电话销售都能成交，而是能有进一步跟进顾客的机会

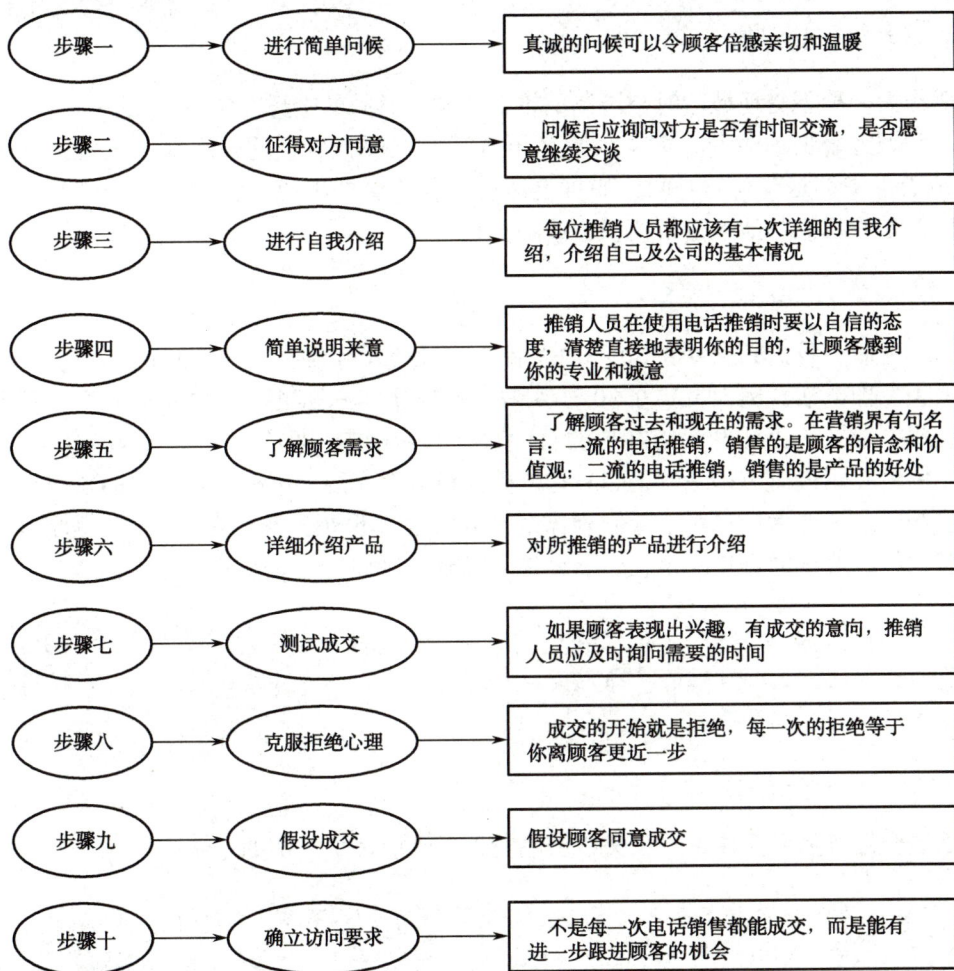

图 6-1　电话推销的十个步骤

6.3.4　电话推销的技巧

电话推销不是简单的推销方式，需要掌握一定的技巧。

1. 确定推销的对象

电话销售成功的关键在于找对目标，或者说找到足够多的有效潜在目标客户。在电话销售过程中，选择永远比努力重要。选择推销对象必须具备三个条件：一是有潜在或者明显的需求；二是对你所推销的产品有一定的购买力；三是推销对象要有购买的决策权。

2. 制订详细的推销计划

电话推销和其他推销方式一样，要事先做好一个推销计划。内容包括如何引起顾客的注意，如何介绍产品，了解顾客的基本情况等相关的内容。有了详细的计划，推销人员就可以从容不迫、应付自如。

3. 选择打电话的时间

电话作为一种不受地域、时空限制的推销方式，时间的选择非常重要，一般要避开电话高峰时间和顾客繁忙的时间。太早太晚都不合适，吃饭和休息的时间也不适宜，一般上午10点后或者下午都是有利的时间。如打电话后顾客正要外出或是忙着自己的工作，可礼貌地询问对方是否可找其他人进行商谈，或择日再谈。

4. 精心设计电话推销开场白

电话接通后，我们必须要在30秒内做完自我及公司介绍，引起客户的兴趣，让客户有兴趣听下去。即电话营销人员要在30秒钟内清楚地让客户知道三件事：第一，我是谁，代表哪家公司？第二，我打电话给客户的目的是什么？第三，我公司的产品对客户有什么用途？开场白最好用最简短精练的语句表达，因为没人会有耐心听一个陌生人的长篇大论，他们想更快知道这个电话打来对于他们有什么价值，他们不想浪费时间。注意，不要总是问客户是否有兴趣，要帮助客户决定，引导客户的思维。例如：

"您好，王总，我是幸福果业有限公司的XX，我们公司主要是做各种高档水果、干果、红酒、茶油礼盒的配送。我们的产品您可以作为员工福利、节日礼品发放，还能提供给您的客户，维护好您的客户关系。"

5. 介绍产品简洁且抓住重点

电话里介绍产品要抓住重点，突出产品特色，吸引客户。例如：

"我们公司的产品和服务有三大特点：一是产品质量有保障，我们的水果有自己的种植园，确保了产品无农药残留；二是服务有保障，客户只要一个电话，我们就把产品送到家，节省了客户外出购物的时间；三是可选品种丰富，高档礼盒里面还有红酒、茶油、各种干果，品种多样，既能够作为高级礼品赠送客户，又能够用来走亲访友使用，可以根据自己的需求和喜好，选择不同的礼盒。"

6. 灵活处理顾客异议

介绍产品时会遇到客户的拒绝、质疑，但是我们保持好的心态，同时对客户提出的拒绝、质疑能够想出应对的话术。以下以一家果业公司为例。

情况一：

顾客：谢谢，我暂时不需要，有需要我会打电话给你的。

推销人员：您看马上过年了，您公司肯定要给员工发福利，老客户也要维护好关系吧，员工福利能够提高员工工作积极性，客户礼品能够增进客户合作关系，您用不多的投入，就能够获得巨大的收益，来年您的生意会越做越好。

情况二：

顾客：你先发资料到我邮箱，我查阅后再联系你吧。

推销人员：您是担心哪一方面？这样好了，我带着产品和资料去您那，您好做个直观的了解。（最好是约面谈，问清原因找出解决办法。）

情况三：

顾客：我们已经有合作伙伴了。

推销人员：哦，那先恭喜您了，不知道与您合作的是哪家公司？作为同行我们可能了解得比较多一点，也许有什么能够帮助您的地方？（千万不要贬低对方的合作伙伴，如客户感兴趣，可以给其分析你的对手的优势，然后说出你产品的不同之处，引起客户兴趣，然后再提出约见。让你的客户明白，多个选择也不会对他造成什么损失。）

情况四：

顾客：我现在很忙，没有时间和你谈。

推销人员：没关系，您看明天下午方便吗？我带资料去拜访您一下，具体的咱们见面谈。（如果客户还是拒绝，那就告诉客户先给他发个邮件，约下次联系的时间，给客户个缓冲期。）

情况五：

顾客：请问你们的价格如何？

推销人员：我们的产品品种非常多，有高、中、低三档，而且还可以进行 DIY 设计，所以，最好我当面把这些资料交给您并详细为您讲解。（电话沟通，尽量避免谈价格，如非要报价格，可以报一个大致的价格，尽量报一个范围，而不是准确的价格，便于和客户讨价还价。）

7. 做好电话记录

电话交谈时，先报上自己的姓名和情况，再记下对方姓名和电话等资料。电话交谈的过程中，做些简单的记录，为下次推销工作做好准备，便于建立客户档案。

8. 选择约见时间

最好提供两个或者两个以上的约会时间供客户选择。

- "请问您是今天下午还是明天有时间？"
- "是下午3点还是4点呢？"

如果不在办公室而是在公共场所给客户打电话，应保持周围环境的安静。电话结束的时候，必须先等客户的电话挂断后才能放下电话。

本章小结

语言是推销人员进行产品销售时的重要工具。推销用语要讲究技巧，同时也要讲究艺术，推销过程中一味讲究技巧而忽视艺术的运用，会让顾客感到生硬，过多讲究艺术而不运用技巧，会令顾客感到推销人员没有专业水平。

- 推销用语的基本原则：推销用语要以诚信为本；推销讲解要耐心细致；推销讲解要从顾客角度出发；推销用语要通俗易懂；推销用语要轻松愉快等。
- 如何接近顾客：赞美接近法、求教接近法、利益接近法、问题接近法、提供信息法、提及他人法等。

● 处理顾客异议的语言技巧：反驳处理法、但是处理法、利用处理法、补偿处理法、询问处理法、其他处理法等。

● 诱导客户成交的语言技巧：请求成交法、假定成交法、选择成交法、小点成交法、想象成交法、举证成交法、对比处理法、穷追成交法、无可奈何法等。

● 电话推销时要考虑的问题：确定推销的对象，制订详细的推销计划，选定打电话的时间，精心设计电话推销开场白，介绍产品简洁且抓住重点，灵活处理顾客异议，做好电话记录，选择约见时间。

● 电话业务推广员必须具备的基本条件是口齿伶俐、反应机敏、性格开朗、喜欢电话推广工作、善于总结教训和经验、声音富有亲和力。

口才训练营

实训 6

课堂训练：电话约见

目　　的：锻炼学生电话约见客户的能力。

地　　点：教室。

方　　法：老师提供几位学长的电话，受训学生自由选择其中一位进行电话约见，其余同学聆听和观察受训学生的表现并进行点评。

课堂训练：接近客户

目　　的：检验推销用语是否使用得当。

地　　点：校外。

训练内容：授课教师为学生提供约见客户的信息，学生进行拜访，以合影为完成任务的标准。老师组织学生进行拜访过程分享。

游戏 6

形式：10 人一组。

时间：15 分钟。

场地：不限。

目的：

（1）通过简单的游戏，考查学生的应变能力。

（2）活跃现场气氛。

程序：

（1）10 位同学围成一圈。

（2）从第一位同学依次数数，1、2、3、4、5、6、……逢数到"7"和"7"的倍数的同学就说"过"，接下来数下一个数字。

（3）哪位同学出现错误或犹豫时间长就算失败而被淘汰，其他同学继续。看谁是最后的胜出者。

分享：

（1）参与的同学说出参加游戏的感受。

（2）被淘汰的同学谈感受。

总结：

（1）通过游戏，了解到简单的事情如果不重视也会成为难题。

（2）活跃气氛能锻炼同学们的应变能力。

口才加油站

阅读材料 10

华人首富李嘉诚——成功的 20 条人生启示

李嘉诚是我们这个时代最具神话色彩的财富巨人。一个流落他乡、没有显赫身世，一个只有初中学历的打工仔，却成了令全球惊叹的庞大商业帝国的掌门人。他的成功给了我们 20 条人生启示。

启示之一：一切幸运皆是智慧的产品。当我们抱怨生活不公平的时候，生活照例异彩纷呈。那么还不如接受这份现实吧，你只有放平心态，才能够定位自己的人生坐标。

启示之二：一切财富皆源于强韧的逆境。人生不如意事常八九。没有任何一个人一生中可以不经历挫折和失败。

启示之三：心态决定成败。伟大的灵魂毕竟是少数，但成就伟大的事业的性格要素很简单——耐心、理性、冷静。只要拥有它，这世界能成就伟大事业的人将会很多。

启示之四：知识改变命运。李嘉诚自小因战乱及家贫无法求学，正是这种对知识的渴求，养成了他好学不倦的习惯。因为他知道若不争取知识，就永远也无法拥有今天的成就，他深信知识能够改变命运。

启示之五：自己推销自己。在李嘉诚看来，推销自己靠实力。没有实力的商人，总是想办法强化自己的实力，有实力的商人，则善于在关键时刻爆发出赶超对手的决心。

启示之六：先做人后做事。李嘉诚坦言："我现在约三分之一时间谈生意，三分之二时间教孩子们做人的道理。因为世情才是大学问。世界上每一个人都精明，要令人家信服并喜欢和你交往，那才最重要。"

启示之七：学会为人是最大的无形资产。为人之道特别应该值得重视，因为不善为人者，总是会失去好人缘。李嘉诚以诚待人，与人为善，把做人看得比经商还重要，因为他懂得人与人之间的回报法则。

启示之八：抛开别人的拐杖。李嘉诚凡事必有充分的准备才去做。他说例如天文台说天气很好，但我常常问自己，如 5 分钟后宣布有台风，我会怎样。在香港做生意，亦要保持这种心理准备。

启示之九：认准的事情就去做。李嘉诚经商在决策方面用力十足，他从不放过任何一个细节，仔细运筹，心中始终有全局观念。

启示之十：千万不要拖延到明天。我们慢，不是因为我们不快，而是因为对手更快。竞争的实质就是在最短的时间内做最好的东西。人生最大的成功，就是在最短的时间内达到更多的目标。

启示之十一：绝不能让机遇偷偷溜走。倘若下一秒钟有什么变化的话，我想我是能勇于应付的，因为我时刻都做好了迎接下一秒钟风暴来临的准备。欲速则不达，这是李嘉诚防止失手的生意经。

启示之十二：凡事要有目标和计划。李嘉诚经商力戒无目标、无计划地随意出击、打到哪儿算哪，而是认真细算自己目标和计划的可行性，既考虑得，也思忖失。这是一种细算生意经的优秀习惯。

启示之十三：从小事做起。李嘉诚说："我不同意为了成功而不择手段，如果这样，即使侥幸略有所得，也必然不能长久。正如俗语所说：刻薄成家，理无久享。"

启示之十四：一招鲜，吃遍天。李嘉诚用他的塑胶花掀起了香港消费新潮，寻常百姓家，大小公司的写字楼里，甚至汽车驾驶室里，无不绽放着绚烂夺目的塑胶花，可谓"一招鲜"吃遍了香港。

启示之十五：不能把所有鸡蛋放在一个篮子里。不把所有的鸡蛋放在一只篮子里，的确是一条重要的投资法则，其作用主要是防止不利的情况。再用一句大家都明白的道理，就是"东方不亮西方亮"。

启示之十六：一定要让人对你放心。李嘉诚为人处世，非常重视"诚信"的品牌，以诚信待人，就可以找到真正的贴心人，大家就会为他献计出力。

启示之十七：编织自己成功的网络。一个聪明机智的人，一个养成良好习惯、消除了事业误区的人，一个虚心勤奋肯于钻研的人，定会在人生事业的道路上步步走高，拥有很好的前程。

启示之十八：谋事在人，成事在天。在生活当中，有许多时候，我们并没有机会和时间进行抉择。西奥多·罗斯福认为"普通人成功并非天赋，而是靠把寻常的天资发挥到不同寻常的高度。"

启示之十九：换个方向就能成功。李嘉诚认为，一个人在青年时，奋斗的方向是否正确，这是非常重要的，然而在方向目标确定后，个人的努力和是否有恒心、毅力，便成了成败的关键。

启示之二十：只有自己才能拯救自己。你的人生是辉煌还是平庸，是伟大还是渺小的，与你信心的远见和力量成正比。

阅读材料 11

"推销之神" 原一平

日本"推销之神"原一平，曾保持了全日本保险推销业绩冠军15年之久。那么，他成功的秘诀是什么呢？

（1）追求事业，忘我拼搏。27岁的原一平初到明治保险公司时，仅是个免费工作的见习推销员，时常遭同事们的讥讽。为了立足，他节食缩衣，住窄屋、睡公园；为了推销保险，他起早贪黑，踏遍千家万户。精诚所至，金石为开。不厌其烦地拜访，令顾客纷至沓来，业务突飞猛进。

（2）谦虚谨慎，戒骄戒躁。原一平说："每个人一生当中最要紧的是什么时候发现自己的劣根性，并有效地剥除他。"基于这一思想，每当业务有了长足发展，他从不居功自傲，而是静心反思。

（3）广揽群朋，浇铸基石。原一平走向成功的秘诀之一，就是靠朋友的鼎力相助。他平均每月耗掉1000张名片。50多年来，他已"网罗"了准客户达2.8万多个。同时，他极为珍视友情，与一些保户建立的友谊维系长达二三十年。正是善交朋友，为他日后事业的成功奠定了坚实的基础。

（4）强化修养，注重礼仪。原一平在"仪表美"上曾碰了一次钉子。一天下午，他故意歪戴帽，重访一家上午已与他签约投保的烟酒店老板，不料刚进门竟遭老板斥责，令他惊恐万状，方知失礼，连忙正帽跪地赔礼。聪明的原一平知错即改，感化了老板，促使老板格外"开恩"，将上午原交5000元保费追加到3万元，给了原一平一个意外的惊喜。这件事也给了原一平一个彻底的反省。从此，他处处注重礼节，讲究仪表美。

（资料来源：唐金成中国保险报2009.5）

友情推荐 6

《销售与市场》杂志：是中国内地第一家大型营销专业期刊。三个主刊分别为：管理版、评论版、渠道版。

第 7 章

演讲口才

知识要点

❖演讲的含义

❖演讲的类型

❖演讲的设计

能力要点

❖演讲开场白的设计

❖演讲内容的设置

❖演讲结尾的艺术

❖吸引听众的语言技巧

❖即兴演讲的语言技巧

❖商务演说的语言技巧

![导入案例图标] **导入案例**

"90后" 口吃青年成 "演讲励志哥"

陈红是一名"90后"青年，被网友誉为"励志哥"。他曾经患有小儿麻痹症、先天性口吃，只有小学文凭，如今他是"90后"中国残疾人教育演说家、青少年心理成长专家、中华国学传播者，他用自己的经历做演讲，鼓舞了许多人，听过他演讲的网友这样评论他："你的内心很强大，足以震倒每一人，掌声远不能表达我的敬佩和祝福。"

> 如果有一天神秘莫测的天意要把我的天赋和能力夺走，而只给我留下选择其中一样保留下来的机会，我将毫不犹豫地要求将口才留下，如此一来我将能够迅速恢复其余。
>
> ——丹尼尔·韦伯斯特

小时候，陈红家境贫困，命运似乎对他十分不公平，9个月大的时候，他不幸患上了小儿麻痹症。此外，陈红患有先天性口吃。上小学后，陈红发现自己智力跟不上，反应迟钝，只读到了小学毕业。陈红意识到不能向命运屈服，他决心要靠自己的努力改变命运。为了矫正口吃，能够正常地与人交谈，陈红坚持每天早上早起大声朗读老子的《道德经》及其他国学书籍。练习时，由于自己含混不清的口音他常常被旁人嘲笑，但他都平静地忍受了。陈红对心理学、国学和教育学有着浓厚的兴趣，他通过各种渠道坚持学习。现在，陈红已经成功举办了许多次励志演讲，他用自己不屈不挠的切身经历告诉大家，不要轻易对自己说"不可能"。虽然他走路不稳，吐字不清，但他激动人心的演讲感动了不少前来的听众。

这位身残志坚青年的故事让大家体会到演讲让他生活得更有价值。无独有偶，"身高只有3英尺，体重大约47磅"的美国励志演讲师肖恩·斯蒂芬森也创造着生命的奇迹。从这两位励志人物的经历来看，演讲在激励别人的同时也在激励自己。希望每一位有志之士都能够喜欢上演讲，也希望演讲能够让你的生活更加丰富多彩。

7.1 演讲的含义及类型

7.1.1 演讲的含义

演讲又叫讲演或演说，是指在公众场所，以有声语言为主要手段，以体态语言为辅助手段，针对某个具体问题，鲜明、完整地发表自己的见解和主张，阐明事理或抒发情感，进行宣传鼓动的一种语言交际活动。演讲作为人类一种社会实践活动，必须具备以下四个条件：演讲者（主体）、听众（客体）、沟通二者的媒介（信息），以及时间和环境。离开其中任何一个条件都不能构成演讲。演讲的传达手段包括有声语言、态势语言和主体形象。

（1）有声语言（讲），是演讲活动最主要的表达手段，是信息传递的主要载体，由语言和声音两种要素构成，以流动的声音运载思想和情感，直接诉诸听众的听觉器官。要求吐字清楚、准确，声音清亮、圆润、甜美，语气、语调、声音、节奏富于变化。

（2）态势语言（演），就是演讲者的姿态、动作、手势和表情，用流动着的形体动作来辅助和补充有声语言，运载着思想和感情，直接诉诸听众的视觉器官，产生效应。要求准确、鲜明、自然、协调，富有表现力和说服力。

（3）主体形象（形），是指演讲者的体形、容貌、衣冠、发型、举止神态等。主体形象的美与丑、好与差，直接影响着演讲者思想感情的表达。要求演讲者在符合演讲思想感情的前提下，力争服饰朴素得体，举止、神态、风度潇洒优雅，给听众一个秀美、端庄的外部形象。

7.1.2 演讲的类型

演讲的类型多种多样，它的分类没有固定不变的规定，但每次分类都必须从同一角度、采用同一标准。了解和掌握演讲的不同类型，有助于全面、深刻地从整体上认识演讲的本质和特征，对人们组织和参加演讲活动有一定的指导意义。

- 按演讲内容来分：主要有政治演讲、学术演讲、法律演讲、生活演讲、教育演讲、军事演讲、商贸演讲、外交演讲和宗教演讲等，这是对演讲最基本的分类。
- 按演讲形式来分：主要有命题演讲、即兴演讲和论辩演讲等。
- 按演讲目的来分：主要有说服性演讲、传授性演讲、鼓动性演讲、娱乐性演讲等。
- 按演讲场合来分：主要有会议演讲、课堂演讲、法庭演讲、战地演讲、教堂演讲、电视演讲和广播演讲等。
- 按演讲表达方式来分：主要有叙述式演讲、说明式演讲、议论式演讲、抒情式演讲等。
- 按演讲情调来分：主要有激昂型演讲、严谨型演讲、活泼型演讲、深沉型演讲等。

从以上分类可以得出结论：只要是以传递信息或影响别人为目的，主体采用语言表达的活动均可认为是演讲。演讲无处不在！它与人们的生活、工作、学习息息相关！

7.2 演讲前的准备

演讲不是一次随心所欲的交谈，而是一种比较正式的社会沟通活动。要求演讲者面对几个、几十个、上百个或成千上万个人都能侃侃而谈，能表情达意，而演讲的目的是要能明是非、传信息，要能鼓舞人、教育人。因此，任何一位成功的演讲者都十分重视演讲前的准备工作。演讲前准备得越充分，演讲获得成功的希望就越大。

2006年的12月，比尔·盖茨就开始着手为半年后回母校哈佛大学演讲做准备。他首先制订了一个时间表，对演讲稿的写作过程进行了规划。从收集内容、筛选主题、形成初稿，到修改、定稿直至演讲之前的排练都进行了细致的规划。为了这次演讲，盖茨做了长达6个月的精心准备。这充分体现了一个成功者所必须具备的热情、执着、专注和努力的宝贵品质。

> 当我准备发言时，总会花2/3的时间琢磨人们想听什么，而用1/3的时间考虑我想说什么。
>
> ——亚伯拉罕·林肯

从比尔·盖茨准备这次演讲的过程中，我们可以得到很多有益的启示。演讲稿的写作不只是一个知识和技巧的问题，更多的是态度。热情、执着、专注和努力是做好任何一件事情所必需的。归纳起来，演讲前要做的准备工作主要有如下几项。

```
1. 分析听众。
2. 整理思路。
3. 撰写讲稿。
4. 背诵讲稿。
5. 排练演习。
6. 熟悉场地。
7. 演讲前的心理准备。
```

7.2.1 分析听众

一位管理学教授说：分析听众工作主要围绕"他们是谁、他们知道些什么、他们想听什么、如何激发他们的兴趣"四个方面来思考。

- 他们是谁？要求演讲者要主动去了解将面对的听众，包括：多少人来听演讲？听众的职业如何？年龄层次如何？文化背景如何？受教育情况如何？你对听众分析得越多越细，你就越能达到"知己知彼，百战不殆"的效果。
- 他们知道些什么？你需要去了解你的听众对你的演讲主题知道多少，他们知道得越多，你需要讲解的背景材料越少，但提供给听众的内容就要越新，涉及的范围就要越广。
- 他们想听什么？演讲者要进行换位思考或进行实地调查，收集听众想听的内容，然后再加以整理提炼。你的演讲离他们的兴趣中心点越近，就越容易得到他们的认可。
- 如何激发他们的兴趣？一般而言，每一个人都是受到不同动机驱使的，他们有不同的兴趣、需要和满意度，这些影响了他们对演讲人做出的反应。你对听众共同的思想、关注和动机知道得越多，你和他们合作取得成功的机会也就越多。

7.2.2 整理思路

整理思路环节包括：准备演讲内容，选择演讲形式，收集演讲素材，确定演讲风格等。

1. 准备演讲内容

演讲的内容千变万化，但也有规律可循。以下提供两个准备演讲内容的公式做参考。
公式一：过去—现在—将来；
公式二：故事/经历/例子—观点—获得知识/唤起行动。
大家在以后的演讲中可以尝试按这两个公式去准备演讲内容。

2. 选择演讲形式

必须选择最有效的演讲方式将你的观点表达出来，使演讲产生最大的影响力。一般的演讲形式包括：

(1) 介绍型演讲：主要任务是向听众传达信息；

(2) 劝说型演讲：主要任务是影响听众的态度或促成听众习惯的转变；

(3) 娱乐型演讲：主要任务是让听众轻松愉快；

(4) 辩论型演讲：要求针锋相对，据理力争。

3. 收集演讲素材

做一个成功的演讲者往往是从用心收集各类资料并从中提取有用信息开始的。收集的主要资料包括以下所列：

(1) 公司内部的有关资料，如工作总结、活动方案、活动照片或录像等；

(2) 书籍、报纸、杂志；

(3) 电视、网络；

(4) 自己的亲身经历；

(5) 自己或别人参加各种培训或活动所获取的资料。

4. 确定演讲风格

所谓演讲风格，是指演讲者在演讲过程中所表现出来的独特个性与较为稳定的特征，是演讲者文化修养、社会背景、阅历习惯、主体素质、个性情趣等内在因素的综合反映。演讲风格主要划分为以下七种类型。

(1) 温和型。这种演讲风格，一般要求演讲者要有圆润甜美的嗓音，清晰准确的吐字，并辅以亲切的笑容、柔和的眼神。这种风格的演讲类型比较适合知识型演讲者、性格温和者或女性。

(2) 激情型。这种类型的演讲风格表现为演讲者精神饱满、音色响亮、手势幅度较大，给人以奋发向上、朝气蓬勃的振奋之感。在需要鼓动、激励的场合比较适合选用这种演讲风格。

(3) 谈话型。演讲者的这种风格常常表现为语气亲切委婉，表情轻松随和，动作毫无矫揉造作之感。演讲者就像与听众拉家常似地漫谈。谈话型演讲风格非常适合说服性演讲的场合。例如，新东方教育科技集团创始人俞敏洪、阿里巴巴集团主要创始人之一的马云就喜欢采用这种演讲风格。

(4) 深沉型。在这种风格的演讲中，演讲者音调保持低沉，节奏比较缓慢，少用手势体态动作，而多用眼神和面部表情，表现出思考或忧郁之情。一般在念悼词或者纪念性的演讲中运用这种演讲风格。

(5) 严谨型。演讲者的这种风格需要较多地运用口头语言中的强调方式，如用重音、反复等手法来对某些重要内容加以着重论述。这种演讲风格一般来说手势语言用得不太多，演讲者的站立姿势和位置都应该保持相对稳定。在一些隆重的场合，常常可以见到这种严谨的演讲风格。

(6) 幽默型。这类演讲风格的特点是，音调带有一定程度的戏剧味，语言生动形象、逗人发笑，手势动作轻捷灵活，面部表情富有喜剧色彩。它往往能很好地活跃气氛，增进演讲者与听众之间的感情。应注意的是，严肃场合不适用这种富有特色的演讲风格。

（7）潇洒型。这类演讲风格要求演讲者的音调抑扬顿挫，音色优美悦耳，外表漂亮显眼，动作干净利索。总之，无论是在听觉上，还是在视觉上都要给听众一种"帅""酷"的感觉。潇洒型的演讲风格比较适用于娱乐性场合。

7.2.3　撰写讲稿

1. 拟制演讲稿标题

演讲稿的标题与演讲的内容、风格、语调有直接关系。内容决定标题，标题则鲜明地表现内容的特点。标题要求新颖、生动、恰当而富有吸引力，它的主要作用表现在以下三个方面。

① 具有概括性。将演讲的主题、内容、目的全面地反映出来。如前总理温家宝在剑桥的演讲标题——"用发展的眼光看中国"，该标题就很容易让人明白其内容和主题。

② 具有指向性。标题一讲出来，听众就知道你要讲的是哪方面问题，是政治性的、学术性的还是伦理道德的。例如，标题为《爱情与婚姻》的演讲是关于伦理道德方面的；标题为《中美经贸关系及对策建议》的演讲是关于政治方面的。

③ 具有选择性。在演讲之前先告诉听众你所讲的主题是什么，听众据此可以选择听或不听。如《雅思高分的秘诀》《解梦》等，人们可根据自己的兴趣爱好或研究方向去选择。

初学者在拟制标题时往往容易出现以下问题。

① 标题太长，不易记。如《经济危机下中小企业应该如何生存和发展》《大学生应该如何面对网络的影响与诱惑》等。

② 深奥怪僻，艰涩费解。这样的标题往往让人琢磨不透，自然也就失去了听的兴趣。如《上上下下》《管窥现代文明》等，晦涩、难懂、别扭。

③ 过于宽泛、主题不明确。如《我的青春我做主》《前途》《责任》等，这样的标题会使听众捕捉不到演讲的范围和内容，也很难吸引听众去听。

拟制一个好标题并非一件容易的事，需要长期锤炼、反复琢磨，久而久之就会找到规律。除避免上述三种情况外，还应注意以下问题。

① 标题要有积极性。选择那些光明、美好、有建设性的标题，使听众一听就有无限希望。如《创业是就业之门》这样的标题，就可以鼓舞听众充满信心地走创业之路。英国一位演讲家曾讲过，"一个好的标题多可归于'怎么样''是什么''为什么'三方面"。如《在大学开展创业教育的必要性》属于"为什么"；演讲标题《大学开展创业教育必要性分析》《学校怎样进行创业教育》属于"怎么样"；演讲标题《创业教育途径的探讨》《为培养创业型人才而努力》属于"是什么"，是指出目的和办法的标题。初学者拟标题时按这三个要求去检查，标题就容易具有吸引力和积极意义。

② 标题要有适应性。其一，要适应听众，即标题要考虑听众的思想水准、文化水平、职业特点、阅历等，这样才能有的放矢。其二，要适合自己的身份，即要选择与自己所从事的工作、专业、知识面接近的标题，因为自己熟悉的东西才容易讲深讲透，也更容易收到好的效果。其三，要适应演讲的时间，即要按规定的时间选择标题。规定的时间长，标题就大些；时间短，标题就小些。

③ 标题要有新奇性。只有"新"和"奇"，才能像磁石一样吸引听众。司空见惯、屡

见不鲜的事物、人物是不易引起关注的。如《我的祖国》《青春在岗位上闪光》等，人们听得厌倦了，很难吸引人。而《当管理邂逅易经》《阳光工资：等到我头发都白了》等演讲题目则比较新奇而有吸引力。

④ 标题要有情感色彩。演讲者的演讲总是充满强烈的情感色彩，并将这种强烈的情感注入题目里去，才能打动听众，从而有一种情感的导向作用和激发作用。如鲁迅的《流氓与文学》、马克·吐温的《我也是义和团》等。

⑤ 标题要有生动性。演讲标题生动活泼，能给人一种亲切感、愉悦感，如《老而不死论》《象牙塔与蜗牛庐》等，都非常生动活泼。当然，生动活泼与否主要由主题和内容而定，严肃的主题和内容不宜用活泼的标题，用了反而会冲淡或破坏演讲的严肃性。

2. 编列演讲稿提纲

所谓编列提纲，实际上就是确定框架，以提要或图表方式列出观点、材料及相互间的组合方式。编列演讲提纲，是演讲前的重要准备工作，是临场发挥的重要依据。提纲编列的好与坏，将直接决定着演讲的成功与否。

（1）编列提纲的作用。

大体来说，编列演讲提纲有如下作用。

① 确定框架。编列提纲能将演讲的整体轮廓固定、明确下来。确定了整体框架，就能使演讲者胸中有数，逐层展开，避免东一句西一句，言不达意。

② 进一步选材组材。编列提纲的过程，是进一步选材和组材的过程，使演讲内容逐步具体化。演讲题目、结构层次、典型事例、引文材料，以及其他有关资料，都要具体地在提纲中体现出来。在这个过程中，必然要对材料做进一步的筛选和补充。

③ 训练思维。编列提纲的过程，是演讲者积极思维的紧张过程。在这个过程中，演讲者要认真思考，分析演讲的主题、材料、层次、结构和其内在的逻辑关系，促使思维条理化和科学化。因此，这个过程是培养和锻炼思维的过程。

④ 避免遗忘。编列提纲也是不断熟悉材料的过程，特别是仅用提纲进行演讲时，提纲更是起着提示启发、避免遗忘的作用，成为临时发挥的重要依据。

（2）编列提纲的内容。

根据演讲的具体目的和要求，以及演讲者对材料的掌握情况等，演讲提纲的编列可粗可细。内容简单、材料易掌握时，可编得粗略些；内容复杂、材料丰富时，就编得详细些。粗略的概要提纲，要以极其简练的语言，扼要地列出演讲的主旨、材料、层次和大意等；详细提纲则要求比较具体，基本上是演讲稿的缩影。一般来说，演讲提纲中要列举如下内容。

① 演讲的标题。如有副标题和插题，均应分别列举出来。

② 演讲的论点。演讲的中心论点必须明确清晰地列出。中心论点所包含的分论点，以及分论点下属的小论点，也应用简明的语言逐层列出，并根据事理的内在逻辑关系依次排列。

③ 演讲的材料依据。事实材料主要指例证、数据等；事理材料包括科学原理、科学定

律、文件精神、法律条文、名言警句等。这些事实依据和理论依据能使演讲言之有理，具有说服力和感染力。

④ 演讲的整体结构。演讲提纲的编列要在逻辑上体现出演讲内容的先后次序。例如，如何开头、如何结尾，重点内容如何突出、如何过渡，结构层次如何安排等。事实上，演讲提纲就像事先构筑的语流渠道，决定着演讲的语流走向。在演讲提纲编列完成后，演讲稿便可用来演讲了。

（3）编列提纲的方法。

① 概要提纲的编列。概要提纲中要以简洁的语言和高度压缩的方式，简明扼要地列举出演讲的主旨、材料、层次和大意等。

例如，余世维《赢在执行》这篇演讲稿的概要提纲编列如下。

1. 执行力的衡量标准——按质按量完成自己的工作任务。

案例：①平安保险董事长马明哲

问题：从韩国×××的崛起，反思我们国人对执行力的态度

分析：你如何检查部属的执行力

2. 执行力的三个核心——人员流程、战略流程、运营流程。

案例：①华润集团前总裁宁高宁　②上海申沃执行副总干频

问题：从运营误区，判断以上三个流程的优先顺序

分析：《致加西亚的信》

3. 中国企业家在"人员流程"上的缺失。不具备挑选人才的能力，缺乏对人才的信任。不注重也不开发他们的价值（没有价值，也不拿掉）。

案例：上海波特曼丽嘉酒店副总裁狄高志

问题：从中国欧莱雅的 KPI 要求，检讨我们国人对问题的解码能力

分析：你如何挑选有执行力的人

4. 决策的首要问题不在速度，在是否可行和方法。策略没有充分论证和估计实际执行中的问题与变化。员工等待老板自己发现错误。

案例：①温州民企的特质　②长虹与华为的 ERP 经验

问题：从民企平均寿命，指出一般企业领导人的通病

分析：执行力不佳的八个原因

5. 我们更需要一个执行型的企业领导人——他要打造一个执行力企业文化，还要建构一个执行力团队。

案例：①英特尔公司总裁　②华硕计算机副董事长童子贤

问题：从德国足球队的表现和韩国 LG 的思想认同，追究很多企业为什么没有执行力文化

分析：执行型领导者要做的七件事

补充："科学的程序"是执行的保障

② 详细提纲的编列。详细提纲比较具体、细致，甚至要将每个细节都写上，可以说是演讲稿的缩写。详细提纲编列得好，演讲者不写演讲稿即可进行演讲。

例如，以下为潘石屹在清华大学的演讲提纲。

引语： 今天，信息已经足够畅通，没有什么我知道而你们不知道的事情。

下面与同学们分享三个我亲身经历的故事。

第一个故事：我们家的故事

20世纪70年代，我的家乡甘肃遭受了大旱灾，出现了饥荒，日子过得很艰难。但父母一直坚持让我们上学，这种坚持从来没有动摇过。

体会：

第一，教育是最重要的。

第二，中国是未来的国家。

第三，如果只有一个上学的机会，必须要在男孩和女孩之间做出选择，应该把受教育的机会让给女孩。因为女孩以后会成为母亲，而母亲是孩子的第一位老师。

第二个故事：我们村的故事

种苹果是村里人最重要的收入来源之一，仅次于外出打工。

体会：

第一，每个人思考问题都要从全球化的角度出发，要有更宽阔的视野。

第二，这个时代是个团结合作的时代，最需要具备的精神就是要放低自己、尊重别人、尊重不同的意见；最大的敌人是总认为自己是正确的、别人是错误的。

第三，我们可能会犯各种各样的错误，但最容易犯的错误就是狭隘。狭隘的个人主义、狭隘的民族主义、狭隘的国家主义都是我们这个时代的大敌。

第三个故事：我们公司的故事

SOHO中国是家房地产公司，表面上看和互联网离得很远，但实际上在过去的十多年里，我们的每次进步都离不开互联网的支持。

体会：

第一，盖房子离不开互联网。银河SOHO是由扎哈8哈迪德设计的双曲面、流线型建筑，没有互联网，我们根本建不成这样的房子。

第二，节能管理离不开互联网。建筑耗能占全社会耗能的1/3，2013年我们建立起SOHO中国节能中心，把建筑的所有耗能情况每分、每秒传输到互联网上进行优化和管理，使得我们的节能率达到36%。

第三，工程管理离不开互联网。我们把所有工程的管理都放到了网络的协同平台上，把工地上的人员、材料、项目进度、预算全部集成在一起，细化到某个审批环节在谁的手里停留了多长时间都能一目了然。

第四，收租金离不开互联网。

第五，出租房子也离不开互联网。

总结：

互联网不仅仅是看新闻、查资料、买东西的工具，更是种精神、一种新的思维。

人们把能够预测未来的叫神仙，互联网给我们揭示的就是未来世界的特征：公开、公平、高效……互联网给了我们神仙般的视野。

7.2.4 背诵讲稿

熟悉和背记演讲稿，在演讲者的演讲思维乃至整个演讲心理活动中处于突出的地位，也是演讲活动取得成功的必不可少的条件。可以说，不脱稿的演讲不能算演讲。只有脱稿演讲，才能使口语表达最佳效果。以下介绍几种背诵讲稿的技巧。

（1）朗读法。记忆讲稿时，重复地高声朗读，以至"烂熟于胸"。朗读法不仅能加强记忆，而且也是"彩排"。通过这种方法，演讲者既锻炼了口才，又体会了演讲的临场效果。

（2）默念法。在演讲记忆实践中，采用默念法的主要方式是边念边记。默念时人的注意力集中，大脑思维积极活跃，眼、手、口（默念）等多方密切配合，记忆内容就能很好地巩固。

（3）提纲法。记忆时，只牢记演讲稿的提纲，抓住几个要素，达到快速、高效地记忆讲稿内容。

（4）画图法。即用画图画的方式以启发记忆。根据心理学研究，具体的形象具有熟悉性、情感性，容易引起注意和联想，同时也不易忘记。

7.2.5 排练演习

这个步骤是非常关键的。特别是对于演讲新人，或演讲新主题时，为了让排练达到良好的效果，可使用以下方法：

（1）请他人观看，提出意见；

（2）独自排练，使用辅助工具，如镜子、录音机、摄像机等；

（3）大声背诵。

7.2.6 熟悉场地

熟悉场地包括两层意思：一是在演讲前去查看演讲的场地，这样有利于设计演讲的内容和活动的开展；二是提前半个小时左右进入会场，适应场地并检查演讲的设备情况。具体要检查的物品如下。

① 设备：话筒（试音）、电脑和课件等；

② 教具：黑（白）板、笔、翻页笔、粉笔、活动彩色挂图等。

使用黑（白）板时要注意：

- 写字整洁，不要匆忙；
- 要边写边说，要让听众听得明白；
- 不要阻碍视线，让听众看得清楚；
- 采用与底色高反差颜色的笔。

7.2.7 演讲前的心理准备

演讲心理指的就是演讲者对演讲实践这个客体的反映和感受，是演讲者在进行演讲实践时所必然产生的心理活动和必然经历的心理体验过程。"演讲是需要勇气"的，这种勇气到了演讲的表达阶段显现得更为突出。这时演讲者一般要做好下面几种心理准备。

1. 克服怯场

怯场是人人都有过的经历，许多著名的演讲家在初登讲台时也曾胸口发慌，两腿发抖。古罗马的雄辩家西塞罗曾在一次讲演后说："演讲一开始，我就感到自己面色苍白，四肢和整个心灵都在发抖。"后来他经过刻苦训练，终于成为著名的演讲家。怯场并非什么不治之症，只要掌握了一定的方法，并经反复实践，怯场心理是完全可以克服的。

2. 调整状态

演讲者一定要想方设法在登台演讲前将自己的情绪调整到最佳状态，以饱满的情绪登台演讲。古希腊著名的哲学家亚里士多德曾经说过："一个充满了感情的演说者，常常使听众和他一起感动，哪怕他所说的什么内容都没有。"而且，饱满的情绪也能吸引听众、感染听众、打动听众，因此在登台以前，一定要调整好自己的状态，给听众留下美好的第一印象，让听众对演讲充满信心。

7.3 演讲开场白的设计

演讲的开头也叫开场白，在演讲的过程中处于显要地位。瑞士作家温克勒说："开场白有两项任务：一是建立说者与听者的同感；二是如字义所释，打开场面，引入正题。"好的演讲稿，开头应该用最简洁的语言、最短的时间，把听众的注意力和兴奋点吸引过来，这样，才能达到出奇制胜的效果。演讲的开场白有多种设计方法，下面主要给大家介绍以下九种。

1. 开门见山，亮出主旨。
2. 介绍情况，说明事由。
3. 奇言妙语，引人入境。
4. 自嘲调侃，幽默轻松。
5. 触景生情，巧妙过渡。
6. 讲述故事，引出主题。
7. 设置悬念，先声夺人。
8. 引用经典，树立权威。
9. 精选新闻，与时俱进。

7.3.1 开门见山，亮出主旨（直白型）

这种开头一开讲就进入正题，直接亮出演讲的中心。例如，下面的开场白就不失为一个好的典范。

【例1】号称心灵潜能大师的陈安之，在一所高校演讲时说："各位大学生大家好，我是陈安之。今天非常高兴，有这个机会和大家分享'大学生成功学'这个主题。一个大学生怎样可以在学校里出人头地，怎样在毕业之后可以找到适合自己的理想工作？一个大学生到底怎样运用自己的时间，怎样发挥自己的专长，未来才会前途一片光明呢？我认为一个大学生在大学时代、在学校中应该做的有五件事情。当然不只这五件，但我觉得如果你做了这五件事情，你一定是一个非常优秀的大学生，而且未来的前途一定非常良好。"

2019年"世界地球日"其中一篇演讲稿是这样直接亮出主题的："今天是一个特殊的日子，对我是这样，对你也是这样，对我们每一个人都是这样，因为今天是世界地球日。地球对于我们每个人都只有一个，它是我们赖以生存之地，我们每一个人都理应爱护她、保护她、珍惜她！"

7.3.2　介绍情况，说明事由（事由型）

这种开头可以迅速缩短与听众的距离。例如，以下是著名经济学家郎咸平在吉林大学做演讲时的开场。

"首先我要向各位同学致歉。为什么呢？因为我迟到了十几分钟。各位知道我为什么迟到么？因为我从来都没想到吉林大学这么大，一走就走错门了。我想走错门没有关系啦，北门和南门有什么差别呢，走路五分钟就到了。没想到开车都15分钟，太远了！所以这方面还要请吉大同学多加谅解郎教授的愚笨。那么来到这么大的大学，看到这么多的人，这么多年轻同学，我心里面格外紧张。我常常在外面演讲，我在任何场面演讲，从来不会紧张，但是到大学演讲我是最重视的，也是会有一些紧张的。因为你们每一位同学都是我们国家未来的希望，我每一个在大学演讲的话题，相信都会给各位未来的人生造成极大影响。因此，我极为期盼又极为紧张。"

这个开头对刚发生的事情做出一定的介绍和说明，为进一步向听众提示论题做了铺垫，使听众更为关注接下来的演讲内容。

我国著名演讲家李燕杰在《爱情与美》的演讲中这样开场。

"我不是研究爱情的，为什么会想到要讲这么一个题目呢？"然后讲了一个故事：北京一家公司的团委书记再三邀请李老师去演讲，并掏出几张纸，上面列着公司所属工厂一批自杀者的名单，其中大多数是因恋爱问题处理不好而走上绝路的。"所以，我觉得很有必要与大家谈谈这方面的问题。"

这个故事一下子将听众的注意力集中起来，使他们感到问题的严重性和紧迫性。

7.3.3　奇言妙语，引人入境（妙语型）

听众对平庸普通的论调都不屑一顾，置若罔闻。如果用别人意想不到的见解引出话题，造成"此言一出，举座皆惊"的艺术效果时，会立即震撼听众，使他们急不可待地听下去，以此达到吸引听众的目的。

丽贝卡·威特就读于圣路易斯州的密苏里大学，她曾给大学生做过演讲，看看她是如何开场的——我是一个由七个字母构成的单词。我破坏了友情、亲情、邻里之情、同学之情。我是当今青少年中最大的杀手。我并非酒类，也并非可卡因，我的名字叫自杀。威特的开场白激起了听众的好奇心，促使他们继续听下去以便找到答案。

需要注意的是，运用这种方式时应掌握分寸，用不好会变为哗众取宠，故作耸人之语。因此，应结合听众心理、理解层次出奇制胜。再有，不能为了追求怪异而大发谬论、怪论，也不能生硬牵扯，胡乱升华。否则，极易引发听众的反感和厌倦。

7.3.4 自嘲调侃，幽默轻松（幽默型）

自嘲就是"自我开炮"，演讲者用在开场白里的作用是用诙谐的语言巧妙地进行自我介绍，这样会使听众倍感亲切，无形中缩短了与听众间的距离。

俞敏洪应邀到北京科技大学演讲。他说："我以前来过北科，不过目的不纯，是为了找女朋友，但遗憾的是，北科女生都不喜欢我。"这个诙谐、风趣的开场白，引得北科学子们哈哈大笑。

俞敏洪回到家乡的江南大学演讲时说："我18岁离开江南水乡去了北京，被北方的风沙吹得一脸沧桑。"自嘲式的开场白，一下子拉近了他与家乡学子之间的距离。

7.3.5 触景生情，巧妙过渡（情境型）

2020年2月4日，衡水中学网络升旗仪式上，党委书记、校长郗会锁同志面对空旷的操场，触景生情，发表了以下激情演讲。

由于新冠肺炎的疫情，让我们只能用这样的方式隔空相见。但此刻，我希望你们无论身在何方，都能依然保持着一颗崇敬的心，向鲜艳的五星红旗致敬，向亲爱的祖国致敬，向英雄的城市致敬，向逆行的医者和爱心人士致敬，向英勇的人民致敬！2020，爱你爱你，这本是一个蕴含爱意的数字，却因为一场突如其来的疫情，让这份爱增添了一份慷慨悲壮和沉重坚定。2020年，我们展开了与病毒的较量，这是一场看不见硝烟的战争，但我们却能在这场战争背后看见一个国家、一个民族为此做出的努力和付出的牺牲。

7.3.6 讲述故事，引出主题（故事型）

演讲者在正式演讲之前，也可以先讲一个故事，由故事揭示某种精神，再自然地引出演讲的主题。通过讲故事，使自己的思想观点不动声色地融入故事中，起到"随风潜入夜，润物细无声"的作用，真正达到讲故事的目的。

下面这位演讲者巧妙地通过两个关于动物的小故事来开场，既能吸引听众，又引人沉思。

"各位，在我正式演讲之前，先让我们来分享两个小故事。第一个故事：大象把大便排在了路中央，一只蚂蚁正好路过，它抬头望了望那云雾缭绕的顶峰，不禁感叹道：'妈呀，这难道就是传说中的青藏高原？'第二个故事：一只蚂蚁看到一头大象向它走来，马上把自己的身子埋进土里，把一条腿露在外面，兔子见了不解地问道：'为何把腿露在外面？'蚂蚁说道：'嘘，别出声，老子绊它一跤。'这两个笑话虽然可以让我们轻松一下，但同时也给了我们更多的启示。因为这种现象也存在于我们企业的经营管理中，即关于定位与选择的问题。我们的企业经常会陷入两种误区：要么高估了对手，要么高估了自己。显然，这两种思想都是不可取的，原因在于企业家的思路不清、方向不明；我们既要埋头拉车，更要抬头看路。因此，今天各位来这里的目的，与其说是来听我的演讲，不如说是：给你自己一个机会，利用一个小时的时间来安静地思考：我的企业到底该如何定位？我的企业是属于蚂蚁企业，还是大象企业呢？显然，相对于国际跨国集团而言，我们大部分企业都还处于蚂蚁企业的成长阶段。"

7.3.7 设置悬念，先声夺人（悬念型）

实践经验表明，要想增强演讲开头的吸引力，设置悬念是一种最有效的方式。因为人都有好奇的天性，一个巧妙的悬念可以激发和强化听众的关注兴趣和期待心理，从而产生引人入胜的表达效果。例如，下面这个演讲者在开讲之前先放了一段录音，一下子就吸引住了听众。

"演讲之前，我先给大家放一段录音（放磁带）。听出来是什么声音了吗？是脚步声，但它不是普通的脚步声，它是一位英雄13年前留下的足音。"

再如：

有一次，陶行知先生在武汉大学演讲。他走上讲台，不慌不忙地从箱子里拿出一只大公鸡。台下的听众全愣住了。陶先生从容不迫地又掏出一把米放在桌上，然后按住公鸡的头，强迫它吃米，可是大公鸡只叫不吃。他又掰开鸡的嘴，把米硬往鸡嘴里塞。大公鸡拼命挣扎，还是不肯吃。最后陶先生轻轻地松开手，把鸡放在桌子上，自己向后退了几步，大公鸡自己就吃起米来。

这时陶先生才开始演讲："我认为，教育就跟喂鸡一样。先生强迫学生去学习，把知识硬灌给他，他是不情愿学的。即使学也食而不化，过不了多久，他还是会把知识还给先生。但是如果让他自由地学习，充分发挥他的主观能动性，那效果一定会好得多！"台下一时间欢声雷动，为陶先生形象的演讲开场白叫好。

7.3.8 引用经典，树立权威（引用型）

演讲的开场白也有直接引用他人话语的，大多是名人且富有哲理的名言，为演讲主旨做事前的铺垫和烘托。

原韩国总统朴槿惠于2015年9月在清华大学演讲时就是以引用型开场白开场的："大家好！今天到中国著名学府清华大学与大家见面，我十分高兴。我见到各位清华大学的学子们，想起中国古籍《管子》中的一段话：'一年之计，莫如树谷；十年之计，莫如树木；百年之计，莫如树人。'据我所知，清华大学的校训是'自强不息、厚德载物'，就像这个校训一样，不断进取、涵养品德的结果是清华大学培育出了包括习近平主席在内的许多政治领导人，并培养出中国数位诺贝尔奖获奖者。我相信，今后各位的想法和热情将会给中国开启美好的未来。今天我很高兴和大家一起谈谈韩中两国要共同开启的未来。"

7.3.9 精选新闻，与时俱进（新闻型）

演讲者首先宣布一条引人注目的新闻以引起全场听众的高度注意。这样的开头，一下子就使听众为之震惊，并对事态关注起来。但这种新闻首先必须真实可靠，切不可故弄玄虚，否则，愚弄听众只会引起反感；其次要新，不能是过时的"旧闻"。

开头的方法还有很多种，不再一一列举。总之，无论采用什么形式的开头，都要做到先声夺人，富有吸引力。

7.4 演讲内容的设置

演讲的魅力在于演讲的内在力与外在力的统一。演讲的外在力指演讲者的技巧与风度；内在力指演讲内容的鼓动性。针对演讲内容的鼓动性特点，在主体部分的内容设置上，一定要做到以下五点。

1. 以事引人。
2. 以理服人。
3. 以情动人。
4. 以势夺人。
5. 以美娱人。

7.4.1 以事引人

一次演讲，特别是叙事性演讲，要感动听众，离不开感人的事迹，即便是说理性演讲，也必须有感人的事例作为论据。演讲中若没有具体感人的事例，没有充实的内容，思想就会失去依托，说理也将流于空泛。

在列举事实材料时，事例既要有概括性，又要有具体性。由于受演讲时间限制，不可能一一道来，解决的办法是对事例进行概括。对事例进行概括的主要目的是增加演讲稿的容量，增强听众的信息接收量。但概括性事例由于不细腻而往往缺乏"情"韵，因此，要与具体事例相结合，通过一两个具体事例体现人情味，使细腻的叙述和生动的描写深深地打动听众。

一位演讲者的题目是：致抗疫英雄。其中一段用钟南山的事例来诠释什么是"最美逆行者"，他们如何逆"风"而行，传递温暖，表现担当。

新春伊始，一场猝不及防的新冠肺炎疫情席卷全国大地。在这场突如其来的战"疫"面前，一群"最美逆行者"没有退缩，迎难而上，他们义无反顾的"逆行"是最美的坚守，是最温暖的守护。最美逆行者，肩负的是责任与担当。83岁的钟南山爷爷本来可以避开病毒的危险安度晚年，但是他在人民最需要他的时候站了出来，他建议公众"没什么特殊情况，不要去武汉"自己却做了"逆行者"，义无反顾赶往武汉防疫第一线——满满的行程安排，风尘仆仆。他勇敢地逆行，奔赴疫情灾区，带领医护人员，与病毒做抗争，他们的话犹如定海针，让中国成千上万的人民看到了战疫病毒的希望。

马云用"捐款"的简单事例引导大家用乐观宽容的心态来看待这个世界，既通俗易懂，又令人深思！

7.4.2 以理服人

演讲中的"理"，不同于一般议论说理，目的是使听众"有所信"；而演讲中的"理"，不仅要说得听众"有所信"，同时也应是演讲内容中的思想与精神的闪光。从形式上说，一般议论说理主要是运用概念、判断、推理；而演讲中的"理"，不仅要靠运用概念、判断、推理来论理，而且还要靠高度凝练的哲理性语言来示理。所以，演讲中议论说理要站得高、看得远，议论要紧扣事例的内在主题，并且必须是事例主题的揭示和升华，而不能是离开所叙的基本事实随意加上去的任何看法。

李燕杰是我国的杰出演讲家，曾代表国家教育艺术界出访100多个国家，演讲3800多场（次），轰动海内外。如何让别人愿意听政治性很强的大道理呢？李燕杰的经验是：在讲理论时，有点哲理；在授知识时，有点新意；在语言表达上，有点趣味。以下为李燕杰的一次演讲。

在一次演讲中，他打开一幅写有"鸡"字的书法条幅，教育大家："公鸡报晓不误时，搞市场经济，履行合同要守时。鸡会自己寻食，我们自己得去找市场。老母鸡下蛋孵小鸡，搞公司应像下蛋那样发展起来一大群，形成集团公司。养鸡投入少，产出多，做生意也应该如此。另外鸡就是鸡，实事求是，从不说自己是凤凰，办公司、做买卖，也要做到实事求是……"

以下是余世维在《领袖性格》演讲中的一段，以事例、数字来说明道理，很能使人信服。

"影响一个人将来是不是领袖人物的有七种根性：第一沉稳，第二细心，第三胆识，第四积极，第五大度，第六诚信，第七担当。先来看一个案例。正泰集团的南存辉，他原来在公司所占的股份是100%，后来变成80%、70%、60%、50%、40%、30%，这个在领袖性格里面叫大度。一个人要舍得将口袋里的钱拿出来给大家分，一个人赚钱都将钱放到自己的口袋是很难变成领袖的。所以蒙牛的牛根生所占股份也很少，阿里巴巴的马云股份不超过25%，正泰的南存辉股份只有30%。我自己每一年退5%，直到退完为止。我也是这样想的，一个领袖不要把钱统统放进自己的口袋。南存辉先生是浙江温州人，他今天的成功有很多条件，但至少我知道有一个条件是江山拿出来大家分，这是他一个很大的个性。所以，正泰集团一直做到今天还非常成功。从这里就可以看出来，他符合了领袖性格里面的第五个——大度。"

7.4.3 以情动人

由于演讲内容具有鼓动性的特点，要求主体内容要以强烈的感情来打动听众。特别是抒情型演讲，感情色彩更需强烈。演讲要讲出感人肺腑的真情，关键在于作者的内心深处是否充满激情。而这种激情来自对演讲主旨的彻悟、对演讲事例的感动、对演讲对象的挚爱。演讲者和听众产生的共振越是强烈，演讲效果就越好、越圆满。

下面让我们来欣赏来自美国前"第一夫人"米歇尔·奥巴马力挺丈夫继续连任时的精彩而感人的演讲。据悉，米歇尔·奥巴马在美国民主党全国代表大会上发表这次"深情而有力的演讲"时，在场有不少听众因她激情澎湃的演讲而热泪盈眶。

……当人们问我，入主白宫是否改变了我的丈夫的时候，我可以诚实地说，无论是从他的性格、他的信念，还是他的心灵来看，巴拉克·奥巴马都仍是许多年前我所爱上的那个男人。他仍是那样一个人，会在自己的事业起步期拒绝高薪工作，而走入一个因钢铁厂的倒闭而陷入困境的社区，为社区的重建和人们重获工作而奋斗……因为对巴拉克来说，成功并不等于你挣多少钱，而是你给人们的生活带来的改变。他仍是那样一个人，当我们的女儿刚出生的时候，隔不了几分钟就急匆匆地查看摇篮，确认她们仍在好好呼吸，并骄傲地向我们认识的每个人展示自己的宝贝女儿。他还是那个几乎每晚都会坐下来陪我和女儿们吃晚餐，耐心地回答她们关于新闻事件的问题，并为中学生间的友谊问题出谋划策的人。他还是那个，我常常看到在万籁俱寂的深夜里，仍趴在书桌上研读人们寄来的信件的人。写信来的有努力工作支付账单的父亲，有保险公司拒绝赔付医疗费用而命在旦夕的癌症女病人，有具有无限天赋潜力却得不到机会的年轻人。我能看到他眼里的忧虑，我也能听出他声音中的决心，他说："你不会相信这些人们在经历些什么，米歇尔，这不对。我们必须继续工作，直到解决这些问题。我们还有更多事情要做。"我看到人们的这些生活故事——我们所收集的这些奋斗、希望和梦想——我看到这些都是推动巴拉克·奥巴马每一天工作的动力。我曾以为我不能爱他更多，然而今天，我比四年前更爱我的丈夫了……甚至比23年前我们初见的时候更爱……

7.4.4 以势夺人

演讲的主体内容要具有鼓动性的特点，除了要做到"以事感人、以理服人、以情动人"，还要做到"以势夺人"。"势"指气势，所谓以"势"夺人，即演讲的主体内容要表现出一种强烈的气势，一种如同万马奔腾、排山倒海、雷霆万钧的恢弘景观。这种"气势"，指运用语言、声音、手势制造出的宏阔、壮观、强劲的情绪和意志氛围，表现出一种强烈的感情、坚定的意志、磅礴的气势，使听众受到感染，产生冲动而奋然行动。

被称为"中国销售实战训练第一任导师"的刘炎，在演讲时经常采用以下的气势先声夺人。

"掌声，不要、不要、不要、不要停，不要停，谢谢大家的掌声！
各位一定要改变现状、提升业绩，收入倍增的朋友们大家早上好！
谢谢各位激情的回答和热烈的掌声！
我想掌声是给自己肯定的同时，也是给对方的赞赏，是还是不是？掌声是给值得你敬佩的人鼓的，是还是不是？掌声是给值得你羡慕的人鼓的，是还是不是？掌声是给值得你学习

的人鼓的，是还是不是？给自己的肯定和智慧，热烈掌声鼓励一下！

一个人要跟别人打交道要不要有激情？一个人要快乐的成长和快速的成长要不要有激情？一个人要成功致富要不要有激情？再次给你们自己的激情，热烈掌声鼓励一下！

大家都非常的有激情和智慧，刘炎非常喜欢和有激情、有智慧的人交朋友，可是，我喜欢交的朋友有几个类型，我喜欢第一类型的人，就是一定要倍增收入的人，如果你是的话请举手认识一下好不好？我喜欢第二类型的人，就是一定要越来越快乐的人，如果你是的话请举手认识一下好不好？我喜欢第三类型的人，就是一定要让家庭更幸福的人，如果你是的话请举手认识一下好不好？我最喜欢第四类型的人，就是不仅想到还要做到的人，如果你是的话请举手认识一下好不好？我最喜欢第五类型的人，凡是遇到好事，听到好的演讲会热烈地鼓掌，如果你是的话，不要举手了热烈鼓掌就可以啦！"

这种演讲方式经常会用在直销培训或励志课程里，相信参加过类似培训的学员对这种方式不会陌生。

被称为"亚洲销售女神"的徐鹤宁的演讲也是非常有气势、有感召力的。我们一起来欣赏。

各位希望自己在未来的人生当中，可以成为自己行业的冠军，可以持续成为冠军的，举手让我看一下，并大声且有能量地说YES！各位，希望在自己未来的人生当中收入是现在的3倍、5倍，甚至50倍以上，有爆炸式成长的再次举手，让我看一下并大声说YES！那么希望在自己未来的人生当中，过上快乐、平衡、全方位成功人生的朋友，请给自己最最热烈的掌声加欢呼声！

各位亲爱的朋友，假如一个人在自己的行业当中，一次成为冠军，棒不棒？如果两次呢？如果一年12个月呢？如果连续九年每个月都把冠军奖杯抱回家呢？而且这个人不仅打破了行业的亚洲销售纪录，还不断打破更新的销售纪录呢？这个人就是站在大家面前的徐鹤宁！

7.4.5　以美娱人

演讲不仅有教育人、启发人的作用，而且还有美感作用。科学是通过逻辑思维使人认识抽象的真理，艺术则通过形象思维使人认识真理。演讲艺术不仅能通过形象使人认识真理，而且能使人们的情绪激动，从而产生美的感受。演讲艺术的这种特殊作用，就是美感作用。许多人不屑于听演讲录音，不满足于听一般的报告，而一定要面对面地听演讲者演讲，其中一个重要原因，就是他们懂得演讲艺术的美感作用，希望获得一个"以美娱人"的心理享受和满足。加强演讲艺术的美感作用是增强演讲稿内容鼓动性的有效途径。演讲艺术的美感作用，表现在演讲者的演讲技巧上，如演讲者漂亮的仪表、潇洒的风度、圆润动听的嗓音等自然素质和训练素质等。

7.5　演讲结尾的艺术

演讲的结尾没有固定的格式，是主体内容发展的必然结果。言简意赅、余音绕梁的结尾，能够使听众精神振奋，并促使听众不断地思考和回味；而松散疲沓、枯燥无味的结尾，则只能使听众感到厌倦，并很快被遗忘。怎样才能给听众留下深刻的印象呢？美国作家约翰·沃尔夫说："演讲最好在听众兴趣达到高潮时果断收尾，未尽时戛然而止。"这是演讲结尾最为有效的方法。在演讲处于高潮的时候，听众大脑皮层高度兴奋，注意力和情绪都达到最佳状态，若在这种状态中突然收束演讲，保留在听众大脑中的最后印象就特别深刻。本文主要介绍以下几种演讲结尾方法。

1. 幽默式结尾。
2. 诗词名句式结尾。
3. 感召式结尾。
4. 赞美式结尾。
5. 展望式结尾。
6. 表决心式结尾。
7. 故事式结尾。
8. 总结式结尾。

7.5.1 幽默式结尾

在所有的结尾方法中，幽默是最能被听众接受的。演讲者如果能在结尾中充分、灵活地运用这种手法，将会起到画龙点睛的作用。除了某些较为庄重的演讲场合，利用幽默结束演讲可为演讲添加欢声笑语，使演讲更富有趣味，并给听者留下一个愉快的印象。演讲者利用幽默结束演讲时，要做到自然、真实，使幽默的动作或语言符合演讲的内容和自己的个性，而不要矫揉造作、装腔作势，否则只会引起听者反感。

【例1】语言学家林语堂应邀参加美国的一次书展并做演讲。那天，他一反在欧美大众场合穿西装的习惯，打扮得像在国内一样，穿一身蓝缎长袍，风度潇洒、慧气四溢。轮到他演讲的时候，他不慌不忙地走上讲台，以风趣幽默、机智俏皮的口吻，纵谈了他的东方人的人生观和他的写作经验。热心的听众被他那娴熟的英语、雄辩的口才以及俏皮精湛的演讲折服。正当大家听得入神时，他却卖了一个关子，收住语气说："中国哲人的作风是，有话就说，说完就走。"说罢，拾起他的烟斗，挥了挥长袖，走下讲台，飘然而去！听众被他这个举动弄得瞠目结舌，好些先生、女士早就拟好腹稿，准备待他的演讲结束后，举手发问呢，却没有想到他就这么突然走了。林语堂用这种幽默的方式避开了一场复杂的对话，也用这种独特的幽默行动，让人对他的演讲留下深刻的印象，更让他的演讲在世界演讲史上留下了一段佳话。

【例2】我国著名作家老舍先生是很幽默的。他在某市的一次演讲中，开头即说"我今天给大家谈六个问题"，接着，他第一、第二、第三、第四、第五，井井有条地谈下去。谈完第五个问题，他发现离散会的时间不多了，于是提高嗓门，一本正经地说："第六，散会。"听众起初一愣，不久就欢快地鼓起掌来。

【例3】一位大学校长在毕业生典礼上演讲，结束时说："亲爱的同学们，这些临别赠言，就算是我这个同期生给你们远行的背囊里放入的一瓶清凉油或几包仁丹吧，虽不能给你们增添远行的气力，也还可以助你们昏惑时一份清醒吧！祝愿你们走出校门像神州九号与天宫一号一般顺利与梦想成功对接！"台下掌声如雷！

7.5.2 诗词名句式结尾

权威崇拜是一种普遍存在的社会心理，恰当地运用权威和名人的话或者诗词结束演讲，可以把演讲推向一个新高潮，为演讲者的思想提供最有力的证明。还能表现出你个人的独特风格，更能够产生美的感受。演讲者可借助如"最后，我想引用×××的话来结束我的演讲……"，但要注意，引用时要有针对性，要能丰富和深化自己演讲的主题。

例如，一位学者在为大学生做入学教育时如此结束演讲。

"最后，让德国作家尚保罗说过的耐人寻味的话陪伴大家度过美好的大学时光——
人生犹如一本书。
愚蠢的人将它草草翻过，
聪明的人却会将它细细阅读。
为什么呢？
因为聪明的人知道，只能读一次。
当还能拥有时，
好好珍惜吧！
爱情如此，
友情如此，
亲情更是如此。
最关心你的人，
别只是永远被你排之于外，
当失去了，
流泪又能做什么？"

7.5.3 感召式结尾

一次好的演讲结尾既然是"豹尾"，就绝不能草率收兵、苍白无力，更不能索然无味、不耐咀嚼。

某位总统曾发表过一篇著名的就职演讲，这次演讲被认为是最精彩的总统就职演讲之一。他是这样结尾的：

"……我的同胞们，不要问你的祖国能为你们做什么，问一问你们能为自己的祖国做什么。我的同属于这个世界的公民兄弟们，不要问国家将为你们做什么，问一问我们能为人类的共同自由做什么。最后，不论你是我国公民还是世界其他国的公民，请将我们要求于你们

的有关力量与牺牲的高标准拿来要求我们。我们唯一可靠的报酬是问心无愧，我们行为的最后裁判者是历史。

这个结尾文体流畅，感情奔放而有节制，字斟句酌，内涵深刻而丰富，极具感染力。

7.5.4 赞美式结尾

俗话说"扎筐编篓，全在收口""好头不如好尾"。赞美，本身就充满了情感和力量，最容易打动听众的心弦，引起和谐的共鸣。热情诚挚的赞美，有如和煦的春风，使冰雪消融，使人倍觉温暖，心花怒放。

在一次九九重阳节的演讲中，演讲者是这样结尾的。

"教育事业的发展，渗透了你们老一辈教育工作者的汗水和心血，离不开你们的辛勤探索和奉献。学校的一砖一瓦都铭刻着你们献身职教事业的功劳，学校的一草一木都浸润着你们孜孜求索的深情。这里是我们共同工作、共同耕耘的园地，你们既是我们的同事，又是我们的长辈，更是我们的教师。在你们身上，我们学到了'为伊消得人憔悴，衣带渐宽终不悔'的敬业精神，学到了真诚坦荡、相互尊重的待人哲理，学到了治学严谨、一丝不苟的良好作风。感谢你们多年来对我们的关心、鼓励和帮助，感谢你们为学校发展做出的突出贡献。在这里，再一次向各位尊敬的长辈敬贺节日快乐，祝各位离退休老前辈身体健康，愿你们如青松不老，古枫吐艳，晚菊傲霜，漫步人生夕阳红！"

这个结尾，是热情赞美的典型例证。演讲者满怀炽热的深情赞美了老一辈的丰功伟绩，因此极具鼓舞力，令人振奋。

7.5.5 展望式结尾

展望式结尾是比较常见的一种结尾方法，或者概括全篇，推出高潮，掀起波澜，给人以鼓舞；或者点明主旨，升华境界，给人以方向和动力；或者展望未来，抒发情怀，热烈呼唤，激发人们的斗志。这种鼓舞号召式的结尾是用得最多、最普遍的一种，因为它有着极强的鼓舞性，给人以刺激和震撼，并让人留下久久难忘的印象。这种结尾从形式上讲，往往多用"同志们""朋友们""女士们""先生们"等称呼语，结束大多用动词"让"和感叹词"吧"结合，构成"让……吧"的模式。

2016年教师节，郎平回到母校北京师范大学，为学校近3000名学子做报告，分享女排训练、夺冠背后的故事。在演讲中，郎平的睿智与幽默，赢得阵阵热烈掌声。演讲的结尾是这样的。

我今年50多岁了，正带领年轻的中国女排走向跋涉的路，路很艰难，我们要做的事情很多。但是，我们都相信只要自己做好每一天，一定会站在离梦最近的地方。愿与在座的各位同学们一路同行。

7.5.6 表决心式结尾

表决心式结尾是竞聘演讲时常用的一种结尾方法，主要用于演讲者表明自己就职后的抱负和决心。

在竞聘村委会主任的演讲会上，一位刚从工商管理学院毕业的小伙子在演讲结束时这样说："我虽然没有当干部的经验，但我有为官一任、造福一村的热情。如果选我当村委会主任，我保证两年之内实现以上规划，让咱村改变面貌。让大家人人抱上金饭碗。说到做到，决不放空炮。如不兑现，我甘愿下台受罚！不仅我这一百多斤要交给大家，我还要把我家的楼房和几万元存折都压上。"他掷地有声地表明了自己的信心和决心，使听众很快由怀疑、惊奇变为信任和亲近，话音刚落，台上台下便掌声一片。他的真诚深深地感动了乡亲们，不少人都投了他的票。

再看看马化腾（腾讯公司执行董事、董事会主席兼首席执行官，全面负责腾讯集团的策略规划、定位和管理）在腾讯QQ2005正式版发布会上的演讲结尾：

"各位来宾！即时通信在过去的发展造就了腾讯的成长和进步，未来腾讯也将继续依托即时通信的平台，不断加强自身竞争力的建设，和对用户需求的满足能力，促进在线生活产业模式的形成。在QQ成长的七年中，很多的用户朋友对QQ给予了关爱和帮助，也对QQ的发展提出了很多十分有价值的建议。我们也将继续以此为动力和鞭策，和用户朋友一起让我们共同的小企鹅快乐成长！衷心希望我们今天发布的QQ2005正式版能带给大家全新的感受和体验，再一次感谢大家的光临！"

这个结尾，既有感谢，也有展望，更有表决心，真诚的语言让人感动，演讲的效果也就达到了。

7.5.7 故事式结尾

故事式结尾，是以一个与演讲主题有关的故事作为结束辞，再以名言警句将主题加以升华。一位演讲者在全国校园文学研讨会上做演讲，在演讲的结尾，他以一个故事作为祝福送给所有听众。

有个调皮的小孩想为难睿智的老酋长，抓了只小鸟问酋长："你说这小鸟是生是死呢？"小孩盘算着，如果老酋长说是生，他就暗中加劲把它捏死，如果说是死，他就张开双手把它放飞。小孩满以为取得完全的胜利。老酋长慈祥地笑了笑，拍了拍小孩的肩膀说："生命就在你的手里。"我想告诉各位：未来无论将遭遇多少风雨，无论将直面多少荣光，我不求命运完全掌握在自己的手里，只希望无论面对什么困难，我都毫不畏惧！面对未来的每个日子，我想，我们每个人生命未来都在自己手里。

演讲者所讲的故事含义深刻，又与主题紧密相连，把寓意深刻的道理讲得通俗易懂却又耐人寻味，借助故事倾谈心声，巧用名言"我们每个人生命未来都在自己手里"，升华了主

题，连珠妙语如同一道心灵鸡汤，滋养着台下听众的心田，自然会收获热烈的掌声。可见，结尾讲故事，演讲效果好。

7.5.8 总结式结尾

以总结归纳的方式结尾，这种结尾用精练的语言，对演讲内容和思想观点做出高度概括性的总结，以起到突出中心、强化主题、首尾呼应、画龙点睛的作用。

俞敏洪在"2012中国大学新生学习规划公益巡讲"的演讲中就是运用了这种方式结束演讲。

"我再回过来总结一下。第一，要相信自己能做事情，能改变自己的命运。为自己做出明确的人生选择，并且坚定不移地走下去。哪怕这条路再窄，只要路在前面，只要你能走得更远，就可以看到别人没有看到的风景。第二，要记住你是来大学干什么的，不要把大学当成是混日子的地方。你可以混，但混日子有混日子的不同方式，大学混日子和你浑浑噩噩地混日子完全是两个概念。如果大家把握了这些要点，同学们在大学的生活以至大学毕业以后坚持这些原则，都不会有错。生命中有些闪光点，并且回味的时候感到心灵和精神同样丰富，即使最后哪怕是落魄也觉得自己还是一个有着充实内心和精神财富的人，我觉得这是人最终的归宿所诉求的。至于未来能不能挣钱，是否有朋友与你一起行走，是否有很多荣誉加给你，都当作是一路的缘分就好，用随缘的心态来对待。但是，所有这些东西都不妨碍你读书、交友、思考，把自己变成独立思考的人。我的演讲到此为止。谢谢！"

7.6 吸引听众的技巧

1. 语言生动易懂，富于情感。
2. 以静治乱，短暂停顿。
3. 举出亲身事例。
4. 给听众造成悬念。
5. 材料要新颖。

7.6.1 语言生动易懂，富于情感

演讲的语言是介于口语与文学语言之间的，既要求遣词造句简练明确、通俗易懂，又要求表情生动形象富于美感，演讲语言运用得好能给演讲内容插上翅膀。否则词不达意，淡而无味，便步履维艰。演讲语言的运用要求如下。

1. 体人

体人是指演讲者要用听众能听得懂的语言讲话，根据听众的文化层次选择语言形式，做到语义明白顺畅，不故弄玄虚，不使用晦涩生僻的词语，将自己的思想和感情直白地表达出来。

中南大学2012级新生开学典礼暨军训阅兵仪式中，校长张尧学对13 000余名新生的讲话就显得非常"体人"，张校长没有带讲稿，像拉家常一样娓娓道来："男同学要少打点游戏，女同学要少看点韩剧。""可以谈恋爱，但不要沉迷网络。""图书馆堆了很多知识，但是你没有掌握它，它是不能变成力量的"……张尧学校长朴实而又幽默的讲话，给这个严肃而气势磅礴的场面带来了轻松的氛围。很快拉近了师生间的距离，让新生们纷纷感叹"这个'大叔'有意思"。

2. 个性化

演讲语言应体现演讲者独特的风格，个性化的语言能给人留下深刻的印象，听众从演讲者或沉郁、或激昂、或诙谐、或充满哲理的语言中能洞察演讲者的个性与人格，而人格的魅力往往比语言的吸引力更强大。

有一次，卡耐基研究所对100位著名的商界人士进行智力测验，这次测验的内容与战时陆军所用的相似。分析测验的结果，得出了一个重要的结论：事业成功的各种因素中，个性的重要性远胜过优秀的智力。这个结论表明：个性对商人、对教育家、对专业人士，特别是对演讲者而言，都是十分重要的。

【例1】在中央音乐学院，一位教授开创性地采用了"边讲边演"的方式，进行了一场别开生面的思想政治理论课。一曲曲激昂澎湃的乐曲，一席席直抵人心的讲演，同学们热血沸腾，直呼"这样的思政课我们不想下课"。学生说"通过思政学习与艺术兴趣的结合，我们对历史有了更深刻的理解，对革命先辈的理想信念有了更强烈的认同。"发挥思政课教师主导作用，推动教学方法改革创新，引导大学生深度参与思政课教学，使思政课有了全新的"打开方式"，变得"有意思""都爱听""真相信"，实现由"知"到"信"，从"信"到"行"的有效转化。

【例2】如果你有某种可以合法使用并能产生良好效果的东西，利用戏剧性的道具可以让你的演讲令人难忘。但需要谨慎，一定要事先在真实环境中进行练习。例如，为了讲解左右半脑，博尔特·泰勒带了一颗真的人脑走上舞台，上面还悬垂着延伸的脊髓。比尔·盖茨在他关于疟疾的演讲中释放出一罐蚊子，获得了全世界的头条报道。他开玩笑地说："没有理由只让穷人体验这种感受。"

【例3】王濛是我国前速度滑冰和短道速滑国家队成员，这次在北京2022年冬奥会上，精准的用词和频出的金句让网友评价王濛为"被短道速滑事业耽误的相声演员"，她的独特个性非常值得我们学习其中技巧。

王濛在直播间拍桌子瞪眼，上蹿下跳，把一向以爱激动著称的黄健翔都吓傻了，只见坐在旁边的黄健翔都恨不得躲得远远的，然后忍不住劝王濛不要那么激动。"我的眼睛就是

尺，不用回放了。""我是不是凡尔赛了？"霸气过后，王濛又开启了萌萌哒模式。王濛的幽默风趣，及飒爽的性格，受到了观众的喜爱，不少网友都被其"不按套路出牌"的解说方式所征服。

日复一日枯燥训练中，积累的专业经验，一场场国际赛事拼搏下，对专业规则的烂熟于心。专业解读且不失幽默，看似调侃却头头是道，正是王濛一夜走红的原因所在。当"体育竞技'与'娱乐"碰撞，便会擦出不一样的火花，及出人意料的化学反应。金句融合专业内容，运动员变身相声演员，"濛式解说"的受喜爱程度，正是当代网友和观众的欣赏方向。

3. 有激情

演讲中内心的激情主要是通过充满感情色彩的语言表露出来的。演讲语言切忌平淡乏味、有理无情，撰写演讲稿要多用气势磅礴的排比句、情绪饱满的设问句、直抒胸臆的感叹句等，使语言铿锵有力、气势逼人，将听众引入语言所塑造的氛围中，跟随演讲者悲、喜、痛、怒。

经中国政府不懈努力，2021年9月25日晚，华为公司首席财务官孟晚舟乘坐中国政府包机返回祖国并发表讲话。这是激动人心的一刻。

舷窗外一片漆黑，机翼上的航行灯闪烁不停，在寂静的夜空中，这些许的微光显得格外温暖。此刻，我正飞越北极上空，向着家的方向前行，马上就要投入伟大祖国母亲的怀抱，阔别三年的祖国已在天涯咫尺。

近乡情更怯，不觉间泪水已模糊了双眼。在中国共产党的领导下，我们的祖国正在走向繁荣昌盛，没有强大的祖国，就没有我今天的自由。往事一幕幕闪过，恍若隔世，却又历历在目。过去的1028天，左右踟蹰，千头万绪难抉择；过去的1028天，日夜徘徊，纵有万语难言说；过去的1028天，山重水复，不知归途在何处。"没有在深夜痛哭过的人，不足以谈人生"，一次次坠入深渊，又一次次闯入暗夜，曾让我辗转难眠，更让我刻骨铭心。泪水抱怨化解不了愁苦，伤春悲秋翻越不过泥泞，与其困顿挣扎，不如心向阳光，冲出阴霾。

我们祈祷和平，幸运的是，我们生在一个和平的时代；我们崇尚伟大，可贵的是，我们生在一个伟大的国家。成长在改革开放时期的我，亲眼目睹、亲身经历了共产党领导下的中国和中国人民是如此伟大，全体同胞数十年如一日地艰苦奋斗，让我们的祖国走向繁荣富强，人民迈向共同富裕，为世界的和平与发展做出巨大的贡献。

感谢亲爱的祖国，感谢党和政府，正是那一抹绚丽的中国红，燃起我心中的信念之火，照亮我人生的至暗时刻，引领我回家的漫长路途。感谢亲爱的家人们，与我一起经历风雨，见证岁月，安放我所有的喜乐苦悲。是你们的遥遥相伴，陪我越过层层山丘；是你们的默默守护，带我跨出丛丛荆棘。感谢亲爱的伙伴们，有一种浪漫叫并肩作战，有一种纯粹叫全力以赴，有一种果敢叫奋不顾身，回首此间，满是静水流深的情义和雷霆万钧的担当。

……回家的路，虽曲折起伏，却是世间最暖的归途。

163

再来看下一个富于激情的演讲。这是一个关于"连锁销售"的演讲，演讲者善于运用排比句、反问句来加强演讲的激情，同时也调动听众的热情。

"智者创造机会；强者把握机会；弱者等待机会；愚者放弃机会。成功往往属于那些懂得把握机会，并不断坚持努力的人们。亲爱的朋友，我们没有机会把握最初的股票、保险，难道您现在还要再次错过这最后一次可以实现财富自由的机会吗？

"命运并非机遇，而是一种选择，我们不应该坐等命运的安排，而必须依靠自己的努力去创造命运！如果你要问我，命运在哪里，那么我会告诉你：请将你的拳头握起来。现在，你应该知道命运在哪里了吧？

"别忘记，我是最棒的！把握机会，把握趋势，一定会成功！"

7.6.2　以静治乱，短暂停顿

欲说还休，往往更能刺激听众的欲望，撩动人心的演讲通常不是一气呵成的，而是适当地停顿、静默，然后多转折、多变化地引人入胜。停顿，既是生理的需要，更是表达的必然要求，是口头的标点，也是演讲者情感神韵的传导。说话时的"停顿"，是一种需要掌握好的技巧。有意识的停顿不仅使讲话层次分明，还能重点突出，吸引听众的注意力。适当的停顿能前后照应。只有条理清楚地讲话，才具有说服力并表现出较强的逻辑性，使人佩服演讲者的老练和娴熟。如果不懂得适当停顿，滔滔不绝地一直讲下去，就会使人有急促感，显不出演讲者的感情和力度。

什么时候要停顿呢？

当转换语言、承上启下，或提出重点、总结中心思想、概括主要内容时，需要适当的停顿，而静默的时间一般不超出十秒钟。特别需要停顿的地方，也以不超出一分钟为宜。

此外，如果你想表达出蕴藏在内心的激情，讲话就应该抑扬顿挫，所以停顿不只是声音的静止，而是一种无声的心灵之语，往往带有动作手势。如低头沉思；双手握拳，做激动状，说到关键处，双目凝视；深深叹息；皱紧双眉做痛苦状；抬头仰望天空等。注意做以上动作手势时，一定要自然、逼真，切莫让别人以为你故作惊人之状，从而失去了"停顿"所特有的效果。

林肯经常在谈话中停顿。当他说到一项要点，而且希望他的听众在脑中留下极为深刻的印象时，他会倾身向前，直接望着对方的眼睛，足足一分钟，一句话也不说。这种突然而来的沉默，和突然而来的嘈杂声有相同的效果，能够吸引人们的注意力，使听众警觉起来，倾听下一句将说些什么。

例如，在众所周知的林肯和名法官道格拉斯著名的辩论接近尾声之际，所有的迹象都表明林肯会失败，他因此感到很沮丧，他那痛苦的旧病不时地折磨着他，为他的演说增添了不少感人的气氛。

在他最后一次辩说辞中，他突然停顿下来，默默站了一分钟，望着他面前那些半是朋友、半是旁观者的群众的面孔，他那深陷下去的忧郁的眼睛跟平常一样，似乎满含着未曾流下来的眼泪。他把自己的双手紧紧握在一起，仿佛它们已经太疲劳了，已无力应付眼前这场无助的战斗。然后，他以他那独特的单调声音说道："朋友们，不管是道格拉斯法官或我自

己被选入美国参议院，都是无关紧要的，一点关系也没有；但是我们今天向你提出的这个重大问题才是最重要的，远胜过任何个人的利益和任何人的政治前途。朋友们，"说到这儿，他又停了下来，听众们屏息等待，唯恐漏掉了一个字，"即使在道格拉斯法官和我自己的那根可怜、脆弱、无用的舌头已经安息在坟墓中时，这个问题仍将继续存在、呼吸及燃烧。"

替他写传记的一位作者指出："这些简单的话，以及他当时的演说态度，深深打动了每个人的心。"

7.6.3　举出亲身事例

卡耐基有一套为演讲设计的"魔术方程式"，效果极好。主要有以下三个步骤。

第一，把你需要传递的主要观念，用亲身的经历做例证，详细而生动地传达给听众；

第二，把你的要点简明地陈述出来，使听众完全明了，你要他们做什么；

第三，告诉听众，假如他们采取你的建议，会有什么好处。

这套"魔术方程式"为什么要特别强调用事例做例证呢？因为事例就是自己亲身经历的事情，这比你引述别人的经验，更能够赢得认同。

中国女排教练郎平2014年曾回到她的母校北京师范大学演讲，她传奇的一生深深地吸引着听众。

"应该是受运动员经历的影响，我在34岁就能做到说走就走，说干就干。那年因为一句中国女排需要你，我就放下刚刚两岁的女儿回国。但是2013年，低谷中的中国女排又一次向我发出召唤，我明显感觉到自己的顾虑多了。在最纠结的几天，我不止一次问自己是不是老了，怎么变得犹豫了，不像当年的郎平。但最终我还是决定干。

"眼下我们女排有很多困难，在我上任时几乎都预料到了。我很清楚，选择接受挑战就是承受痛苦和压力。但是我还是愿意迎着困难上。朋友们都问我为什么。我说：首先，是我对中国女排的感情；其次，是年轻时的经历让我喜欢充实，喜欢挑战的生活，而且家里也很支持我，他们很高兴看到我下决心出山了，因为这样他们感到我还没老。

"我这个人不会唱高调。但是真心感觉人不会老，是因为有梦想。在各位同学即将走出大学校园的时候，我想说你们正是最好的年华，千万不要贪图安逸，趁年轻尽量去选择有挑战的事业，你们会在克服困难前进的过程中体会到人生的意义、梦想的价值。

"我今年五十多岁了，正带领年轻的中国女排走向跋涉的路，路很艰难，我们要做的事情很多。但是，我们都相信只要自己做好每一天，一定会站在离梦最近的地方。愿与在座的各位同学们一路同行。学弟学妹们让我们不断互相鼓励，为梦想加油！谢谢！"

郎平用她亲身经历向学弟学妹们传达了一个信息：人因为有梦想而不会老；大学生时光是人一生中最好的年华，千万不要贪图安逸。趁年轻，尽量去选择有挑战的事业，就会在克服困难前进的过程中体会到人生的意义、梦想的价值。

7.6.4　给听众造成悬念

好奇是人们的天性，一旦有了疑虑，就非得探明究竟不可。为了激发听众的兴趣，可以使用悬念手法。悬念能调动听众的想象力、思维力，使听众从质疑、释疑中受到启迪。在演讲中

设置悬念，能紧紧地吸引听众，使听众对事物发展和人物命运产生强烈的关切心情，急切希望能得到答案。在开场白中制造悬念，往往会收到奇效。没有悬念，则难以吸引听众的兴趣。

悬念的设置在演讲中也需要呼应，往往是先将疑问悬置起来，引起听众对某一事态的密切关注，演讲者却引而不发，故意暂不理会，让听众念念不忘，做出各种猜想；在一段时间后，再行作答，与开头呼应，揭开谜底，产生一种出奇制胜的效果。古人说："文似看山喜不平。"说话也一样，如果在演讲中，恰到好处地设下一个个悬念，会使听众在回旋推进的言论中产生回味无穷的感受。

毕淑敏是国家一级作家，她在做《每个人都应有明确的目标》的演讲时巧妙利用听众的好奇心，通过讲故事来制造悬念，打动人心，给听众留下了难以忘怀的印象。

"一天，美国副总统戈尔夫妇得到了一只狗，不禁喜出望外，便来到一个驯狗师家，想请他训练这只狗。驯狗师看了看戈尔，问道：'我想知道，这只狗的目标是什么？'戈尔一听，有点儿摸不着头脑，他幽默地回答：'也许它的目标是努力成为一只狗，而不是猫之类的吧。'驯狗师摆出一副爱莫能助的样子说：'对不起，我不能帮一只没有目标的狗进行训练。'于是，戈尔夫妇只好带着他们的小狗悻悻而归。回家后，戈尔把自己关在书房里，却怎么也想不出这条狗的目标究竟是什么。当他看见自己的四个孩子在一起嬉戏打闹，玩得很快乐时，突然灵光一闪，觉得狗的目标有了！于是，戈尔再一次把狗送到朋友那里，驯狗师马上就对这只狗开始进行专门的训练。不久，一条训练有素的狗出现在戈尔家，它不光成了孩子们最忠实的玩伴和朋友，晚上还肩负起了看家护院的职责——这就是戈尔为自己的狗确定的目标。瞧，狗有了目标后才能成为一只好狗，人自然就更不用说了。人活一辈子，不能没有目标，特别是年轻时，订立自己的目标并为之奋斗是头等大事。

7.6.5　材料要新颖

创新是演讲生命力的源泉，"喜新厌旧"是听众的普遍心理，因而追求观点表述的创新是演讲者的一项重要任务。如"有心栽花花不开，无心插柳柳成荫"这句广为人知的俗语，曾有人在演讲中将其表述为：对待事业，要有心栽花，花不开，也要栽；对待名利，要无心插柳，柳成荫，也无心。一种形象在形成之后，在很大程度上便会成为一种惰性，长期缺乏变化或变化速度迟缓，再美的象征，再大胆的变形，也都会变成远古的化石，没有生命和活力。为此，演讲材料的选择一定要新颖，这样方能使演讲不落窠臼，更加丰富人们对演讲内容的理解和感受。演讲者从以下几方面着手选择材料能取得较好的效果。

（1）选择真实而新鲜的新闻事件，注重知识性和时效性。例如，在华中科技大学2010届本科生毕业典礼上，校长李培根院士16分钟的演讲，被掌声打断30次。全场7700余名学子起立高喊："根叔！根叔！"在2000余字的演讲稿中，李培根把四年来的国家大事、学校大事、身边人物、网络热词等融合在一起，如"俯卧撑""躲猫猫""打酱油""妈妈喊你回家吃饭""蜗居""蚁族""被就业""被坚强"……

（2）旧事新议，赋予人们所熟悉的事物以新意或从一个新的角度来议论旧话题，也可以激发起听众的兴趣。演讲材料切忌陈词滥调，将生活中的新事物、新现象、新词汇等大胆翻新，使人们对本来已经熟悉的东西产生一种新的联想和体验。如将做生意比为"像股市一样，牛市也罢，熊市也罢，都有人能赚到钱，关键看你怎么做"。

（3）站在听众立场选择材料，唤起听众的切身感受。

（4）幽默风趣的材料能够寓教于乐、老少皆宜、雅俗共赏，并有助于活跃现场气氛。

（5）将抽象、新奇的事物通过联想拉回现实，和生活中普通的东西联想在一起。如在谈到计算机软硬件的关系时，某专业人士形象地说："计算机只是盘子，软件才是菜，人是为吃菜才买盘子，两者的关系不能本末倒置。"又如有的企业家将"团队精神"比作"能打群架"，有的比作"团长死了，营长就会上去，照样能打胜仗"等，正可谓：境非真处即为幻，俗到家时自入神。

（6）发挥自己的专业特长，用专业的知识进行形象的联想。如王码公司总裁王永民将成就、荣誉、地位、金钱等比为像"电荷"一样，在一个人身上积累多了，"电压"就会升高，"高电压"使别人难以接近，自己也十分危险，解脱的办法是"放电"，将自己"接到地上"，"接地""放电"，回到"零电位"。用自然科学的方法来解释社会科学中的心理现象，又何尝不是一种值得称道的演讲技巧呢？

法国的丹纳曾经说过："一切典型永远可以推陈出新，过去如此，将来也如此。而且真正天才的标志，他的独一无二的光荣、世代相传的义务，就在于脱离惯例与传统的窠臼，另辟蹊径。"只要敢于和善于创新，就能使演讲永葆生机和活力。

技 巧 训 练

辩　　论

正方——大学校长在开学典礼上致辞可以大量秀"潮语"（网络语言、时尚语言）。

反方——大学校长在开学典礼上致辞不应该大量秀"潮语"。

7.7　即兴演讲

即兴演讲，是指在事先没有准备的情况下，对眼前的人、事、物、情、理等有所感触而临时所作的演讲。即兴演讲比一般有准备的演讲灵活性更强、难度更大。因为它是演讲者被周围的情景、事情所触发而产生了发表意见的冲动，或在某种场合下因身份、地位的需要被推举而临时发表讲话，没有过多时间进行准备，完全靠即兴发挥、灵活应变，这就对演讲者提出了更高的要求。

即兴演讲者应具备以下素质。

（1）较广的知识面。只有具备丰富的学识，才能在短暂的准备时间内从脑海中找到生动的例证和恰当的词汇，使即兴演讲增添魅力。这就要求演讲者具备一定的专业知识，并能了解日常生活知识，如风土人情、地理环境等。

（2）较深的思想意识。这是指即兴演讲者对事物纵向的分析认识能力。演讲者对内容应能宏观地把握，通过表层迅速深入到事物本质中去，以免事例繁杂、游离主题。

（3）较强的材料组织能力。即兴演讲要求演讲者在很短的时间里将符合主题的材料组合、提炼在一起，这就要求演讲者应具备较强的综合能力，有效地发挥出其知识的广度和思想的深度。

（4）较强的现场掌控能力。即兴演讲没有事先精心写好的演讲稿，临场发挥是特别重要的。演讲者在构思初具轮廓后，应注意观察场所和听众，摄取那些与演讲主题有关的人物或景物，因地设喻、即景生情。

（5）较强的应变能力。即兴演讲由于演讲前无充分准备，在临场时就容易出现意外，如怯场、忘词等现象。遇到这种情况，只有沉着冷静，巧妙应变，才能扭转被动局面，反败为胜。

即兴演讲的技巧如下。

1. 选准话题。
2. 借题发挥。
3. 从现场发掘话题。
4. 从举例（讲故事）开始。
5. 布局要短小精悍。
6. 结尾要有力度。

7.7.1　选准话题

由于即兴演讲审题时间短，很容易偏离主题、不得要领、见解平庸，这样就会使演讲牵强附会、言之无物、陷入困势。所以，要从自己感受最深的方面出发，充分调动起头脑中储存的信息，选一个新颖独特的议论角度，提出一个紧扣实质、揭示要害的主题。

7.7.2　借题发挥

即兴演讲的开场白可以利用此时此地的一些特殊事物，如人名、地名、季节、天气、景物、气氛等引发联想导入主题，使听众觉得风趣、别致，显得生动活泼。

某县领导在做就职演讲时，其中有一段就是借就任时间做了精彩的发挥。

"今年是马年，过马年，大家扶我们上马背，我们五个'马上人'的态度是'骑马背、扬马鞭、唱马歌、讲马话'。那就是'立马行动，一马当先，五马齐驱，快马加鞭，马不停蹄，抢立汗马功劳，争取马到成功'。"

这位领导从"马年"的"马"字出发，将"上马背"比作新当选的领导就职，将"五个'马上人'"比作五位新上任的县领导。以"骑马背"、"扬马鞭"、"唱马歌"、"讲马话"比作任劳任怨、无声无息的埋头苦干，以"立马行动，一马当先，五马齐驱，快马加鞭，马不停蹄，抢立汗马功劳，争取马到成功"比喻为县政府五位主要领导就任后立即行动、团结拼搏抢创大业的决心和争取各项工作全面获得成功的信心。这里一连串以"马"为词素的喻体组成博喻，妙语连珠，贴切生动，使这次表态情真意切，颇具感染力。

7.7.3　从现场发掘话题

以现场的人和事为论据，如现场听众的职业特点、现场名人的事迹等，都是典型的素材。

1999 年青年节，有个著名的"演讲与口才杯"演讲比赛，主题是"做文与做人"。中央电视台的白岩松参加了这场高水平的比赛。在白岩松之前演讲的是西藏日报的记者白娟，她极富感染力地向大家讲述了自己作为一个驻藏记者的自豪、作为母亲的心酸。她常年战斗在雪域高原，与儿子在一起的时间每年只有三个月，每次都是和儿子刚混熟又不得不分开。情真意切，令人动容。白岩松紧接着上场："我是一个两岁孩子的父亲，我知道，在一个孩子一岁半到两岁之间，没有母亲在身边是怎样的一种疼痛，我愿意把我心中所有的掌声，都献给前面的选手。"话音刚落，全场报以热烈的掌声。

白岩松就地取前位选手之材，表达真诚美好的敬意，顺应了现场观众的心理需求，又一次激起感情的高潮，不露痕迹地表现了自己的机巧——将掌声献给别人的同时，也为自己赢得了掌声。

7.7.4　从举例（讲故事） 开始

用形象性的语言讲述一个故事作为开场白引起听众的兴趣。选择故事要遵循几个原则：①要短小，否则成了故事会；②要有意味，促人深思；③要与演讲内容有关。

1962 年，82 岁高龄的麦克阿瑟回到母校——西点军校。一草一木，令他眷恋不已，浮想联翩，仿佛又回到了青春时光。在授勋仪式上，他即席发表演讲，他是这样开头的：

今天早上，我走出旅馆的时候，看门人问道："将军，你上哪儿去？"一听说我到西点时，他说："那可是个好地方，您从前去过吗？"

这个故事情节极为简单，叙述也朴实无华，但饱含的感情却是深沉的、丰富的。既说明了西点军校在人们心中非同寻常的地位，从而唤起听众强烈的自豪感，也表达了麦克阿瑟深深的眷恋之情。接着，麦克阿瑟不露痕迹地过渡到"责任—荣誉—国家"这个主题上来，水到渠成，自然妥帖。

7.7.5　布局要短小精悍

即兴演讲多是在一种激动的场合下进行的，没有人乐意听长篇讲话，因此必须短小精悍。短小，指篇幅而言；精悍，指内容而言。即兴演讲不能像命题演讲那样讲究布局谋篇，但也要结构合理，详略得当，要有快节奏风格和一气呵成的气势，切忌颠三倒四，离题万里，拖泥带水。

7.7.6　结尾要有力度

演讲结尾也是很讲究的，或给人以力量，或提出问题让人深思，或展示自己的观点，或指出奋进方向。总之，结尾应余音袅袅，留下回味的余地。让听众有一种"言已尽而意无穷"之感。

一次，"戴维斯杯"网球赛结束后，云南省体委在昆明滇池湖畔的国家体育训练基地为印度尼西亚队钱行。印度尼西亚队输给了中国队，队员们的情绪都不高。该队领队在致辞时说：

"尽管我们尽了最大的努力，但由于气候不适应等原因，我们队伍的技术没有很好地发挥，遗憾地输了球。但这事对东道主中国队来说，我们无疑是最好的客人。今天我在这里祝贺贵队取得优良成绩，就是最好的证明。""不过，来日方长。如果我们下次再来做客时，却不能成为你们最好的客人，也请尊敬的主人不要见'怪'。"

不卑不亢，礼貌而幽默，尤其是那绝妙的结尾堪称珠圆玉润，比其为"豹"尾，一点也不为过。

结尾或对演讲全文要点进行简明扼要的小结，或以号召性、鼓动性的话收尾，或以诗文名言及幽默俏皮的话结尾。但一般原则是收拢全篇，卒章显志，干脆利落，简洁有力，给听众留下深刻的印象。切忌画蛇添足、节外生枝。

7.8 商务演说

7.8.1 什么是商务演说

听到"商务演说"一词，很多人会认为就是上台进行演讲。实际上，商务演说的范围是很广泛的。从一开始找工作的面试，到进入工作岗位后拜访客户、电话推荐产品、公开演说，或者向上司汇报工作情况、介绍最新工作安排和计划，这些都属于商务演说。而且无论你面对的是一个人还是成百上千人，都是属于商务演说的范畴。

无论在大型企业还是在小型公司中，都经常会出现少至一两次多至几十次的演说，如领导在新一轮的工作安排前进行的激励员工的说辞，或为新工作的布置进行说明等，都属于商务演说的范畴。同时，商务演说的形式和载体有很多种，有个人的也有团队的，有直接面对面的，也有使用电话、书信、电邮、传真等进行传达的方式，只要其中的内容涉及商务往来的，都属于商务演说。

在从事商务交往的工作当中，不可避免地要涉及商务演说，如果你精通常用的商务演说技巧，将在工作中如鱼得水、游刃有余。无论是一名普通员工还是企业的领导者，具备良好的沟通技巧都是成功的重要因素。商务演说的目的在于将所表达的信息传递给对方，鼓动对方并最终说服对方。

商务演说的重要性在于，它首先是进行交往的一把利器，其次是成功的前提和基础，最后能在漫长的职业生涯过程中开山劈石、成就事业。

所以，本节内容就是针对当今常遇到的商务演说进行介绍，并进行技巧的演练，让大家掌握相关的技巧。

7.8.2 商务演说中需要注意的问题

商务演说是一项比较重要而且困难的工作，如何让商务演说精彩并发挥其应有的作用，以下几个问题需要注意。

1. 做好充分准备

在进行商务演说之前，要收集大量与演说内容相关的资料，尽量做到演说内容丰富多

彩，特别是在演说内容当中准备一些最新最前沿的内容会令你的演讲更精彩。例如，要进行一次新的市场推广计划的演说，每次其他同事介绍的时候都毫无新意，但是你事先通过大量的资料进行市场调查，对当今市场的状况进行周密的分析，对产品前景进行预测，取得的都是第一手材料，你的演说自然会取得好的反响。

2. 进行周密的规划

在进行精彩的演说之前，演说者需要对演说的内容进行周密的规划和安排，让听众能注意和接受演说的内容。在演说的过程中，如何能吸引住听众是演说者必须思考的问题。有了好的内容，还要对演说稿内容进行规划，哪个段落是重点，要突出？哪段文字需要配套的图片或者音乐配合？这些都需要精心设计。看似枯燥的演说稿在精心的规划和安排下，能给听众带去不一样的体验。在演讲时，可以借助投影仪、音响和其他的现代化工具，淋漓尽致地展现你的演说才能。

3. 内容生动

精彩的商务演说并不是简单地将要阐述的观点和相关内容向听众交代完毕就完成任务了，其中的诉求点要能吸引听众的注意。这就要求演说者借助趣闻、故事的一些片段来丰富内容，如果碰到一些比较乏味的演说题目时，就更应该运用案例、比喻等发挥一下演说者的幽默感，让演说能让听众感兴趣并乐于接受。

4. 鼓舞人心

好的演说家能使演说内容深入人心。在演说者进行商务演说之前听众会对演说内容有强烈的期待，都期望从演说者那里获得他们想得到的东西，这就要求演说者在演说开始的时候就要用振奋人心的话语将演说的内容、目的传递给听众。例如，公司将要召开新一年度经销商大会，一项重要议题就是经销商现场订货，如果要做一次公司新年度规划的演说，首先要介绍产品去年的销售业绩；接着对去年一年中经营业绩突出的经销商进行表彰，并提出新的鼓励政策，激励经销商再接再厉；最后还要将新年度计划向经销商做说明和展望。总之，演讲内容和过程要鼓舞人心和具有感染力。

5. 演说内容的结构编排

再精彩的演说，过一段时间后其大部分内容都可能会被听众遗忘，可能只记得演讲者的名字而不记得演讲者是哪家企业的，甚至只记得演讲者的西装颜色而不记得演讲者的姓名。如何能使听众对演说印象深刻呢？就需要对演说内容的结构进行周密的编排。首先，内容上要注意连贯，涉及时间、地点、空间的内容要保持顺序上的一致，不要出现颠倒次序的情况；其次，遇到需要突出的重点要多次重复提醒听众注意；要对重点内容进行简单的说明，因为越简单的东西才能越被听众接受并记住；最后，要着重确定要点，在内容的阐述中要强调要点的内容，而不要将注意力和重心放在琐碎的内容上。

6. 尽量少使用专业术语

每一个行业都有相关的专业知识，也就产生了相应的专业术语，尤其当商务演说者是某

一行业的专家的时候，可能其演说内容中会出现大量的本行业的专业术语。当听众并不是相关领域的工作人员时，尽量不要使用大量的专业术语，否则演说只能是"一个人的精彩"。

7. 加强与听众互动

商务演说想要更好地让听众接受，就要加强与听众的互动。演说不是一个人的独白，还需要在场听众的积极响应，通过听众的响应情况才能知道听众是否真的接受所演说的内容。在演说的开场或者中间休息的时候，为了活跃气氛可以进行一些互动的游戏。演说期间为了了解听众接受演说内容的程度，可以适时地向听众提问或让听众给演说者提问，并根据听众的反馈而调整下面演说的内容。

7.8.3　产品推广会上的演说

产品推广会是指在特定的时间通过宣传，依靠相关的渠道将产品推荐给顾客或者经销商。产品推广会上的演说和其他的演说是有差别的，多数情况下听众并不完全听取你的演说内容，更多的是顾客走近产品、了解产品，最终在推销员的介绍下购买产品。除了演说内容需要注意前面介绍的几点事项，还有一些技巧可以融入演说中，以增强推广产品的力度。

一个成功的产品推广会有以下几个基本要素。

（1）参与性。参与和互动能让顾客和听众对演说有更深刻和直观的印象。由于在产品推广会的活动现场，听众更关心的是产品的情况，而不是滔滔不绝的演说，所以在演说过程中，可以增加听众参与的时间，借助产品或其他工具传递产品独特的信息。同时，如果在大型的有众多企业参加的展览会上，让顾客参与可以吸引一些漫无目的的游客和听众，将他们吸引到自己的产品推广现场。

（2）重复性。在产品推广会上，顾客和听众的注意力持续时间是很短暂的，大多数人在一分钟前听到的内容过后就会全部忘记。因此，在产品推广会上重点推荐一款产品的时候，应该注重重点内容的重复，在反复重复的过程中，突出产品的特性，加深听众的印象。

（3）利益性。在进行新产品推广期间，除了要将新产品的特性、功能展示给顾客和经销商外，针对需要订购产品的经销商，更重要的是要他们了解经销这个新产品能给其带来可观的经济效益。

（4）内容专一性。演说者进行产品推广演说时，演说内容应简单且保持前后一致，同时内容还应围绕主题展开，因为过多的信息会让听众分不清重点而无所适从。演说时间过长，听众就会流露出不耐烦的情绪，在演说结束后顾客和经销商能否上前关注你的产品，就不得而知了。

（5）独特性。经销商和顾客参加多次产品推广会后，会对千篇一律的推广演说和推广方式产生厌倦的情绪，在众多的推广会上要集中顾客的注意力，就必须给听众和经销商带来有创意的推广演说和推广方式，以吸引众人的注意。

任何曾经看过前苹果总裁乔布斯新品发布会演讲的人都会说，他是全世界最超群的演讲者之一。听过乔布斯演讲的听众这样评价他的产品推介演讲：他不仅要简单地卖一份牛排，更是要让牛排上那滋滋的热气充分地"勾引"你，激起你的购买欲望。以下是他演讲的技巧。

1. 演讲内容设计：销售梦想而非产品

（1）主题定位明确。2008年元月，乔布斯推出苹果笔记本电脑时，对MacBook Air的描述是"全球最薄的笔记本电脑"。

（2）聚焦利益点，回答最重要的问题。乔布斯非常清楚要销售的是隐藏在每个新产品或特性后面的利益点。为什么要买iPhone？他的推介是：因为"它一半的价格两倍的速度"。

（3）销售梦想而非产品，培养使命感。2001年，乔布斯推出iPod时说："用我们自己微小的方式，让世界变得更美好。"

（4）遵守10分钟规则。乔布斯的演讲会持续1个小时左右，可每10~15分钟他会插入视频、示范、客户发言，从而避免观众厌烦。

2. 演讲形式设计：简洁清晰，掷地有声

（1）提纲挈领，使用最关键的词汇。每次演示开始，乔布斯都会介绍演讲提纲。整个过程，他会做出口头引导，如"iPhone是我今天介绍的第一款产品，现在我们把目光投向第二个：iTunes"，以帮助听众跟上节奏。

（2）使用简短友好的标题。乔布斯为每个产品设计的标题或描述可以简洁到发在Twitter上。在演示中或苹果网站上充满细节描述，但是给每个产品定位都只用一句话！

（3）简洁、清晰、直接的语言风格。乔布斯谈到新的iPhone的速度时的用词是："敏捷得惊人！"他的语言简单、清晰、直接。

（4）简化一切，使用简洁的视觉化幻灯片。乔布斯的演讲没有要点，取而代之的是照片或图片。当别人平均每页幻灯片有40个单词时，在乔布斯的10页幻灯片中找到7个单词都很难。

（5）挖掘数据的意义。每次乔布斯的演讲，都会大量运用数据。

（6）模拟电影策划，制造"大片"效果。乔布斯的演讲具有大片的所有元素——英雄和反派、配角、震撼的视觉效果。并且和电影导演一样，他用图板来串联情节。

3. 演讲现场设计：营造现场体验感

（1）使用道具辅助演讲。除了吸引人的视觉背景（他的幻灯片），乔布斯还会带来展示和演讲道具。介绍新产品或功能时，他会坐在电脑前或拿起iPhone来展示它是如何工作的。

（2）和商业伙伴分享舞台。乔布斯的演讲很少是独角戏。他乐于和商业伙伴、音乐家、员工一起分享舞台。

（3）策划高潮，让观众欢呼。乔布斯的每次演讲都有一个高潮时刻，成为演讲最为人津津乐道的部分，这些精彩时刻都是事先设计好的。

4. 反复排练，享受演讲乐趣

一个小时的产品发布会，乔布斯却需要两个礼拜来准备，反复地确认细节、练习，如何呈现产品，力度和角度，每一步都一丝不苟，如此才能打造出完美演讲。

7.8.4 团队代表的演说

除了个人的演说，有时还要和其他演说者一起合作进行演讲。这样的情况通常是会议讨论、座谈会、小组讨论，或者是以小组的形式参与演说，同时，团队演说一般出现在内容或

者结果重要的会议和商务往来中，就像一支足球队由11个队员参赛，一个人没有办法完成90分钟的比赛，只有依靠全队的球员共同努力才能获得比赛的胜利。

团队的作用较一个人而言，无论是从人数还是力量来说，都能体现出其优势，团队中的每一位成员都能在演说中将自己擅长的方面向听众展示；同时，成员间的演说是互相连接、互相补充和完善的；另外，中国有句古话"人多力量大"，在出现突发情况时，还可以集合众人的力量解决问题，这都是团队演说的优势。

但是，团队演说参与的人数较多，每个成员都有自己的个性和思想，这样有可能出现各自为政或是意见相左的情况，从而造成混乱或者争议。因此，团队中必须有一名领导负责协调组员的关系，这位领导主要负责演说的组织、工作分配、协调组员关系、处理演说中出现的意外情况，同时也可能兼任演说者、主持人等。在团队中，一般是由最资深的成员或者是对演说对象最熟悉的人并获得组员尊重的人担任领导角色。

一名团队演说的领导人为了团队工作的顺利开展并使其演说达到最佳效果，需要做好以下工作。

（1）培养组员的团队精神。团队中的任何一个人都是团队的组成部分，缺了任何一角都会失去稳定，所以组员的团队精神和凝聚力是至关重要的。可以在演说准备的过程中，在紧张的讨论间隙，进行一些相关的团队游戏，或是到一些俱乐部参加团队培训的室外训练，既培养组员的团队精神，也给大家一个放松的机会。

（2）制订团队"作战"计划。团队成员要经过商议制订一个演说策略，这个策略是要组员一致同意的，因此对于一些对该策略不满意的组员，应进行说服工作使他们转变心态融入团队中。

（3）对听众进行分析。"知己知彼，百战不殆"，除了自己要制订相关策略，还必须通过资料调查，认真分析听众的情况，根据分析结果制订相应策略。

（4）分配工作。在确定整体规划后，要分配具体的工作给每一位组员，在一个团结的团队中，每一位组员都要清楚地知道自己的责任是什么，需要完成的工作是什么，在团队中的作用如何。

（5）进行模拟演说。在准备工作完成后，应安排时间进行模拟演说，目的在于要每一位成员演练自己演说的内容，并熟悉队友演说的内容，以便形成默契配合。也可以相互进行交流，查漏补缺。

（6）确定你的领导优势。团队演说和其他演说不同的是，它要依靠集体的力量。作为领导者，在团队各成员意见不一致的时候，应该发挥领导的控制作用，确保按原定计划进行；同时当队员因意见相左出现矛盾的时候，作为领导要协调队员的关系，维持气氛的和谐，避免一切影响演说顺利进行的情况发生。

7.8.5　业务洽谈时的演说

业务洽谈时的演说是在日常工作中最常发生的一种情况，如开发新客户、与老客户进行新的交易、与经销商进行日常的业务来往、对客户收回货款的洽谈、对新的活动进行策划，甚至小到日常的业务往来中电话的交流等，都属于业务洽谈的演说范畴。业务洽谈时的演说对日常工作、对企业和个人而言影响比较大。因此，业务洽谈时的演说要注意以下几点。

（1）演说必须围绕议题。在进行业务洽谈的时候，进行演说的内容必须围绕双方之前

商定的议题进行，不要离题，如果担心忘记会谈的内容，可以制作简单的讲义，讲义可以给双方人员均准备一份。但是千万要注意：讲义上除了简单的议题内容，不能出现其他与议题无关的内容和图片。

（2）做好预习工作。洽谈开始前，对洽谈中可能出现争议的问题或者对方有可能提出的问题要有所准备，可以事前预计可能出现的问题，并想好回答的内容，避免出现回答不上来的尴尬情况。另外，如果有的问题实在不能回答，但是对方又必须要寻求答案的时候，可以礼貌地征询对方的意见后，告知对方回去查找资料后或者询问上级后再给予其满意的答复。

（3）注意细节。细节决定成败，对于业务洽谈，无论是事前、事中还是事后，都要做足工作，尤其是一些细节的部分。例如，时间的把握，进行演说的时间长短，留给对方的时间是多少，提问的时间又是多少；如果在演说当中需要相关的辅助设备、图片、文字说明、产品演示，事前就应确认这些物品是否准备妥当；在洽谈结束后，还要细心检查是否有问题遗漏；在友好分手的时候，要注意礼仪。只有细节的完善，才能保障整体的成功。

本章小结

人才是宝，口才是金。是人才者未必有口才，而有口才者肯定是人才。拥有口才，就是拥有成功。讲台上的口若悬河，辩论赛上的独领风骚，应聘会上的随机应变，交际场上的运筹帷幄，无不体现着口才的决胜作用。要在这个世界上生活、工作和发展，就应该高度重视口才的作用，精心培养并不断完善自己的演讲口才技能，使自己具有能言善辩的本领。

● 演讲前的准备：分析听众，整理思路，撰写讲稿，背诵讲稿，排练演习，熟悉场地。

● 演讲开场白的设计：开门见山，亮出主旨（直白型）；介绍情况，说明事由（事由型）；奇言妙语，引人入境（妙语型）；自嘲调侃，幽默轻松（幽默型）；触景生情，巧妙过渡（情境型）；讲述故事，引出主题（故事型）；设置悬念，先声夺人（悬念）；引用经典，树立权威（引用型）；精选新闻，与时俱进（新闻型）等。

● 演讲内容的设置：以事引人、以理服人、以情动人、以势夺人、以美娱人等。

● 演讲结尾的艺术：幽默式结尾、诗词名句式结尾、感召式结尾、赞美式结尾、展望式结尾、表决心式结尾、故事式结尾、总结式结尾等。

● 演讲技巧：语言生动易懂，富于情感；以静治乱，短暂停顿；举出亲身事例；给听众造成悬念；材料要新颖。

● 即兴演讲技巧：选准话题，借题发挥，从现场发掘话题，从举例（讲故事）开始，布局要短小精悍，结尾要有力度。

● 商务演说中需要注意的问题：做好充分准备，进行周密的规划，内容生动，鼓舞人心，演说内容的结构编排，尽量少使用专业术语，加强与听众互动。

● 产品推广会上的演说需要注意的问题：参与性、重复性、利益性、内容专一性、独特性。

● 团队代表的演说需要注意的问题：培养组员的团队精神，制订团队"作战"计划，对听众进行分析，分配工作，进行模拟演说，确定你的领导优势。

● 业务洽谈时的演说需要注意的问题：演说必须围绕议题，做好预习工作，注意细节。

口才训练营

实训 7

1. 假设你要代表全班同学去参加学校举办的"绿色环保"演讲比赛，时间是每人 10 分钟。请试写一篇演讲稿。

2. 在每张纸上各写下一个题目，准备 10 道以上的题目，然后随意抽取，接着站起来围绕题目起码说上 5 分钟。可以一个人或几个人一起练习。

3. 三四个人为一组，每人规定说话时间为 2~3 分钟。首先，由第一个人以他所想到的最绝妙的说辞来开始叙述一个故事，规定时间一到，接下来的第二个同学必须把故事接下去，最后一个同学必须收尾结束故事。

4. 每位同学准备一份详细的个人简历，可以制作成毕业后求职应聘的简历，教师组织同学们举行一个小型的模拟招聘会，每一位同学上台进行展示自己的演说，台下同学可以就其演说的内容提出两三个问题，教师担任评委，学生轮流选出四名同学担任评委。

5. 模拟业务洽谈。将同学分为两组，一组为彩电厂家代表，一组为大型连锁经销商代表。"五一"即将来临，厂家利用五一期间在经销商处开展大型的促销活动，厂家代表要和经销商代表就此事进行洽谈。教师担任评委，学生轮流选出四名同学担任评委。

游戏 7

渡河比赛

内容： 用两张椅子轮流传送来进行渡河的接力赛。

方法：

（1）学员分成三队。

（2）地板上各画出一条起点和终点线，中间当渡河。

（3）各队派出两人以传递椅子的方式前进，到达对岸后放下一位。

（4）另一位再回到起点，以同样的方式把下一位队员运过去。

（5）如果脚着地，全部队员都要重新做起。

（6）最快渡河的一队获胜。

蒙眼作画

时间： 10~15 分钟。

道具： 眼罩、纸、笔。

程序： 所有学员用眼罩将眼睛蒙上，然后分发纸和笔，每人一份。要求蒙着眼睛将他们的家或者其他指定东西画在纸上。完成后，让学员摘下眼罩欣赏自己的大作。

讨论：

（1）为什么当他们蒙上眼睛，所完成的画并不是他们所期望的那样？

（2）怎样使这一工作更容易些？

（3）在工作场所中，如何解决这一问题？

分享：

（1）让每个人在戴上眼罩前将他们的名字写在纸的另一面。在他们完成图画后，将所有的图挂到墙上，让学员从中挑选出他们自己画的那幅。

（2）教员用语言描述某一样东西，让学员蒙着眼睛画下他们所听到的，然后比较他们所画的图并思考，为何每个人听到的是同样的描述，而画出的东西却是不同的，在工作时呢？

口才加油站

阅读材料 12

俞敏洪在北京大学开学典礼上的演讲（节选）

各位同学、各位领导：

大家上午好！非常高兴许校长给我这么崇高的荣誉，让我谈一谈在北大的体会。

可以说，北大是改变了我一生的地方，使我从一个农村孩子最后走向了世界。没有北大，肯定就没有我的今天。北大给我留下了一连串美好的回忆，也留下了一连串的痛苦。正是在美好和痛苦中间，在挫折、挣扎和进步中间，最后找到了自我，开始为自己、为家庭、为社会做一点儿事情。

记得我在北大读书时，我的成绩一直排在全班最后几名。但是，当时我已经有一个良好的心态。我知道，我在聪明上比不过我的同学，但是我有一种能力，就是持续不断的努力。所以在我们班的毕业典礼上，我说了这么一段话，到现在我的同学还能记得。我说："大家都获得了优异的成绩，我是我们班的落后同学。但是我想让同学们放心，我决不放弃。你们五年干成的事情我干十年，你们十年干成的我干二十年，你们二十年干成的我干四十年。"

人们常说，能够到达金字塔顶端的只有两种动物，一是雄鹰，靠自己的天赋和翅膀飞了上去。我们这儿有很多雄鹰式的人物，很多同学学习不需要太努力就能达到优秀。他们身上充满了天赋，不需要特别用功就有这样的才能。但是，大家也知道，有另外一种动物，也到了金字塔的顶端。那就是蜗牛。蜗牛从底下爬到上面可能要一个月、两个月，甚至一年、两年。我相信蜗牛绝对不会一帆风顺地爬上去，一定会掉下来、再爬、掉下来、再爬。但是，同学们所要知道的是，蜗牛只要爬到金字塔顶端，它眼中所看到的世界，它收获的成就，跟雄鹰是一模一样的。我在北大的时候，包括到今天为止，我一直认为我是一只蜗牛，但是我一直在爬，也许还没有爬到金字塔的顶端。但是只要你在爬，就足以给自己留下令生命感动的日子……

（资料来源：演讲与口才 2012 年 10 月）

阅读材料 13

一名中国台湾校长的演讲（节选）

中国台湾有这么一所学校，学生年龄在 15~18 岁之间，每年三千多学生中，因违反校规校纪被校方开除的就有二三百人。学校没有工人，没有保卫，没有大师傅，一切必要工作都由学生自己去做。学校实行学长制，三年级学生带一年级学生。全校集合只需 3 分钟。学生见到教师七米外要敬礼。学生没有寒暑假

作业，却没有一个考不上大学的。这就是中国台湾享誉 30 年以道德教育为本的忠信高级工商学校。在中国台湾各大报纸招聘广告上，经常出现"只招忠信毕业生"字样。

以下是校长高震东的演讲。

同学们，你们说"天下兴亡"的下一句是什么？（台下声音：匹夫有责）——不，是"我的责任"。如果今年高考每个人都额外加 10 分，那不等于没加吗？"天下兴亡，匹夫有责"等于大家无责。"匹夫有责"要改成"我的责任"，我是这样教我的学生的。以天下兴亡为己任是孟子思想。

禹是人，舜是人，我也是人！他们能做到的，我为什么不能呢？"天下兴亡，我的责任"，唯有这个思想，我们的国家才有希望。我们每个学生如果人人都说：学校秩序不好，是我的责任；国家教育办不好，是我的责任；国家不强盛，是我的责任……人人都能主动负责，天下哪有不兴盛的国家？哪有不团结的团体？所以说，每个学生都应该把责任拉到自己身上来，而不是推出去。

学校更应该训练学生这种"天下兴亡，我的责任"的思想。校园不干净，就应该是大家的责任。你想，这么大的一个校园，你不破坏，我不破坏，它会脏吗？脏了之后，人人都去弄干净，它会脏吗？你只指望几个工人做这个工作，说："这是他们的事。我是来读书的，不是扫地的。"

这是什么观念？你读书干什么？读书不是为国家服务吗？眼前的务你都不服，你还能为未来服务？当前的责任你都不负，未来的责任你能负吗？水龙头漏水，你不能堵住吗？有人会说："那不是我的事，那是总务处的事。"这是错误的。一般人最坏的毛病是这样：打开水龙头后，发现没水，又去开第二个，第二个也没有，又去开第三个。这样的学生，在我学校是要被开除的！连举一反三都不懂，第一个没水，第二个会有吗？你就没想到水会来吗？人无远虑怎么能行？作为一个干部，作为一个人，都要想到后果，后果看得越远的人，越是一个成功的人。

（资料来源：米尔军情网）

阅读材料 14

邱建卫在金正集团培训中心的演讲（节选）

各位领导、各位同事、各位同学：

晚上好！

首先，我谈谈人生的职业定位话题。一个十三岁的小学毕业生和一个研究生同在街边卖雪梨，他们的区别不会太大，那么为什么要读研究生呢？在人事部报到，高中毕业证或大学本科或研究生学历，为何在未看你工作能力给你定第一份工资的档次就不一样呢？如果一样，全世界就没有存在那么多学府的必要。今天诸位来到金正集团投身于这里，你是否想过，在这里干多久？想干什么？通过一段时间你会成为什么样的人。一个人职业定位中你必须把镜头拉长延伸到你的一生。

导演张艺谋在陕北拍电影时见一孩童，夕阳西下骑在牛背上哼着陕北小调，张问："娃，你在干啥？"孩童很悠闲地答："我在放牛！""为啥放牛？""放牛挣钱！""为啥挣钱？""挣钱娶媳妇！""娶媳妇干吗？""娶媳妇生娃！""生娃干吗？""生娃放牛！"（笑声）八岁的小孩就想好了他一生的"职业定位"，即从祖辈开始放牛到他放牛，一直循环。诸位来到这里一定不想继续放牛—挣钱—娶媳妇—生娃再放牛的生活吧？（掌声！）

世上最大的一个人群叫工作族，这群人里分三类：第一类是解决问题的人；第二类叫被问题围绕的人；第三类是制造问题的人。一个公司三类人的比例决定公司的生命力长短。还有我要强调作为现代社会知识竞争群体，应选择像狼一样进取、拼击。我想引用深圳华为总裁任正非一段话供参考："企业就是要发展

一批狼，狼有三大特性，一是敏锐的嗅觉，二是不屈不挠、奋不顾身的进攻精神，三是群体奋斗。企业要扩张，必须有这三要素。每个部门都要有一个狼狈组织计划，既要有进攻性的狼，又要有精于算计的狈。只有这样，才可能在激烈的国际竞争环境中生存下来。"竞争社会环境中，是羊必被狼吃掉；是狼就必须要去战斗！（热烈掌声！）

最后我用一个故事结束今晚的讲座：从前有只小鹰和一群小鸡生活在一起，它以为自己是小鸡，一天鹰妈妈找到它说："你是鹰！"小鹰摇头："不！我是小鸡！"鹰妈妈叼起小鹰飞到山顶悬崖上强迫训练它飞翔。一段时间后，小鹰和鹰妈妈翱翔万里云空，小鹰俯瞰大地上的小鸡们自豪地大声喊道："我——是——鹰！"祝福诸位早日成为翱翔万里晴空的——鹰！

（资料来源：中国大学生在线）

友情推荐 7

1. 《演讲与口才》杂志
2. 《乔布斯的魔力演讲》（葛志福 . 中信出版社 . 2015.）

第 8 章

主持口才

导入案例

口才改变杨澜人生

著名主持人杨澜被公认为是优雅、知性的代表。她从北京外国语大学的一名普通大学生直接进入中央电视台《正大综艺》栏目，其中经历了波折，让她得到青睐的是良好的气质，而真正让她赢得机会的则是过人的口才。

> 一个人怎么说话，说什么话，毫无例外地显示着他的品位。
>
> ——希尔顿

据一位导演透露，虽然杨澜被视为最佳人选，但是有些人认为她不够漂亮，所以是否用她尚不能确定。最后的角逐是杨澜和一位长相很漂亮的女孩子，杨澜知道自己的机会就在眼前，一定要抓住。退一步讲，即使不能被录用，也要展现自己的才能。

这次两人的考试题目是：（1）你将如何做这个节目的主持人？（2）介绍一下你自己。

杨澜是这么开始的："我认为主持人的首要标准不是容貌，而是要看她是否有强烈的与观众沟通的愿望。我希望做这个节目的主持人，因为我喜欢旅游，人与大自然相亲相近的快感是无与伦比的，我要把自己的这些感受讲给观众听。"

在介绍自己时，杨澜是这样说的："父母给我取'澜'为名，就是希望我有像大海一样的胸襟，自强、自立，我相信自己能做到这一点……"

杨澜一口气讲了半个小时，她的语言流畅，思维严密，富有思想性，很快赢得了诸位领导的赏识。人们不再关注她是否长得漂亮，而是被她的表现深深吸引住了。据杨澜后来回忆说："说完后，我感到屋子里非常安静。今天看来，用气功的说法，是我的气场把他们罩住了。"

这次面试改变了她的人生。

亚里士多德曾经说过，"漂亮比一封介绍信更具有推荐力，也更容易被人们所接受"，事实上也的确如此。但是如果一个人徒有漂亮的外表，却不能很好地表达自己的思想，也一样会一败涂地。杨澜面试的故事对我们非常有启示。

按不同的维度，主持人可以分为不同的类型，如果按照主持人所属的媒介来划分，可以分为媒介主持人和非媒介主持人。媒介主持人包括广播节目主持人、电视节目主持人、网络主持人、平面媒体主持人，非媒介主持人指那些主持社会活动的主持人，包括商务活动或会议、庆典活动、展会、婚礼等活动的主持。本章主要讨论如何做好商务活动主持人。

8.1 主持人的角色定位

商务活动往往是融企业和产品介绍、顾客体验参与、广告宣传、文艺娱乐等多种形式为一体的整合传播形式，是展示公司和产品的窗口，是消费者认同企业和产品的良好机会，会务现场是企业与消费者沟通的桥梁，是体现企业良好服务的机会，会务组织水平高低直接影响企业形象和销售业绩。所以，从会议主持的工作职责来看，主持人在商务活动会议中主要承担了以下四种角色。

角色一：策划者。能参与商务活动的策划工作，并能独立撰写主题活动策划方案。

角色二：管理者。了解会务活动整个流程，并参与会务工作的计划、协调、督导、控制等管理工作。

角色三：营销人。明确企业营销方案和活动目的，必要时直接参与产品销售和宣传工作。

角色四：代言人。主持人是顾客的最大关注焦点，任何言行举止代表的不仅是个人形象，更代表企业形象，是企业形象代言人。

8.2 主持人的语言特点

8.2.1 自然亲切

主持人要想接近观众，就应该像正常人一样说话。让受众觉得你就是他们身边的一个非常亲密的朋友，愿意和你接触，愿意和你交流。很多著名主持人，尽管他们主持的节目不同，风格迥异，但都让观众打心眼儿里喜欢，因为在他们身上，有一样共有的东西深深吸引着大家，那就是亲和力。这种亲和力，也就是常说的"人缘"，它是主持人在主持活动的过程中表现出的自然亲切的魅力。

"都说海宁天气也讲'政治'，这不，一个小时前还是风雨连绵，现在却是雨过天晴，我真是服了海宁的天气。"在浙江海宁市举行的一个大型博览会上，主持开幕式的中央电视台节目主持人王小丫上台后脱口而出的两句俏皮话，立即赢得了现场数千名观众的热烈掌声。台下许多观众不约而同地说："面前的小丫和电视里一样，亲切、可爱。"

8.2.2 随机应变

优秀的主持人在面对意外情况时能沉着应对、临危不乱，不仅可以有效化解危机，更可能将危机巧妙变为转机，让观众领会到他们的智慧、幽默和从容。根据情况随机应变，绝不是凭空地随意调侃。那看似轻松的表面背后，是主持人日积月累的经验与智慧。为了镜头前光艳照人，主持人可谓全身武装甚至到了牙齿。在"感动中国"颁奖晚会现场，白岩松的表现就让人见识了他的智慧和真诚。

"感动中国"颁奖晚会现场出现了三次事故。

第一次是断电。断电时，台下嘘声四起，只听白岩松不紧不慢地讲了一个故事：北京一所知名大学的一位教授，偏爱在黑暗中讲演，他说这样更有意境，犹如从彩色照片走入黑白照片。白岩松顺势又讲了一段自己从业中的故事，让大家和他一起试着找找这种感觉。讲罢，台下果然掌声雷动。

第二次是道具不工作。颁奖台上有 10 个展示入选者肖像的旋转道具，突然一个道具不转了，使得音乐停止后有近 1 分钟的时间大家盯着道具发愣。这时白岩松说："这是入选人物的事迹感动了道具！也许它是沉浸其中一时不能自拔了，请后台的工作人员尽快上台帮它醒醒神，转一下看看下一个入选人物是怎么个感动法？"

第三次是他上台晚了。与其他主持人不同，对每一个领奖者，白岩松都要从台上陪到台下，然后再快步跑上台去。当刘翔上台时，负责迎接的白岩松却因送人迟了半分钟才上台接刘翔，在这半分钟里，刘翔不得不先跟观众招手，再与另一个主持人握手，再手舞足蹈地做着胜利的手势。等白岩松终于跑上台，给自己找的台阶竟然是："我故意上台晚些，让大家多欣赏一会儿我们奥运英雄做着各种各样动感、美感十足的动作的样子，大家说，看着是不是很过瘾呀？"台下自然又是掌声一片。

8.2.3 个性突出

俄国作家屠格涅夫说："一个人的个性应该像岩石一样坚固，因为所有的东西都建筑在它上面。"每个人都有自己的独特之处，不要盲目丢弃自己的个性，模仿他人。能够发掘自己的个性，并坚持自我追求的走下去才是明智之举。语言个性化，是主持人缩短与受众心理距离的重要传播手段。它在让听众便捷地理解话语本身信息的同时，又能让人直接地体味到主持人的修养、个性等方面的信息。

一个主持人建立自己的主持风格，一方面要根据自己主持的活动类型、市场反应来考虑，但更重要的是要靠自己的先天条件、个人综合实力、性格爱好积淀和自己的人生态度、生活价值观来调整。有很多东西是潜移默化地渗透到骨子里的。

董卿的主持风格平和机敏，平实中透露着特有的成熟和气质，她特别善于把那些枯燥的知识点和平面语言转变为观众易于接受的轻松的受众语言，却不失丰富的文化内涵，形成了独具特色的董卿风格。

谢娜是国内综艺女主持中，最热情奔放、个性张扬的一个，她无厘头式的主持风格让观众从中得到了快乐。

华少的主持风格一向都很铿锵激昂，而且这种兴奋劲常常在节目中能维持2~3个小时。有人戏称他的主持风格是"打激血型"。

8.2.4 对象感强

有对象感是指主持人在说话的时候，让听众有强烈的参与感，让听众和主持人形成交流和互动。对象感强的语言，能使听众和主持人拉近心理距离，达到良好的沟通。主持人应该在话语中多使用"我们""咱们""您""大家""朋友们"等词句。下面是湖南著名主持人汪涵到广西南宁参加一个房地产项目奠基仪式现场主持的表现。

当天的活动现场，汪涵一登场就让不少南宁市民顿生亲切感，一位和他搭档的本地主持人让他用粤语跟大家打招呼，本以为他会现学现卖打个招呼，谁知他流利地跟大家拉起了家常，跟香港风水大师麦玲玲开玩笑："我都识讲广东话嘅。""我觉得凡是带有'非常'这两个字的节目都会非常火，如子怡的非常系列电影，《非常6+1》；当然了，还有我主持的《非常靠谱》。""美国设计师真是非常辛苦，为了设计我们这个骋望·天玺的项目，头发都熬白了。"……

汪涵的口才功力在业内是有目共睹的。以上这次主持，完全可以看出他现场主持对象感

十足，让观众、嘉宾、企业方都得到了关照。

8.3　主持人的专业素质

专业素质是塑造主持人形象的物质基础，同时也是衡量一个主持人最直接的标志。专业素质包括较高的文化素质、高超的语言组织能力、严密的逻辑思维、清晰准确的语言表达能力、临场应变发挥能力和独特的个性风采等。

```
1. 深厚的文化底蕴。
2. 优秀的语言表达能力。
3. 灵活的临场应变能力。
4. 鲜明的主持风格。
```

8.3.1　深厚的文化底蕴

在《欢乐中国行》走进鄱阳时，董卿说："观众朋友，鄱阳啊，可是中国古代著名的古战场。周瑜曾经在这里操练水兵，而且鄱阳县也是鄱阳湖历史的发源地，自古这里就与湖有着不解之缘。生活在这里的人们可以说是以鄱阳湖为生、以湖为家、以湖为友。今天呀，我们不妨把这个'湖'字拆开来看，它是由水、古、月三个字组成的，我觉得这就很好地概括了我们鄱阳的精神特质。你看，'水'代表着鄱阳的湖文化，'古'自然是指鄱阳有着悠久的历史，而'月'象征着纯洁与美好。"（台下掌声雷动）

面对现场的景致，董卿妙用拆字法，将"湖"字拆开，用"水""古""月"诠释鄱阳湖文化的精神特质，赋予了"湖"新的内涵，意蕴丰富，巧妙地表达了对鄱阳美好的祝愿，从中我们看到了一位优秀主持人的别具匠心和深厚的文化底蕴。

主持人应该是博学多才的有识之士，这样才能面对观众侃侃而谈。渊博的知识来自工作中的积累，也来自平时勤奋的学习收集。在主持活动过程中，主持人的采访活动能力、提出问题的深度、对问题的分析见解力都一览无余地呈现出来。有时候主持人所充当的角色就像一名引导人们在生活的百花园中观光的"导游"，这就要求主持人一定要充分认识自身所处的重要地位和作用，不断提高自身的文化修养和知识水平，随时随地搜集知识性的资料。我国一位知名主持人曾告诫年轻同行们说："如果主持人真能做到读书破万卷，我看就能开口如有神了"。宋代诗人苏轼的"腹有诗书气自华"这一名句，也完全适用于今天的商务活动主持人。

8.3.2　优秀的语言表达能力

第一，语言要通顺流畅，这是最基本的要求。主持人要口齿伶俐，表达清楚，尤其较长篇幅的串场词更要如行云流水，一气呵成。

第二，语言要严密清晰。因为主持人无论是将自己的所见所闻，还是将编导的意图传达给观众，都是要将头脑中已有的东西按照一定的逻辑思维整理出来，然后再用言语表达出

来。主持人最忌讳的是在言语表达上生搬硬套、张冠李戴，更不能看似口若悬河、滔滔不绝，实则空洞无物。用白岩松的话来讲就是：有些主持人经常说话空洞，在说一些流利的废话。

第三，语言要富有感染力。主持人与观众的交流主要是一种情感上的沟通与交流。主持人是通过自己的语言、目光、手势、形态等与观众进行交流，其中尤以语言为重，所以主持人的语言一定要富有感染力，才能吸引和打动观众。

第四，语言要把握好节奏。主持人应当在尽量短的时间内向观众表达更多的意思、传递更多的信息。所以，不仅讲话的内容，而且表述的层次和结构也都要事先准备，甚至连讲话的节奏也要事先考虑。当观众把主持人传递过去的信息都吸收了，并期待主持人讲下面的内容时，便可继续下去。所以当语言表达的节奏掌握得恰到好处时，就会收到意想不到的效果。

8.3.3 灵活的临场应变能力

临场应变能力是指主持人在活动过程中，遇到了突如其来的情况时，在客观情况允许的前提下，充分调动自己的主观能动性，使大脑思维处于高度运动和思考状态，从而做出迅速快捷的反应，能够进一步在此基础上进行发挥，使变故巧妙地朝好的方向转化的能力。特别是在活动现场，主持人不仅要避免言语表达上的不当，更要做到处变不惊，要思维活跃，培养自己快速反应的能力，只有这样，主持起来才能做到从容镇定、挥洒自如。

一次活动现场，作为主角的某知名明星因故迟到，在等待过程中，董卿多次半开玩笑说："她怎么还不来，到底是不是住这个酒店？还是在来的路上？"迟迟未见明星的身影，观众显然有些不耐烦，更有甚者将目光转移到主持人身上。"董卿，你唱一个吧。"一听这话，董卿立刻机智回应："不行的，主持人是说的比唱得要好听。如果今天我唱了，明天各大报纸会说董卿说不好，只能现场卖唱了。"台下观众也"不甘示弱"，"没关系，你比她名气还大呢。"为了圆场，董卿只好清唱了一曲《但愿人长久》，唱罢董卿又不忘调侃说："我要感谢××，是她给了我唱歌的机会。"一句话把观众苦待明星的怨气彻底打消了。

在万众瞩目的《我是歌手》总决赛第一轮投票刚开始就有紧急状况发生——孙楠突然宣布退出比赛，令人错愕不已，主持人汪涵施展多年主持功力救场，表现出非凡的临场应变能力。汪涵说："我想应该是摊上事儿了，甚至摊上大事了。"停顿后，他说，"但是说实话，我的内心一点都不害怕，因为一个成功的节目，有两个密不可分的主体，除了舞台上的这七位歌手，还有电视机前的亿万观众和现场观众，我之所以不害怕，是因为你们，还真诚、踏实地坐在我的面前"。在汪涵的全力补救下，《我是歌手》总决赛现场总算没有乱套，反而意外地增加了不少看点。

8.3.4 鲜明的主持风格

风格是思想、品德、学识、举止、谈吐、能力、才艺、智慧、志趣和格调在主持人身上的综合表现。对一个主持人来说，其风格是否独特鲜明，决定着主持活动的成败。或幽默、或潇洒、或沉稳、或轻快的风格都能将观众带到和主持人共同营造的视听意境中，人们在其

中感受到了节目的气息，也感受到了主持人的素质魅力。反之，如果没有形成自己的风格，主持人就有可能成为可有可无的报幕员。听听以下主持前辈的感悟。

资深媒体人杨澜认为："现在这个时代需要的是有自己风格的主持人，而不是什么节目都能胜任的主持人。"原央视主播张泉灵在访谈中也谈到了她对主持人风格的评价："我觉得杨澜说得非常有道理，她是把节目和主持人当做一个产品的角度来考虑的。这个市场现在已经不存在全能型的、万能型的主持人。即便你是全能型、万能型，你想让观众接受你的一切，也几乎是不可能的。所以现在市场上需要个性鲜明的主持人。我接触过刚刚进入我们这个行业的主持人和出镜记者，部分人希望一夜之间通过包装公司被打造出来，其实这很困难。"

技 巧 训 练

请你说出你最喜欢的一位电视主持人，并点评他（她）的主持风格。

8.4 主持人的技巧训练

8.4.1 主持人开场白训练

一段好的开场白无疑会先声夺人，使观众耳目一新，精神为之一振，观赏情趣陡增，从而收到未曾开戏先有情的艺术效果。开场的方式可以不拘一格。

> 我的任务不是告诉世界我的看法，而是让嘉宾说出他们的想法。
> ——韩玉花（原美国CNN节目主持人）

1. 讲故事法

讲故事是一种引人入胜的开场白方式，大多数人喜欢听故事。如果主持人一上台，就讲一个扣人心弦的故事，会有很大的吸引力。但请注意，在开场白讲故事需要注意以下技巧。

- 一定要与所讲的主题相关，故事要有内涵，不能粗俗。
- 故事要有新意，不落俗套，避免老生常谈的故事。
- 故事不要太长，不能喧宾夺主。
- 讲故事要声情并茂，尤其是要配合身体语言、语音语速等。

2. 设置问题法

通过提问题引起大家的关注，让大家集中注意力。人们对于问题总是很敏感的。但提问也有以下技巧。

- 与主题相关，与听众的兴趣相关。
- 难度适度。问题太容易，会显得肤浅；问题太难，会让观众难以参与。
- 确保自己知道准确答案。

3. 回顾展望法

回忆过去发生的事情，联系现在的主题和场景，同时展望未来的美好前景，激励现场的观众。这是拉近观众的很好的方法。

【例1】尊敬的各位领导、亲爱的各位来宾、各位朋友，大家下午好！随着激情的音乐，拉开了我们公司年终晚会的帷幕！今天，我们全体同人在这里欢聚一堂，庆祝昨日的辉煌业绩，展望公司的美好未来！回首往昔，兔年对我们每一个人来说都难以忘怀，它给予了我们希望、收获，更重要的是给予了我们成长的经历。展望未来，一年胜似一年景，金龙东升，迎来美好明天。我们坚信：在公司领导的带领下，我们的事业一定能蒸蒸日上，我们的明天一定会更好！

【例2】尊敬的各位来宾、亲爱的加盟伙伴们，大家下午好！欢迎光临精英培训会，我是本次盛会的主持嘉宾小雨，很高兴与朋友们欢聚一堂！几十年风风雨雨，几十年大浪淘沙，我们在风雨中证明了自己的坚强，我们在历练中彰显了自己的才干。当我们满怀喜悦地告别昨天，我们今天收获最多的是成长与成功。当我们跨过时间的门槛，走向春天的怀抱，迎接崭新的一年时，我们期待走向新的辉煌！我们以自己睿智的头脑和坚实的步伐，取得了公司销售业绩的又一次飞跃，我们用真诚的誓言和不变的承诺，创造着公司辉煌的明天。在这个春意盎然的美好季节里，让我们再一次响起热烈的掌声，对各位加盟伙伴们的到来表示最热烈的欢迎和最诚挚的感谢！

4. 引经据典法

引用一些诗词歌赋、名人名言作为开场白，也有很好的效果。使用这个方法要注意以下几点。

- 引用内容要与主题相关。
- 引用内容一定要准确，尤其是大家都耳熟能详的名言、诗词等。
- 引用时注意朗诵技巧，如果感觉自己在这方面不太自信，最好不要用这种方法。或者可以采用幻灯片的方式展现出来，但是这样一来效果会大打折扣。

例如：

【例1】一位主持人在主持"口才提高班"的会议上的开场白——美国第一个登上月球的宇航员阿姆斯特朗曾说过："一个人的一小步，却是整个人类的一大步。"那么，对于今天我们要提高演讲能力的人来说就是："上台一小步，演讲一大步。"不开口不知道自己舌头短，不上台不知道自己腿短。要想提高演讲能力必须上台开口练习。

【例2】保险公司的迎新会上，主持人开场白——古人云：有朋自远方来，不亦乐乎！

今天我们的职场同样来了很多的新面孔，虽然不是从远方而来，但对我们寿险人来说，新朋友就是客人，就应以礼相待。所以，首先让我们用世纪飞龙人热情的掌声欢迎各位在座的新朋友们！

5. 摆事实、列数据法

摆出一些能给观众带来震撼感觉的事实或者数据可以引起观众对于主题的重视。这里对事实或数据要求是要准确无误，尤其是涉及某些数字和日期方面，一定不能出错。

【例1】各位晚上好，有一种病，每11分钟就有一个美国人死于它。在近十年里，美国人死于这种病的人数是死于艾滋病13.3万人数的三倍。这种病将使你我和其他美国人今年在医疗费用上花费掉超过60亿美元，并失去劳动能力，更不用说我们所遭受到的生命损失了。我所说的患乳腺癌这种疾病的浪潮可能会直接袭击我们在座的每一个人。

【例2】各位领导、各位同事，大家下午好！欢迎来到2018年年终总结大会现场！当2018年已经拉下帷幕时，我们今天坐在这里总结和思考。回望过去的2018年，这是个不平凡的一年，放眼"豆你玩""蒜你狠""姜你军""糖高宗"的局势，在这逆水行舟、不进则退的时代，面对风云变幻的环境，我想我们都需要勇气，需要信念，去鼓舞我们这个团队乘风破浪，去激励所有的人披荆斩棘！

6. 开门见山法

开门见山，是指用精练的语言交代会议的主题，然后宣布会议开始，这种开场白方式可称之为开门见山法。

【例1】大家下午好！很荣幸能和现场的嘉宾们相聚在"××峰会"的现场，我是主持人××，欢迎朋友们的到来。这次盛会由多家单位共同协办。

【例2】尊贵的各位嘉宾、经销商朋友们：大家好！很荣幸今天能够与各位OA行业的精英相聚，分享××公司与在座的各位朋友在过去一年中获得的硕果。非常感谢您能够参加今天的经销商会议。

7. 情境导入法

演出与活动的现场一般包括主持人、表演者、听众、演出时间与地点等因素。主持人如果能从这些因素入手，形成一种"场景效应"，就可以给听众或观众一种亲切感与真实感。例如，某篝火晚会，主持人一上场就说："踏遍青山人未老，风景这边独好！朋友们，今晚繁星满天，篝火通红。这画一般的景色，激起了我们诗一般的情怀……"

8.4.2 主持人控场能力训练

商业会议形式多为讲解讨论，主持人无需像主持综艺演出一般具备海量花哨的语言技巧，但同样需要极强的现场掌控力和驾驭力，能在会议偏出正常流程时及时拉回议题主线上，并且针对种种突发状况灵敏应变。

1. 如何处理会议不能准时召开

嘉宾迟到、交通拥堵、会场突发状况等都会使会议开始时间延后。此时台下已到嘉宾极易滋生不满情绪，影响会议效果。主持人应审时度势，及时宣布会议开始。在宣布前可向与会者微笑数秒钟，保持自信、情绪饱满的形象，不但可起到安抚人心、稳定会场浮躁气氛的效果，同时也表示自己和与会者一样，也在期待着早点把信息传递给他们。无形中对现场观众的情绪形成一个正面的引导。

2. 如何处理会议演讲者超时

演讲者超时是商业会议的一个老大难问题，主持人硬生生打断演讲者并不可取。会议之前应与演讲者充分沟通演讲时间，并熟悉演讲者所讲内容，通悉所讲内容的重点在时间轴上的分布。如迫不得已需要中断演讲，可寻找一个重点结束后演讲者翻页、喝水的短暂间歇作为切入点，顺着演讲者的话语进行提醒，如"××关于×××部分的演讲十分精彩，但由于时间的关系，我们此次只能点到为止，更多内容各位可以在会后与××进一步交流"等，演讲者自会心下明了。另外也可以在与演讲者眼神交汇时利用摸手表、举手机等小动作来提醒演讲者时间已到。

3. 如何处理会议冷场

讨论部分不但容易失控，也是容易出现冷场的环节。主持人要使用一些技巧来激发与会者的主人意识和参与意识。可挑选听讲认真、表现活跃的年轻来宾作为突破口，或让某单位组团来参会的客人推举一位代表参与讨论。会前可准备一些精美实用的小礼品作为参与奖励，或给讨论最为积极的来宾颁发"最佳参与奖"，鼓励来宾多多参与。如实在无法打开僵局，必要时可预先安排一两个"托儿"，或者主持人自己先抛砖引玉组织话题。总之，一定要使会场一直保持一定的热度，避免冷场。

除了以上必须掌握的技巧，主持人还需准备一两个互动小品，以备不时之需。如会场忽然停电，嘉宾临时缺席，投影、电脑等设备故障等，此时万不可将客人冷在场下干等，可带领大家做一些放松小游戏，如手指体操等，或者讲一两个与公司或行业有关的趣闻轶事，出几个与行业有关的谜语等，填补等候时间的同时也活跃了气氛，使来宾放松了头脑，精力更加集中。这些都需要主持人平时处处留心，不断积累，才能临场厚积薄发，水到渠成。

> **技巧训练**
>
> 婚礼上，突然悬挂大红喜字的背景幕布的绳索断了，"喜"字掉在地上，满堂宾客哗然。作为主持人的你该如何救场？

8.4.3　主持人收场能力训练

一场活动结束时，必须有精彩动人的结束语才算画上了完美的句号。主持人根据主持的会议内容和受众心理需要的不同，可以设计适宜的话题收场。或重复、或感叹、或点评，使受众从不同的话题结束方式中因小见大，从个别到一般，产生联想，引发思考，受到感染和激励，得以教育和启迪。主持会议的结束方式是主持人能力、功力和学识水平的综合体现。因此，聪明的主持人是不会忽视对结尾的设计。常用的结束方式主要有以下几种。

- 抒情式结尾。在节目的尾声，主持人适时地抓住观众双方共同的感情凝聚点，让观众在主持人的感叹抒情之中受到感动、受到激励，从而产生行动的力量。

辞旧迎新，高歌奋进，昨天的业绩已成为历史，明天的征程任重道远。让我们以蓬勃的朝气、昂扬的锐气、无畏的勇气，励精图治、开拓创新，谱写新一年更加辉煌灿烂的新篇章。同志们、朋友们，活动到此结束。祝大家新年愉快！身体健康！合家欢乐！万事如意！

- 总结式结尾。主持人对活动的总体情况做一个总结性收场。让大家对整个活动有一个整体性的认识。最好在总结性收场时提出一些期望或建议。

各位朋友们，通过以上的介绍，我们是否可以得出这样一个结论——就是说，用高压锅做动物性食物，营养的损失比较小。而做植物性的食物，对食物营养成分的损失呢，就稍大一些。那么您在使用高压锅时，就可以参照这一情况了。

- 建议式结尾。结尾时，主持人可以通过向观众建议做某件事情，尝试某种方法或者提醒注意的方式结束话题。

再次感谢大家来参加我们的此次会议，会议进行到此也已接近尾声，很高兴和大家一起共度了这段美好的时光。我相信，只要我们本着以诚相待、互利互惠、共同发展的原则，双方就一定能够合作成功，实现双赢。借此机会，我们诚挚地邀请香港各界朋友和海内外有识之士到××旅游观光、投资兴业。最后祝在座的各位领导、嘉宾以及一直关心和支持××经济社会发展的朋友们身体健康、事业发达。

本章小结

营销人员在工作中免不了开展各种活动，自然需要会议主持。主持的整体素质展示着企业的总体形象。

- 主持人在商务活动会议中主要承担了四种角色：管理者、策划者、营销人、代言人。
- 主持人的语言特点表现在：自然亲切、随机应变、个性突出、对象感强。
- 主持人的专业素质表现在：深厚的文化底蕴、优秀的语言表达能力、较强的临场应变能力、鲜明的主持风格。
- 主持人的开场可以采用：讲故事法，设置问题法，回顾展望法，引经据典法，摆事

实、列数据法、开门见山法等。

● 主持人收场时可以采用：抒情式结尾、总结式收尾、建议式结尾等方法。

口才训练营

实训 8

课堂训练：主持新产品发布会

实训目的：让学生利用情境训练方式掌握主持技巧。

地　　点：教室

训练内容：假设某公司为学生推出智能型新桌椅，将召开一个新品发布会，请训练者以小组为单位策划及主持会议。

课堂训练：设计开场白

实训目的：让学生掌握主持开场白的技巧。

地　　点：教室

训练内容：新学期开始，在露天球场正准备升旗仪式，却下起了淅淅沥沥的小雨。请结合情境，设计一段开场白。

游戏 8

形式：官兵捉贼。

时间：15 分钟。

道具：纸片。

场地：室内。

目的：锻炼学生的观察能力。

程序：将四张纸折叠起来，参加游戏的四个人分别各抽一张，抽到"捉"字的人要根据其他三个人的面部表情或其他细节来猜出谁拿的是"贼"字，猜错的要罚，由猜到"官"字的人决定如何惩罚，由抽到"兵"字的人执行。

口才加油站

阅读材料 16

保险公司晨会主持词

第一阶段：敬业时间

各位优秀的主管，各位精英伙伴！大家早上好！寿险营销不同于其他行业，它不但要有勤奋的特质，

更需要有良好的自律性，这是作为一名合格营销员最起码的条件。自我鞭策、自我激励，与伙伴们相互支持、鼓舞，共铸寿险营销的辉煌之梦。下面让我们用热烈的掌声欢迎 XX 经理为我们做今天的敬业时间演讲！

第二阶段：晨操

每一天由理想充当向导，该怎么做我们会知道！每一天让我们迎着红日，向着美好的生活共同舞蹈！请全体起立，掌声有请各组主管带领我们跳起今天的晨操：红日！

第三阶段：喜讯报道

俗话说，有志者事竟成，付出就有收获！下面让我们共同关注昨天有哪些伙伴收获了丰硕的果实！掌声有请××伙伴带领我们进入今天的喜讯报道！

第四阶段：业务推动

增员靠风气，环境靠人气，业绩靠士气，成功靠志气！下面就让我们用收展部特有的方式欢迎××教师为我们做今天的业务推动！龙的呼唤！

让我们用疯狂的掌声感谢××教师！寿险业呼唤英雄，英雄必将从我们中崛起，美好的事业，广阔的前景，它会成就一个又一个英雄，只要用心、专业、执着，我们将成为明天中国人寿华彩四溢的太阳。希望在座的每位伙伴都能气贯长虹，一飞冲天！

第五阶段：政令宣达

在春风拂面的四月，分秒必争的四月，我们的方向在哪里，我们的动力在哪里？接下来，有请我们的领航人×××进行政令宣达，掌声有请！

伙伴们，箭在弦上不得不发！让我们共同努力、共同奋斗！最后共同见证胜利时刻的到来！

第六阶段：结束

今天的一次晨会到此结束，请各组召开二次晨会！

阅读材料 17

房地产公司活动主持台词

开场前通告：各位尊贵的来宾，欢迎莅临××首届业主联谊会现场，活动将于 5 分钟后盛大开幕，请各位来宾进场就座。活动中请关闭您的手提电话，我们禁止一切非专业媒体的拍摄活动。我们代表活动主办方欢迎您的到来！

（主持人开场白）

各位领导、各位来宾：

大家晚上好！

合：欢迎大家来到最具影响力的××首届业主联谊会活动现场，我是主持人××，在这里我们再次代表活动主办方××代理策划公司及承办机构××欢迎您，欢迎各位领导、各位来宾的光临。

男：说到今天这个晚会现场，给人带来的是一种特别亲切的感觉！

女：为什么呢？

男：你看啊，今天我们这个主题是"××首届业主联谊会"，这就像××这个大家庭举办的一个家庭聚会，现场充满着一种"家"的气息！

女：说得没错，2008 年确实是不平凡的一年，我们经历了凝冻灾害、汶川地震带来的悲伤，也经历了神舟七号载人航天飞船顺利发射、北京奥运会盛大举行的喜悦，这一年，我们对于家的概念又有了一个新的感悟。

男：说得没错，××在 2008 年的发展历程中同样经历了一些困难，但是更多的是取得了骄人的成就。

女：怎么说？

男：那当然，××"第一盘"绝非浪得虚名。俗话说：火车跑得快，全靠车头带，××能取得如此成就，很大一部分功劳要归功到在在幕后默默奉献的领导身上，下面就让我们以最热烈的掌声欢迎×××上台讲话。

领导讲话

男：感谢×××的精彩致辞。听到两位领导热情洋溢的讲话，我们有理由相信，××的明天将会更加美好。

女：今天晚上的节目一定很精彩，真的很期待！

男：那当然，不光有精彩的节目，还有穿插在节目中的抽奖活动，价值非常的丰厚，今天晚上的活动真正意义上的一场××大家庭的狂欢之夜！废话不说了，下面就请欣赏精彩的节目。

（节目略）

结束语

男：美好的时光总是那么短暂，难忘的旋律却将伴我们走向新的征程。

女："首届××××业主联谊会"到这里就要结束了，感谢各位领导各位来宾的光临，希望大家以后的生活更加美好。

合：在这里我们祝大家新年快乐、身体健康！再会！

（资料来源：经典台词网 taici5. com）

汽车 4S 店爱车讲堂活动主持人串词

尊敬的各位嘉宾、到场的新老客户朋友们：

大家下午好！

感谢各位在百忙中抽出宝贵的时间来到我们爱车课堂，参加我们的严谨关爱 365 活动。在此对于大家的到来，表达我们最真诚的谢意和最诚挚的祝福。

今天我们邀约的不但有我们的老客户，而且还有我们的一些即将成为一汽—大众家庭一员的潜在客户。为了表达长期以来大家对我们公司的支持和关注，下面我们有请我们技术经理为我们的迈腾车操作方面的一些注意事项讲解。

非常感谢××经理的讲解。我相信我们所有服务顾问在经理的技术指导下，会为客户朋友们提供更好的服务的。也希望我们提供的这节爱车讲堂可以为您的爱车带去帮助。

公司的发展缺少不了老客户的转介绍，那针对此事我公司特指定了老客户转介绍等优惠政策，下面我们有请公司销售总监介绍活动的优惠政策。

伴随着我们这么激烈的讨论，我们今天的爱车讲堂活动也要跟大家说声再见了，再次感谢大家的光临，最后祝愿所有新老客户朋友行车平安，家庭幸福。朋友们，下次再见。

友情推荐 8

1. 《主持人语言表达技巧》（李郁．中国广播电视出版社．2011．）
2. 《主持人即兴口语表达》（周云．中国传媒大学出版社．2016．）

第 9 章
领导口才

导入案例

何厚铧的口才

前澳门特首何厚铧在 1999 年的选举中获胜。在参选前的一次记者招待会上，当记者让他谈谈对澳门的认识及对自己参选的认识时，他说："澳门是我生活、家庭和事业的根基，澳门的一切伴随着我长大。澳门人的思想，熏陶我的性格；澳门人的忧乐，与我息息相关。我对澳门发自内心的热爱和归属感，鞭策我要贡献所长。在澳门重投祖国怀抱之际，我身为一个中国人，理应当仁不让，竭尽所能，以自己的一份热忱，来承担这一历史使命。""我的参选，是澳门人给我的一个机会，容许我把自己对澳门的深厚感情进一步升华，变成无私的奉献。"

何厚铧短短的几句话里，既没有华丽的辞藻，也没有对选民的曲意逢迎，有的是自己对澳门发自内心的热爱，合情合理，令听众为之动心、为之折服。这就是作为领导的语言魅力。

领导的工作运行过程中，大部分是以语言为媒介的，讲话水平体现在领导者行驶权力的全过程中。分配任务、阐述方案、激励员工、评估方案、公关协调、商务谈判等都离不开口才。有人说："会管理的企业家，员工敬畏；会演讲的企业家，员工追随"。所以，我们有必要认真研究领导口才艺术。

9.1 领导口才的六原则

一个领导者可以不会演讲，但不能没有口才，没有口才就没有领导力。在一个现代化的公司、企业之中，领导的核心系统是现代管理体系的指挥部，相关的重大决策和发展方向将由其决定。领导核心的效能如何，将直接关系到现代企业管理体系的发展与完善。从某种程度上说，优秀领导是具有良好口才的管理者，懂得春风化雨，用温暖得体的语言去感召被管理者，达到"润物细无声"的管理目的。其实，口才并不仅仅是口上之才，而是心灵之才、智慧之才，它是一个人智慧与才能的综合表现。作为领导，口才训练时要遵循以下六个原则。

1. 言之有则：讲原则，使人尊重。
2. 言之有据：讲事实，使人信服。
3. 言之有信：讲信用，使人亲近。
4. 言之有序：有逻辑，使人明白。
5. 言之有情：有情感，使人感动。
6. 言之有趣：有趣味，使人快乐。

9.1.1 言之有则：讲原则，使人尊重

言之有则是指说话要具有原则性。说话的原则性是指领导在任何环境中，讲话都要把握

好一定的尺寸，不能脱离这个尺度随心所欲去阐述、表达个人的思想观点。更不能无原则地评价某些事或人，不能无原则地按照自己的意愿，一味地表现自己。语言是思想的体现，是行动的先导。通常说某领导讲话不讲原则，很随意，随便表态，经常发表一些与公司意见不一致的观点等，其实这些都是不讲原则的表现。讲话不讲原则，会降低领导者本人的威信，也会削弱集体的战斗力，阻碍工作正常的开展。

9.1.2 言之有据：讲事实，使人信服

无论干什么，都要讲究实事求是，言之有据。谈话也是一样，要讲真话、讲实话。这就要求领导者在谈话之前要做好充分的准备，做好深入细致的调查研究，对谈话主题内容各方面的情况、产生问题的主客观原因及谈话对象的思想状况等了解清楚，把握准确，才能做到胸中有数，言出有据，切中要害，使自己的谈话始终处于主导地位。讲话中要尽量少用"大约""左右""很久以前""可能是"等模糊词语，多用内涵比较确定的词语。

9.1.3 言之有信：讲信用，使人亲近

领导者要说到做到、言行一致，要讲信用，要以自己的一言一行、一举一动来树立自己的威信，来塑造自己的人格形象。因为谈话的效果往往取决于谈话双方的诚实信用程度，并首先取决于领导者能否说到做到、言行一致。所以，领导者在与部属谈话时，要做到承诺的一定要兑现，答应的一定要去办，同意的一定要实行，做不到的不说，办不成的不谈，这样谈话的内容才能深入，谈话的效果才会更佳。

9.1.4 言之有序：有逻辑，使人明白

领导讲话，逻辑一定要严密、有条理，不能自相矛盾，不能模棱两可，通过逻辑分析的方式，将自己讲话的目的明明白白地表露出来。具体表现在：

（1）按照一定的顺序来讲，如按时间顺序，最主要的是以方便听众为准；

（2）说话要有头有尾，内容完整；

（3）说话要有层次，可按空间位置、事情发展等层次进行讲解；

（4）说话主旨分明、内容相关，不可杂乱无章、前后不一。

国务院副总理刘延东 2016 年在里约奥运村看望中国体育代表团时，讲话非常有条理。她对运动员提出三点希望：

"一是赛出成绩、赛出水平、赛出风格，大力弘扬顽强拼搏、为国争光的中华体育精神，超越自我，超越极限，胜不骄、败不馁，创造竞技体育新辉煌，让祖国和人民为你们骄傲。二是做传播中外友谊的使者，发扬奥林匹克精神，与各国各地区运动员加强交流，讲好中国故事，传播中国形象，展示中国运动员和中国人民特别是当代中国青年的良好精神风貌。三是平安参赛、干净参赛，各参赛队伍要强化管理，确保参赛工作高效、安全、顺畅运行，做到顺利参赛，平安归来。"

9.1.5 言之有情：有情感，使人感动

白居易说："动人之心者莫先于情。"一个领导者如果感情不真切，是逃不过成百上千

听众的眼睛的，是不能打动听众的心的。1858 年，美国著名政治家林肯在一次竞选辩论中说："你能在所有的时候欺骗某些人，也能在某些时候欺骗所有的人，但不能在所有的时候欺骗所有的人。"因为人是有感情的，谈话本身就是一种心灵的碰撞，是一种感情的交融，只有充满真情实感、坦率真诚、发自内心的谈话，才能感动对方，拉近彼此之间的感情距离。无论是哪一种形式的谈话，不管是谈什么内容，领导者都要带着感情去谈。在谈话过程中，领导者首先要与下属进行感情上的交流和沟通，要从关心、爱护、帮助部属的角度去谈，用温和谦逊、坦诚的话语去交流。

9.1.6 言之有趣：有趣味，使人快乐

许多事实证明，枯燥无味的说教式的谈话是达不到好效果的。谁都喜欢听幽默风趣的语言，不愿意接受严肃的对话。幽默传递的信息不仅是诙谐，而且还有诙谐所包含的和善、真诚、友好、亲近、信任、赞美和鼓励等。领导与部属之间本来就应该有一种比较和谐的人际关系，而谈话作为一种彼此交流的方式，也要体现出十分融洽的合作关系。只有用幽默风趣的语言去影响对方，对方才能从内心接受你的谈话，进而积极配合你的谈话。这就要求领导者在谈话时言语要随和，要努力做到妙趣横生，用活泼、风趣、幽默的谈话去解决复杂的思想认识问题。

华中科技大学校长李培根在 2010 届毕业典礼上的致辞让人印象深刻。作为一校之长，他的致辞不失原则、事实，有序、有情、有趣。

> 我知道，你们还有一些特别的记忆。你们一定记住了"俯卧撑""躲猫猫""喝开水"，从热闹和愚蠢中，你们记忆了正义；你们记住了"打酱油"和"妈妈喊你回家吃饭"，从麻木和好笑中，你们记忆了责任和良知；你们一定记住了姐的狂放、哥的犀利。未来有一天，或许当年的记忆会让你们问自己，曾经是姐的娱乐，还是哥的寂寞……我记得，你们都是小青年。我记得"吉丫头"，那么平凡，却格外美丽；我记得你们中间的胡政在国际权威期刊上发表多篇高水平论文，创造了本科生参与研究的奇迹；我记得"校歌男"，记得"选修课王子"，同样是可爱的孩子。我记得沉迷于网络游戏甚至濒临退学的学生与我聊天时目光中透出的茫然与无助，他们是华中大的孩子，他们更成为我心中抹不去的记忆……请记住，未来你们大概不再有批评上级的随意，同事之间大概也不会有如同学之间简单的关系；请记住，别太多抱怨，成功永远不属于整天抱怨的人，抱怨也无济于事；请记住，别沉迷于世界的虚拟，还得回到社会的现实；请记住，"敢于竞争，善于转化"，这是华中大的精神风貌，也是你们未来成功的真谛；请记住，华中大，你的母校！"什么是母校？就是那个你一天骂她八遍却不许别人骂的地方"。

> 从智慧的土壤中生出三篇绿叶：好的思想，好的语言，好的行动。
> ——希腊谚语

9.2 领导口才提升技巧

9.2.1 勤于积累学习

一位领导想要让自己话说得漂亮，一个重要前提就是要在脑子里建立一个内容丰富多彩的语言仓库。茅盾先生曾讲过一个精彩的比喻，他说："采集之时，贪多勿得，要跟奸商一般，只消风闻得何处有门路、有货，便千方百计钻挖，弄得对方肯死心，不管是什么东西，只要是要称'货'的，便囤积，不厌其多。"这个比喻说明了聚材要在"多"字上狠下工夫，要像奸商囤积货物一样贪得无厌。聚材时要做一个"大方"的人，要有海量，采取"拿来主义"，有用没用先拿来再说，材料越多越好。如果你能掌握各种形象生动的词汇，新颖的句式等语言要素并加以灵活运用，那么你说的话肯定会变得妙趣横生、引人入胜。

想要将领导口才练好，必须做好以下积累工作：

- 做好对同义词的积累，对语法的积累；
- 做好对成语、典故、名人名言、诗词等的积累；
- 做好对专业知识的积累；
- 做好对人生阅历的积累及提炼；
- 做好对新生事物和新生词汇的积累。

9.2.2 善于总结提炼

事物都是有一定的内在规律和联系的，即使大相径庭的事物也可能存在着共同之处。注意对这些事物的共同点进行比较和总结，就会有新的发现。领导在讲话时运用这些总结提炼后的语言，会使语言一针见血，揭示事物的本质规律，也会让所传递的内容令人记忆深刻。

这个指示表达通俗，却又形象生动，让人心底一振，起着警醒作用。

再如，可以利用"加减乘除表达模式"完成许多现象的总结和提炼。

- 企业领导对下属说：能力要加，懒惰要减，人脉要乘，恶习要除！
- 一位教师分享如何写好作文的体会时说：加强积累，体验生活；减少束缚，驰骋想象；乘机引导，放飞心灵；除掉定式，真情表达。
- 一位销售主管在培训课上说：沟通要加，冷漠要减，激情要乘，障碍要除！

这是一个非常有效的总结提炼的模式，大家可以试着用于工作实践中。

9.2.3 巧于批评赞美

曾经有这么一个小孩——他脾气很坏，喜欢用恶语伤害人。他的父亲为了规劝他，便给了他一袋钉子，让他每骂一次人，便将一枚钉子钉在墙上。小孩不明所以，但还是照做了。第一天，他在墙上钉上了20个钉子，看着这么多钉子让墙壁显得异常刺眼，小孩渐渐地减少了骂人次数，这样新增加的钉子越来越少。

直到有一天，小孩不再乱发脾气骂人了。父亲告诉他，以后你每成功控制自己的脾气一次，就拔掉一颗钉子。小孩仍然照做了。时间一天天过去，墙上的钉子终于被拔光了。小孩松了一口气，高兴地去告诉父亲。却没想到，父亲对他说："孩子，你做得很好。但你看看

墙壁上那些洞，这就像你的批评对人造成的伤害，不论说多少声对不起，那个伤口仍然存在。"

这个故事给人的启示是：批评是一把双刃剑，用得不好，可能伤害部下的心灵，起到反作用。如果你是一个上司，只图一时之快，用态度恶劣的批评伤害了下属，那么不管以后如何弥补，你带给他的伤害永远存在。所以，上司要控制自己的脾气。在每次感觉到自己快要失控时，先冷静五分钟。等到能够平静地面对对方了才开始处理问题。因为，批评是一种艺术，而且是更高的艺术。即使你信奉"忠言逆耳利于行，良药苦口利于病"，但也别忘了，人都是有自尊心的。真正的好上司，应该善表扬，会批评。

（1）要坚持表扬为主，批评为辅。如果把"表扬"运用到企业管理中，就是人们常说的"零成本激励"。心理学上有一个特点：如果在表扬某个人的时候，很多人都会对号入座，认为自己就是那个人，上司其实表扬的是自己。反之，如果批评，绝大部分的人会认为自己没有这种现象，批评的肯定不是我。因此，领导在表扬的时候，可以采用不提名的表扬方式，这样可以起到表扬很多人的目的，也同时鼓舞了很多人的气势。

（2）要把握时机，保持适度。有些时候，表扬其实是一种假象，真正的实质，可能是因为某一个员工工作没有做到位，但是又不能以批评的形式打击他的积极性，就可以面对面地跟他沟通，他的某种行为非常棒，如果能改掉之前的一些小毛病，就能表现得更加出色。

（3）要坚持实事求是，一视同仁。领导者对每个下属应公正无私，不管是先进还是后进，在实行表扬和批评之前，都要深入到员工中去，多了解一些事实真相，切忌轻信某一个人的言行，只有实事求是、合情合理的表扬与批评，才能令人信服，起到鼓舞和感化作用。

9.2.4 精于讲述故事

最成功的领导者都是讲故事的大师。讲故事是一项关键的领导技能，因为它快速、有力、自然，让人耳目一新、心情振奋，它具有说服力和感染性，给人愉悦、感动、难忘的感觉。领导人应该主要讲什么样的故事呢？

世界知名的领导力变革专家诺尔·迪奇归纳出以下职业经理人常讲的三类故事：

第一类是"我是谁"，也就是讲述自己的经历和阅历，用自己的人生故事来打动员工；

第二类是"我们是谁"，目的是引导员工建立共同的价值观和企业理念，培养团队的协作精神；

第三类是"我们要往哪里去"，也就是描述企业未来的目标以及实现这一目标的主要途径。

讲故事应注意以下原则：

（1）故事要短而有力，目标要明确；

（2）对故事进行适当加工，去掉与主题关系不大的烦琐细节，使主题更突出；

（3）讲故事要融入自己的感情，用感情吸引听众；

（4）要用鲜活、形象的语言，丰富的表情，吸引听众的注意力；

（5）结尾时，把故事的中心思想揭示出来，使听众有所领悟。

20多年来，华为老总任正非经常会通过一些小故事，向员工们传递他的"任氏管理学"，华为能够迅速发展壮大，与他的这种"心灵鸡汤"式的引导法密不可分。

华为在先后收购或并购了许多国外企业后，有一段时间，公司管理层沉浸在成功的喜悦中。他发现大家思想情绪的变化后，立即决定召开一次高层会议。在会上，他没有讲什么大话和空话，而是讲述了一则寓言故事：

在一条河边，一只青蛙极力地向老鼠介绍着下水游泳的乐趣，而老鼠也努力向青蛙描述河岸上的风景之美和物产之丰，它们都被对方的言辞深深吸引，于是，决定来一次深度合作。首先，老鼠带着青蛙到河岸上开启了一段快乐的旅行，接着，青蛙让老鼠将爪子搭在自己的后脚上，然后用芦草紧紧绑在一起，高兴地开始了水上观光。这时，一只凶猛的老鹰从天而降，青蛙想钻进水里躲避，老鼠也想钻进岸边的洞里避难，可是，由于芦草将它们紧紧地捆在一起，各自逃跑的本领根本发挥不出来，最终，它们都成了老鹰的猎物。

讲到这里，任正非说："本来，陆地上的老鼠和池塘里的青蛙，都有足够的能力从老鹰的攻击下逃生，但是青蛙和老鹰结合之后困在水中，恰恰限制了它们的生存优势。我今天讲这个故事，就是想告诉大家，当前，我们务必要保持头脑清醒，千万要警惕并购合作是否会使双方在特定时刻丧失各自的优势。"

通过这一次高层会议，任正非成功为公司高层管理者上了一堂"思想课"，使华为公司在其后的发展中有效规避了很多竞争风险。华为2018年全球销售收入超过7000亿元，净利润近600亿元。

9.2.5 敏于即兴发言

即兴发言，也叫即席说话。即兴发言者事先未做准备，是临场因时而发、因事而发、因景而发、因情而发的一种语言表达方式，具有临时性、突然性及时间紧迫性等特点，与有准备的讲话相比，难度较大。当领导的都免不了要即兴发言，如座谈会、汇报会、酒会、联谊会、记者招待会等。似乎任何时候都可能有人请你发表"重要讲话"或"做重要指示"，而你又不能时时有备而来。怎么办呢？讲好了，听者动容，领导树威，下属钦佩；讲砸了，将有失面子。所以，即兴发言也好，即席说话也罢，是领导者必须修炼的一项基本功，它直接反映了你的管理水平、思维能力、组织能力及语言表达等综合素质。即兴发言时要注意：话题集中，针对性强；不宜过长，切忌繁杂，防止啰唆。

即兴发言可以参考以下模式：
- 开门见山式——先亮出主题，然后对主题做较详细地论证和分析说明，最后总结。例如，营销经理在新员工培训班上的发言。

亮出主题：今天我要讲的内容是——如何建立良好的客户关系管理体系。
分析说明：建立良好的客户关系管理体系的重要性表现在几个方面：第一，……第二，……
总结：所以，每位刚入职的新员工，要首先树立客户至上的观念，然后严格按照公司的规章制度为客户提供最好的服务……

- 曲径通幽式——先举例，再叙主旨要点，然后说理由进行论证分析，最后总结。例如，以下为某营销经理在新员工培训班上的发言。

举例：上个星期，公司发生了一件客户投诉的案件……

叙主旨：我举这个案例的主要目的是……

分析：之所以出现这种现象，主要原因在于……

总结：希望每位新员工都引以为戒，公司杜绝这样的事件再次发生……

9.2.6 果于长话短说

长话短说，即以简驭繁。老舍说："简练就是话说得少，而意思包含得多。"话少而意思也少只能算内容不全面。

在现实生活中，长篇大论、重复啰唆的讲话，使听者要么昏昏欲睡，要么窃窃私语、交头接耳的场面屡见不鲜，应大力提倡一种讲真话、实话、新话、短话的"话风"，这也是听者所期望的。如果你作为领导，不想在你讲话时出现这些现象，请注意讲话的时间把控，学会长话短说。

在某次提案现场办理会上，一位副市长在听取汇报的过程中，突然打断了一位政府官员的发言："这种场合就不要说这些官话了！没有必要！"在这位副市长一声"断喝"之后，有的官员发言时从准备材料的第5页开始读起，直接入题；有的部门"临场换将"，5分钟发言完毕。所有部门的发言均长话短说，会议简洁而高效。

9.2.7 诚于目光交流

眼睛是传递非言语信息的最有效的渠道。研究发现，目光交流意味着诚实、守信、真诚和信心。避免目光的接触则意味着缺乏信心和领导能力。缺乏和听众的目光交流绝对会使你失去听众。成功的领导者在发言时更要注重保持目光的接触。

苹果公司创办人乔布斯比一般的演讲者更注重保持目光的接触，他很少在演讲时读幻灯片或注释。乔布斯之所以能一直和听众进行良好的目光交流，因为他总是提前几个星期就开始排练。他对每张幻灯片上的内容了如指掌，他排练得越多，对演讲的内容就越了然于胸，和听众之间的交流也就更加易如反掌。乔布斯和听众保持良好的目光交流的第二个原因是，他的幻灯片令人赏心悦目。大多数时候，幻灯片上只有寥寥数语，只有照片。即便有文字，字数也不多，有时只有一个词。图像风格的幻灯片使得演讲者必须向听众解释图片的内容，从而和听众保持了很好的目光交流。

（演讲手势视频）

9.2.8 长于运用手势

芝加哥大学的戴维·麦克尼尔博士研究显示：姿态和语言是密切相关的。事实上，手势的运用可以帮助发言者更好地理顺自己的思路。他认为，其实不运用手势难度更大，需要发言者加倍集中精力。麦克尼尔博士发现，受过训练、作风严谨、满怀信心的思想家善于运用手势来清晰地表达思想。

9.2.9　明于洞察场合

领导者讲话的场合千差万别，报告、请示、汇报、演说、谈心、讨论、谈判、表态、贺喜、治丧等各不相同，所以在语言表达的手段、技巧、用词、语气、表情、风度等方面，要与特定的场合协调得体。根据听者的文化层次、知识水准、年龄性别、人数多少等因素，来考虑自己的讲话角度，把握讲话的理论深度和听众的接受程度，以抓住多数人的视听心理来组织安排，提高讲话的针对性。

山西某县修渠引水，在大渠竣工典礼上，一位省领导应邀讲话，他登上临时搭起的露天主席台，环顾了一下会场，然后以缓慢的语调说："人们常常将山水并举：山清水秀，水连山，山水难分。"说到这里，他用手指了一下台下的人群，接着说，"就如同我们人类，必须有男有女才能构成一个完美的社会，有夫有妻才能组成一个圆满的家庭。不是吗？男耕女织，儿女情长，夫唱妇随……而过去，这里有山无水，残缺的'自然'让我们的日子过得很不自然……现在'渠成水到'，水绕山行，水欢山笑。山山水水为我们开辟幸福大道。"

这位领导以男女喻山水，紧扣四字，纵勾横连，真可谓妙语连珠，口舌生花。

> **技 巧 训 练**
>
> 假设你被聘为市场营销协会会长，请发表 3~5 分钟的就职演说。

9.3　领导口才的提示

（1）最好脱稿，不能脱稿时，尽量记住开场白、内容提要和结论。念稿的话，会失去展示个人口才和魅力的机会，也会让听众对你的能力表示怀疑。

（2）走入会场时要气定神闲、自信而有权威感。正式讲话之前，眼光对会场扫视一遍，在听众中选几位友善的面孔交流目光，开始说话后保持笑容。

（3）必须看讲稿上的重点提示时，先暂停说话，低下头，看好之后抬头，再继续说话，保持镇定。手势要自然，身体不可僵硬。

（4）音调的高低要有变化，抑扬顿挫以突显重点。重要的部分，语速要适当放慢，声音可稍作提高，适当的暂停，可让听众提高注意力。

（5）根据自身特点，选择适合自己的说话方式，应充分发挥自己的个性，呈现出特殊的个人风格。

（6）敏锐觉察听众情绪，适时调整说话内容和方式。

（7）克服口头禅过多的毛病。如果领导者在讲话中反复不断地使用"那个""我觉得""对不对""嗯""啊""呃"等这些词语，一定会有损自己的形象。

（8）克服讲粗话的恶习。讲粗话是说话的恶习，一定要想办法去除。

（9）克服说话时动作过于频繁的习惯。当你说话时，坐立不安、蹙眉、歪嘴、拉耳朵、

搔头皮、转动铅笔、摇腿等动作过于频繁，听众就会被你的这些动作所吸引，根本不可能认真听你讲话。

（10）结束时请明确地让听众知道，然后稳步离去。

本章小结

一个领导者可以不会演讲，但不能没有口才，没有口才就没有领导力。

● 领导口才要遵循的六原则是：言之有则、言之有据、言之有序、言之有情、言之有理、言之有趣。

● 领导提升口才，需掌握的技巧是：勤于积累学习、善于总结提炼、巧于批评赞美、精于讲述故事、敏于即兴发言、果于长话短说、诚于目光交流、长于运用手势、明于洞察场合。

口才训练营

实训 9

课堂训练：即兴发言

实训目的：训练学生即兴发言的能力，促使学生自觉学习和积累。
地　　点：教室。
训练内容：请训练的同学抽签决定围绕这些主题进行即兴发言——我的理想、我的家庭、自信与自谦、营销与赢销、有才与有财、得与德。

课堂训练：讲故事

实训目的：训练学生讲故事的技能。
地　　点：教室。
训练内容：让学生讲讲自己的"营销故事"，要求具体生动。

课堂训练：练眼神

实训目的：提高眼神的专注度。
地　　点：宿舍或家。
训练内容：每天对着镜子，10分钟将眼神聚焦在一个点上。

游戏 9

形式：猜人名游戏（五人为一组）。
时间：15~20分钟。
道具：写有训练团队成员名字的高帽（如果是上课班级，就写上本班同学的名字）。
场地：室内。

目的：训练一线管理人员熟练使用封闭式问题的能力，利用所获取的信息缩小范围，从而达到最终目的。该训练让学员在寻求 YES 答案的过程中，练习如何组织问题及分析所得到的信息。

程序：

（1）在教室前面每组摆 1 个椅子。

（2）每组选一名代表坐在椅子上，面对小组的队员们。

（3）培训师给坐在椅子上的每一位带上写有名字的高帽。

（4）除了坐在椅子上的人不知道高帽上写谁的名字，同组其他人都知道，但谁都不能直接说出来。

（5）现在开始猜，从 1 号开始，他必须要问封闭式的问题如"我是……吗？"如果小组成员回答 YES，他还可以问第二个问题。如果小组成员回答 NO，他就失去机会，轮到 2 号发问，依此类推。

（6）谁先猜出自己是谁者为胜。培训师应准备一些小礼物给赢队。

游戏后思考：你认为哪一位提问者最有逻辑性？如果是你，你会怎样改进提问的方法？

口才加油站

阅读材料 18

企业年会领导讲话稿（节选）

亲爱的员工同志们：

大家下午好！在这辞旧迎新的日子里，我们公司又迎来了新的一年。今天，我怀着无比高兴和感恩的心情，把大家召集在一起，我要向为公司辛勤工作、顽强拼搏的全体员工致以衷心的感谢，大家辛苦了！

虽然经济市场大势不是很乐观，但公司整体运营状况还是呈良好的态势，公司依然获得了健康、稳步、持续的发展，做到了销售业绩稳健的增长，这是全体公司员工共同努力的成果。新的一年里，我们将面对更多的困难与风险，当然，也是更大的挑战与机遇。通过目前的分析来看，20××年市场前景比较乐观，公司的接单形势也更喜人，并且×××××也即将在 20××年正式全面投向市场，这将为公司的发展带来更多生机。所以我们要继续尽一切努力，抓住机遇，把握当前市场发展的良好势头，利用公司现有的优势，挖掘资源，整合资源，加大研发力度，提高生产产量，突破销售瓶颈，争取在企业融资上取得更大的突破，从而掌握更多市场竞争的主动权。

……

……

我相信，脚踏实地山让路，持之以恒海可移。愿我们意气风发、斗志昂扬的××××人以本次年会为契机，以执行力为以后工作的主导思想，以细节管理为工作的基本方法，扬长避短，策马扬鞭，与时俱进，谱写××××崭新的篇章。

最后，再次祝贺大家以及你们的家人在新的一年里：工作顺利、身体健康、合家幸福、新春愉快！谢谢！

阅读材料 19

柳传志在联想集团誓师大会上的讲话（节选）

......

联想成立了这么多年，由国内杀到国际，历经风雨，困难重重，几经灭顶之灾，但是我们却是越战越强，这是为什么呢？我觉得最根本的原因是，我们没有跟竞争对手仅在业务这个层面上争斗，我们建立了一个坚实的管理基础，建立了一个好的班子，有了一套正确制订战略的方法，有一支坚强的能征善战的队伍，这就是我们常说的管理的三个要素。

当新产品的形式，Pad（平板电脑）、智能手机出现的时候，我们的品牌影响力，我们的技术积累，此刻肯定不如竞争对手，但是只要我们能够根据主客观的情况，制订出一套正确的竞争策略，不断调整、坚决执行，我们一定会步步高升。局部打败仗的情况肯定会有，但由于我们有坚强的领导集体，有优秀的企业文化，我们肯定不会气馁，我们会调整再战。从2002年到2004年，我们跟戴尔苦战了三年，戴尔从美国杀到了欧洲，所向披靡，我们前面打了两年败仗，最后不也彻底翻身了吗？

......

联想是一家以人为本的公司，以人为本的核心要义是要将员工的追求融入到企业发展的目标之中。也就是说全体员工一起努力，把联想追求的目标不断提升，在联想越做越好的同时，我们的员工在物质上、在精神上也会得到丰厚的回报。去年，我们得到的国际奖项中有一项，我认为很珍贵，那就是"全球最佳雇主50强"，以前从来没有中国企业入围，我相信几年以后我们就不是入围的问题，而是排在前几名的问题。

在若干年以后，杨元庆先生因为联想在行业中的突出地位，因为联想出色的履行社会责任，而受人尊敬，因而有机会和我们的国家领导人和美国总统，和各大国的元首共同讨论科技和社会的进步，共商大计，我们的员工无比快乐地揣着鼓鼓的钱包在电视里观看他们老板的风采，他们对自己企业的光明前途，对自己个人发展的光明前途充满了信心并感到无比自豪。建好班子，定好战略，带好队伍这一天早晚会来到！

友情推荐 9

《平语近人——习近平总书记用典》（人民出版社，2019）

第 10 章
口才精英训练营

知识要点

❖综合运用口才技巧

能力要点

❖社交口才技巧
❖公关口才技巧
❖商务谈判技巧
❖演讲口才技巧
❖推销口才技巧
❖主持口才技巧
❖领导口才技巧

10.1 实训一 举办生日 Party

1. 实训目标

让学员现场演练，学以致用。同时感受和体验社交口才、公关口才、推销口才、商务谈判口才、领导口才、主持口才技巧等。

2. 实训内容

根据培训学员人数分组开展实训，每组 3~5 人。

培训背景说明：让每组以抽签形式决定开展主题会议或 Party（例如，产品推介会、演讲会、诗歌鉴赏会、表彰会、商家联谊会等）。以下一个生日 Party 的主题为例开展实训。

3. 实训注意事项

① 要求实训的学员按场景要求着装和礼仪。

② 实训小组的成员各司其职，其他学员可作为会议或 Party 的其中一员参与活动。

③ 有条件的学校可录制实训过程，实训结束后可作为点评的素材。

4. 实训流程

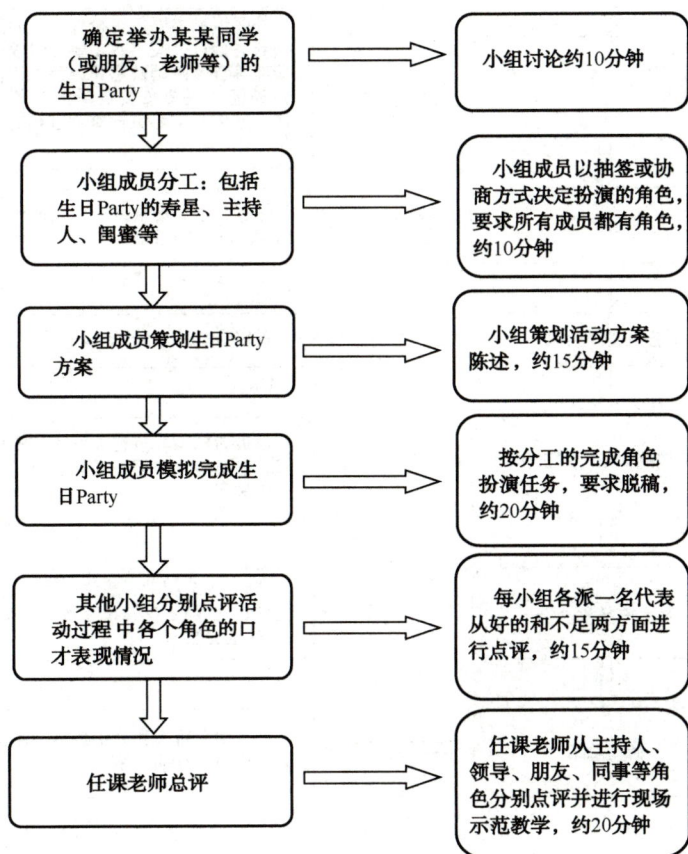

10.2 实训二 召开产品推介会

1. 实训目标

让学生走出课堂，更灵活地运用各种口才技巧。

2. 实训内容

以班为单位，与某企业联系，在校园内申请一个实训场地开展"产品推介会"。

3. 实训注意事项

① 认真审查合作企业的相关材料，保证企业提供产品的质量安全合法性。
② 到学校相关部门办理好校内"产品推介会"的申请手续。
③ 全班同学合理分组开展工作，让每一位同学都参与整个活动过程。

4. 实训流程

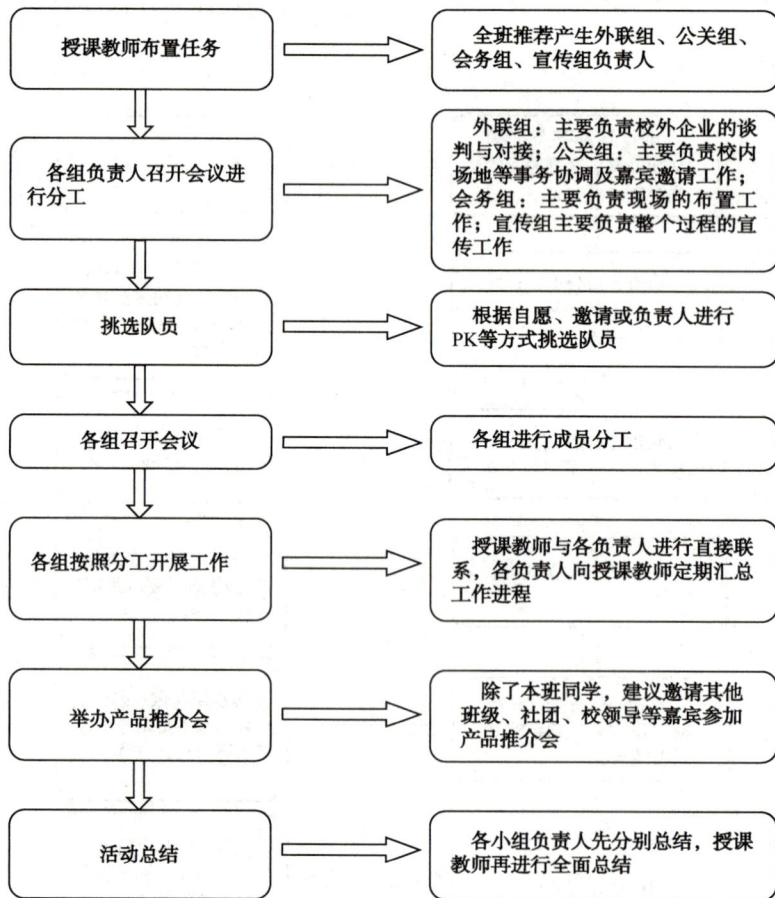